BLOCKCHAIN REVOLUTION

DON TAPSCOTT + ALEX TAPSCOTT

ブロックチェーン・レボリューション

ビットコインを支える技術はどのように ビジネスと経済、そして世界を変えるのか

[著] ドン・タプスコット＋アレックス・タプスコット
[訳] 高橋璃子

ダイヤモンド社

BLOCKCHAIN REVOLUTION

by

Don Tapscott and Alex Tapscott

This edition published by arrangement with Portfolio,
an imprint of Penguin Publishing Group,
a division of Penguin Random House LLC
through Tuttle-Mori Agency, Inc., Tokyo

僕たちの執筆を支えてくれたアナ・ロペスとエイミー・ウェルズマンに捧げる

目次

PART1 革命がはじまる
SAY YOU WANT A REVOLUTION

第1章 信頼のプロトコル

第2章 未来への果敢な挑戦

PART2 ブロックチェーンは世界をどう変えるのか
TRANSFORMATIONS

第8章 民主主義はまだ死んでいない ――選挙、法律、政治

第9章 僕らの音楽を取りもどせ

PART3 ブロックチェーンの光と闇
PROMISE AND PERIL

PART1

革命がはじまる

SAY YOU WANT A REVOLUTION

第1章

信頼のプロトコル

テクノロジー界の魔人《ジーニー》が、ふたたび魔法のランプから解き放たれたようだ。いつ誰が何のために召喚したのか、正確なことはわからない。だが魔人はすでにそこにいる。今回の任務は、経済のしくみをがらりと書き換え、人の営みを新たな形に再構築することだ。僕たちが望みさえすれば、すぐにでも願いは叶う。

どういうことかって？

説明しよう。

インターネットは最初の40年で、Eメールやウェブ、ドットコム企業、ソーシャルメディア、モバイル、ビッグデータ、クラウド、IoT（Internet of Things、モノのインターネット）などの便利な道具を運んできた。おかげで情報交換のコストが大幅に削減され、検索やコラボレーションがぐんとラクになった。新たなメディアやエンターテインメントの参入が容易になり、店舗や組織のあり方が変わり、革新的なネットベンチャーが誕生した。

さらにセンサー技術によって、財布や衣服、自動車、建物、都市、それに生物までもがインターネットに接続されようとしている。やがてログインという概念が消滅し、僕たちの生活すべてがインターネット・テクノロジーに満たされる時代が遠からずやってくるはずだ。

全体としてみれば、インターネットは僕たちに、多くのポジティブな変化を与えてくれたといえるだろう。

ただし、インターネットにできることには、まだ限界がある。

ザ・ニューヨーカー誌に掲載されたピーター・スタイナーの有名な風刺画をご存知だろうか。パソコンに向かう犬が、もう1匹の犬に対してこう教えてやる場面だ。

「インターネット上では、誰もきみを犬だとは思わないさ」

この風刺画が掲載されたのは1993年のことだが、オンラインでのアイデンティティの問題はいまだに解決されていない。インターネット上で安全に取引するためには、銀行や政府などの第三者に問い合わせて相手が信用に足るかどうかを教えてもらわなくてはならない。あいだに立つ銀行や政府は、僕たちのデータを集め、プライバシーを侵害し、それを商売や安全保障のために利用している。

しかも、このインターネット時代にあって、いまだに銀行口座すら持てない人が世界には25億人も存在している。誰もが平等につながりあう時代がやってくるはずだったのに、現実には金と力のある人がますます肥えていくばかりだ。残念ながら今のインターネットは、プライバシーの破壊を埋め合わせるほどの豊かさを生んでいるとは言いがたい。

テクノロジーは良くも悪くも、すべてを大きく変えてきた。インターネットは人の権利をこれまでにない形で守り、同時に侵害する手段になった。オンラインのコミュニケーションとショッピングの爆発的な普及は生活を便利にしたが、ネット犯罪の危険性を急激に高めた。半導体の集積密度が18〜24か月で倍増するというムーアの法則は、その成果を利用して犯罪に手を染める「ムーアの無法者」たちの力をも倍増させた。[*1] スパムやなりすまし、フィッシング、盗聴、クラッキング、ネットいじめ、さらにはデータを人質にとって身代金を要求する「データ誘拐犯《ナッパー》」まで現れる始末だ。

インターネットに足りなかったのは「信頼のプロトコル」

30年以上も前から、技術者たちはインターネットにおけるプライバシー、セキュリティ、インクルージョン（あらゆる立場の人が参加できる状態）の問題を解決しようと取り組んできた。暗号技術は着実に進化したけれど、それでも完璧に穴をふさぐことはできなかった。どうしても第三者が介入することになるからだ。

たとえばクレジットカードを使ってオンライン決済するためには、あまりに多くの個人情報を危険にさらさなくてはならない。それにクレジットカードの手数料は高すぎて、小額決済の場合は割にあわない。

デヴィッド・ショームという数学者は、1993年にイーキャッシュ（eCash）という電子決済システムを考案した。これは「匿名かつ安全な送金を可能にする技術的に完璧なプロダクト」で、「インターネットで小銭を送るのに最適なしくみ」だと言われていた。[*2] マイクロソフトをはじめとする企業もその可能性に期待し、イーキャッシュを自社製品に取り入れようとしたほどだ。[*3] ところが悲しいことに、当時の消費者はオンラインのプライバシーやセキュリティにまったく関心がなかった。結果として、ショームの立ち上げたデジキャッシュ社は1998年に倒産した。

同じ頃、ショームの同僚だった暗号学者のニック・サボは「神のプロトコル（The God Protocol）」と題する短い論文を書いた（物理学者レオン・レーダーマン「神の素粒子（the God particle）」という言いまわしに掛けたものだ）。サボは論文のなかで、あらゆる取引の仲介者として神を置けば、そのプロトコル（つまり通信のしくみ）は完全無欠なものになると述べた。「参加者は全員、神に入力値を送信する。神はそれを受けて、確実に正しい結果を送り返す。神はけっして秘密を漏らさないので、誰も取引相手について出力された結果以上の情報を知ることはできない」[*4]

要するに彼が言いたいのは、インターネットで取引をするためには根拠のない信頼が不可欠であるということだ。インターネットのしくみ自体には十分なセキュリティが備わっていない。だから僕たちは、仲介者を神のごとく信頼するしかない。

それから10年後の2008年、世界的な金融危機が起こった。同じタイミングで、サトシ・ナカモトを名乗る謎の人物（またはグループ）がある論文を発表した。そこに書かれていたのは、ビットコインと呼ばれる暗号通貨を使った、P2P（ピア・ツー・ピア）方式のまったく新しい電子通貨システムの概要である。

暗号通貨が従来の通貨と違うところは、発行にも管理にも国が関与しないという点だ。一連のルールに従った分散型コンピューティングによって、**信頼された第三者を介することなく、**端末間でやりとりされるデータに**嘘がない**ことを保証する。

この一見ささいなアイデアが火種となり、コンピューターの世界を興奮と不安とイマジネーションで燃え立たせ、さらにはビジネス、政治、プライバシー、社会開発、メディア、ジャーナリズムなどのあらゆる分野に燃え広がった。

「ついに来た、という感じでしたね」そう語るのは、かつて世界初の一般向けウェブブラウザ「Mosaic」を開発したマーク・アンドリーセンだ。

「こいつは天才だ、ノーベル賞に値するぞ、と騒がれています。これこそインターネットがずっと求めつつ得られなかった分散型信頼ネットワークなんです」[*5]

神ではなくただの人間が、冴えたプログラムによって、信頼を創りだす。このことはいったい何を意味するのだろう。いまやあらゆる分野の賢明な人たちが、それを理解しようと努めている。こんなものはかつて一度も存在しなかった。複数の当時者のあいだで直接取り交わされる、信頼された取引。それを認証するのは多数の人びとのコラボレーションであり、その動力源は大企業の儲けではなく、個々の小さな利益の集まりだ。

神ほど全能ではないにせよ、このしくみはとんでもない力を秘めている。本書ではこれを「信頼のプロトコル」と呼びたい。

信頼のプロトコルをベースとして、世界中に分散された帳簿がその数をどんどん増やしている。これが「ブロックチェーン」と呼ばれるものだ。ビットコインも一種のブロックチェーンであり、今のところ世界最大規模のチェーンとなっている。

なんだかややこしい話のようだが、考え方はシンプルだ。要するにブロックチェーンを使えば、僕からあなたへと直接、安全に、銀行やカード会社を介さずに、お金を送ることができる。

従来の「情報のインターネット」に対して、ブロックチェーンは「価値とお金のインターネット」だと言えるだろう。

ブロックチェーンは、誰でも真実を知ることができるプラットフォームだ。しかもオープンソースで公開されているから、誰でも無料でソースコードをダウンロードし、それを使って新たなツールを開発することができる。

今後ブロックチェーンを使ったアプリケーションが続々と登場し、まだ誰も思いつかないようなやり方で、世の中を根本から変えてしまうかもしれない。ブロックチェーンはそれだけのポテンシャルを秘めているのだ。

ブロックチェーンとはいったい何なのか

銀行や政府も、ブロックチェーンを使って従来の情報管理のやり方を一新しようという取り組みを始めている。そうすればスピードが上がり、コストが削減でき、セキュリティが向上し、間違いが減り、集中管理をやめることで攻撃や障害にも強くなるからだ。そういう利点は、暗号通貨自体を使わなくても実現できる。

ただしブロックチェーンの真骨頂は、やはりサトシ・ナカモトが考案したビットコイン・モデルだ。ブロックチェーンを使った画期的なサービスはすべて、ビットコインのしくみをベースにつくられている。

ではビットコインとは、どんなしくみなのか。簡単に説明しよう。

ビットコインはバーチャルな通貨だ。どこかにコインの実物があるわけではないし、ファイルとしてサーバーに保管されているのでもない。ブロックチェーンに記録された取引がすべてだ。ブロックチェーンとはあらゆる取引が記録された世界規模の帳簿のようなもので、大規模なP2Pネットワーク（サーバーを介さず、個々の参加者が対等な立場で直接やりとりするネットワーク）に支えられている。このネットワークの参加者たちが取引の正しさを検証し、承認する。

ビットコインのデータは**ブロック**という形で記録されている。ブロックとは、一定時間内におこなわれた取引データをひとつのかたまりにしたものだ。ブロックは約10分にひとつつくられ、過去のブロックの後ろにどんどん追加されていく（そうして鎖《チェーン》のようにつながるのでブロックチェーンという名がついた）。

ブロックチェーンの主な特徴は、まず**分散されている**こと。中心となるデータベースが存在しないので、乗っ取ろうとしても無駄だ。ブロックチェーンは世界中の参加者たちのコンピューターで動いているので、1台がだめになってもほかでカバーできる。

もうひとつ大事な特徴は**パブリックである**こと。ネットワーク上に置いてあるから、いつでも誰でも自由に見られるし、データの正しさを検証できる。どこかの機関が大事に管理しているわけではないということだ。

さらにブロックチェーンには、暗号技術を利用した**高度なセキュリティ**が備わっている。公開鍵と秘密鍵という2種類の鍵を利用して、自分の資産を確実に守ることが可能だ。ビットコインのブロックチェーンでは、取引データが個人情報と結びつかないので、大事な情報が盗まれたり流出したりする心配もない。

ビットコインのネットワークではおよそ10分ごとに、まるで心臓の鼓動のように、情報が更新されて新たなブロックが誕生する。新たなブロックには以前の取引記録のダイジェストが含まれており、少しでも矛盾があれば正当なブロックとは認められない。いつの時点でどのような取引がおこなわれたかという記録が恒久的に残り、ひとつを変えようとすれば前の記録と整合性がとれなくなるので、データを改ざんすることは不可能に近い。みんなが見ている前で、いくつものブロックを書き換える必要があるからだ。

ブロックチェーンにはどんな取引だって記録できる。たとえば個人の出生や結婚、不動産の権利、出身大学、金融口座、入院・通院、保険金請求、選挙の投票、食品の生産地など、そこに何らかの取引があればブロックチェーンに記録することが可能だ。

この新たなプラットフォームが普及すれば、あらゆることをリアルタイムで電子的に照合できる。近い将来、身のまわりの製品がすべてインターネットに接続され、人間の指示がなくても自分で必要な電力を調達したり、大事なデータをシェアしたり、さらには健康管理から環境保護まで何でもやってくれるようになるだろう。そのためには取引の正確な記録が欠かせない。あらゆるもののインターネット（Internet of Everything）は、あらゆるものの記録（Ledger of Everything）の上に成り立つのだ。

なぜ記録なんかにこだわるのかって？

真実は僕たちを自由にするからだ。

分散型の信頼システムは、あらゆる場面に応用できる。絵や音楽を売って生計を立てたいとき。ハンバーグの肉が本当はどこから来たか知りたいとき。海外で働いて稼いだ金を、高い手数料をとられずに祖国の家族に送金したいとき。地震の復興支援に来て、崩れた家を建て直すためにその土地の持ち主を知りたいとき。政治の不透明さにうんざりして真実を知りたいとき。ソーシャルメディア上のデータを他人に利用されたくないとき。

こうして書いているあいだにも、イノベーターたちはそれを実現するために、ブロックチェーンを使ったアプリケーションを着々と開発している。そしてこれらはまだ、ほんの序の口だ。

世界中がいまブロックチェーンに注目している

ブロックチェーン技術の影響力を思えば、優秀な人たちが続々とこの世界に惹きつけられているのもうなずける。

ベンジャミン・ロースキーはニューヨーク金融サービス局の局長という地位を捨て、ブロックチェーン技術のアドバイザリーを専門とする会社を立ち上げた。彼は言う。

「今後5年か10年で、金融システムは今とは似ても似つかないものになっているかもしれません。僕はその変化に関わっていたいんです[*6]」

ＪＰモルガンで投資銀行部門のＣＦＯやグローバル・コモディティーズ部長を歴任したブライス・マスターズも、ブロックチェーン技術にフォーカスしたスタートアップを立ち上げて業界を変革しようとしている。２０１５年10月のブルームバーグマーケッツ誌は「ブロックチェーンがすべてだ」という見出しで彼女の事業を特集した。エコノミスト誌も同じ時期に

「信頼のマシン」という特集を組み、「信頼の長い鎖」であるブロックチェーンが「経済のしくみを変えてしまうかもしれない」とコメントしている。[*7]

大手の金融機関も、こぞって超一流の技術者をかき集め、ブロックチェーンの調査に取り組んでいる。安全でスムーズでリアルタイムな取引というアイデアは銀行にとって大きな魅力だ。ただし、オープン化、分散化、新たな通貨というアイデアには顔をしかめる向きも多い。実際、金融業界ではブロックチェーンを「分散台帳技術」と呼び替え、クローズドなチェーンを構築する動きが進んでいる。ブロックチェーン技術の都合のいいところだけを取り入れ、限られた人しか利用できない形で運用しようというわけだ。

投資家たちもブロックチェーンに目を光らせる。２０１４年と２０１５年だけで10億ドル以上の資金がブロックチェーンのスタートアップに流れ込み、その勢いは1年で倍増した。[*8] マーク・アンドリーセンはワシントン・ポスト紙のインタビューで次のように語っている。「20年後にはここに座って、いまインターネットのことを語るような感じでブロックチェーンのことを語っているでしょうね[*9]」

各国当局もブロックチェーンの調査を開始し、法規制が必要なのか、どのような制度がふさわしいのかを模索しているところだ。ロシアなどではビットコインの使用が厳しく規制されているが、通貨危機を経験したアルゼンチンのような国ではかなり積極的な動きも見られる。賢明な国々はすでに多額の資金をつぎ込んで、中央銀行制度や通貨のしくみ、さらには政府や民主主義のあり方まで変えてしまうかもしれないブロックチェーンという技術を理解しようと努めている。カナダ銀行のキャロライン・ウィルキンス上級副総裁は、各国中央銀行が通貨の電子化を真剣に検討すべき時期に入っていると語った。イングランド銀行のチーフエコノミストを務めるアンドリュー・ホールデンも、電子通貨の導入をイギリス政府に進言している。[*10]

これだけブロックチェーンが盛り上がれば、当然ながら投機家や犯罪者も集まってくる。ビットコインと聞いて、まずマウントゴックスの破綻事件を思い浮かべた人も少なくないだろう。武器や麻薬を売買する闇サイト「シルクロード」の決済手段にビットコインが使われていたことも話題になった。ビットコイン市場はかなり荒っぽい値動きをしているし、残高が一握りの人に集中しているという問題もある。2013年の調査では、たった937人で世界のビットコインの半分を保有しているという結果が出た。この状況は変わりつつあるとはいえ、まだ十分ではない。[*11]

どうすればポルノや詐欺のイメージを脱却して、本当の豊かさを生みだせるのか？

まず言っておきたいのだが、僕たちが注目しているのはビットコインという通貨そのものではない。もっとずっと大きなものだ。ビットコインはいまだ投機的な資産にすぎないけれど、それを支える技術プラットフォームには計り知れないパワーと可能性が眠っている。

もちろん、ビットコインや暗号通貨が取るに足りないと言っているのではない。暗号通貨の存在は革命の必須要素だ。ブロックチェーンの本質は何よりも、価値の（とくにお金の）交換にあるのだから。

テクノロジーが企業や政治家の嘘を暴く

このところ、企業に対する信頼度は下がる一方だ。

ＰＲ会社のエデルマンが毎年発表している「トラストバロメーター」によると、２０１５年の企業・政府機関に対する信頼度は、２００８年の世界同時不況の頃と同じレベルにまで低下した。テクノロジー業界は信頼度の高い業界として知られていたが、多くの国で今回初めて信頼度が下がる結果になった。なかでもＣＥＯや官僚に対する信頼度は最低で、学者や専門家に大きく引き離されている。[*12]

ギャラップのアメリカ世論調査でも同様の結果が出ている。何の組織・機関が信頼できるかというランキングで「企業」は「連邦議会」に次いで2番目に低い順位となった。[*13]

ブロックチェーン以前の世界では、それぞれの個人や組織が誠実に行動することで信頼が成り立っていた。

といっても、相手が誠実かどうかなんて普通はわからない。だから第三者をあいだに置いて、相手が約束どおり行動することを保証してもらう。そうした仲介者に取引記録を預け、オンライン取引のロジックをまかせてしまうことも多い。仲介者となる企業（ペイパル、Ｖｉｓａ、Ｕｂｅｒ、アップル、グーグルなど）や銀行、政府は、その過程でたっぷりと手数料を稼いでいる。

一方、これからのブロックチェーン時代には、ネットワークが信頼を担保してくれる。あるいはネットワークに接続されたモノが、信頼できるかどうかを勝手に判断してくれる。

「電球でも心臓モニターでも、そのモノがきちんと機能しなかったり対価を払わなかったりした場合、ほかのモノたちから自動的に拒絶されるようになるんです[*14]」

情報セキュリティ会社ワイスキーのカルロス・モレイラＣＥＯはそう語る。[*15] ブロックチェーン上の情報がそれを可能にするのだ。

もちろん、帳簿に記録できない信頼だってある。ビジネスの信頼すべてが自動化できるわけではない。それでも、ブロックチェーンをうまく使えば、世界は今よりずっと安全で信頼できる場所になるはずだ。

今後ブロックチェーンで取引をする会社は、信頼度が大幅に向上するだろう。上場企業や政府の財務情報はブロックチェーンで管理するのが当たり前になるかもしれない。そうやって見通しがよくなれば、高給取りのCEOが本当に仕事をしているかどうかは一目瞭然だ。スマートコントラクト（プログラム化された契約）を使えば契約違反はほぼ不可能だし、政治家が不誠実な行動をすればすぐに国民の知るところとなる。

インターネットの帰還

インターネットの始まりにあったのは、若きルーク・スカイウォーカーの精神だった。辺境の惑星からやってきた若者が悪の帝国を倒し、ドットコムの力で新たな文明を築き上げる。多くの人が、そんな無邪気な期待をインターネットに寄せていた。少数の権力者に支配された既存のビジネスをぶち壊してくれるんじゃないかと思っていたのだ。

それまでメディアは巨大な権力にコントロールされていて、みんな黙ってその情報を受けとるしかなかった。でもインターネットという新たなメディアでは、世界中の人びとが主役だ。発言力は広く行きわたり、人びとはもはや無力な受信者ではなくアクティブな発信者になる。

対等なコミュニケーションが世界を満たし、古くさいヒエラルキーは滅びて、どんな小さな村に住んでいてもグローバルな経済で活躍できるようになる。人の価値を決めるのは肩書きではなく、行動だ。インドでいい仕事をしていれば、その評判は世界に届く。世界はもっとフラットで、柔軟で、流動的で、実力が評価される場所になる。そしてテクノロジーは、少数の富裕層だけでなく、あらゆる人に豊かさをもたらしてくれる。

そうなるはずだった。

実現したこともいくつかある。ウィキペディアやリナックスのようなマス・コラボレーションが登場し、通信とアウトソーシングのおかげで途上国にいてもグローバルな経済に参加しやすくなった。いまや20億人の人がソーシャルにつながりあい、以前ならありえないようなやり方で情報にアクセスできるようになった。

ところがやがて、帝国の逆襲が始まった。大企業や政府は、インターネットが持っていた民主的なしくみをねじ曲げ、自分たちの都合のいいようにつくり変えてしまったのだ。

大企業や政府はインターネットの支配者となった。ネットワークのインフラ、価値ある膨大な情報、ビジネスや生活を動かすアルゴリズム、無数のアプリケーション、それに今後伸びてくる機械学習や自動運転車。シリコンバレーやウォール街や上海やソウルの限られた人たちが技術を囲い込み、それを使って莫大な富を手に入れ、経済と社会に対する影響力をますます強めていく。

インターネットの最初期に懸念されていたダークサイドは、そのまま現実になった。[*16]

ＧＤＰは増加しているのに、それに見合った数の雇用が生まれない。富が増えるのと同じ勢いで、格差が広がっている。オープンで公平でみんなのものだったインターネットは、壁で仕切られ、専有され、中身の見えないソフトウェアをおとなしく使うしかない世界になった。巨大なテクノロジー企業が技術を囲い込み、過剰な利益をかすめとっていく。

その結果、富の集中と固定化はますます激しくなった。ひと握りの企業が大量のデータを所有し、それをもとにさらなるデータを手に入れ、自らの帝国を拡大している。こういう状況は、その起源はどうあれ、いまや害悪でしかない。

アマゾン、グーグル、アップル、フェイスブックなどの肥大化したネット企業は、僕たちがこっそりしまっておきたいようなデータまで大々的に収集している。人びとのデータはいつのまにか大企業の「資産」に組み込まれ、プライバシーや個人の自由という言葉は以前のような意味を持たなくなってしまった。

政府もダークサイドに堕ちた。いまや民主主義国の多くが、情報と通信技術を駆使して人びとを見張り、世論を操作し、自分たちに都合のいい政策を推し進め、権利と自由を踏みにじり、そうして自分たちの権力を確固たるものにしようとしている。中国やイランのような抑圧的政府にいたっては、インターネットを外の世界から隔離し、反対意見を押しつぶして国民を思い通りに操ろうとしているほどだ。

ウェブは死んだ、と主張する人もいる。

でも、そうとは限らない。

ブロックチェーン技術は、こうしたネガティブな流れを押し返す新たな波だ。世界はついに本当の意味でのＰ２Ｐプラットフォームを手に入れた。これからどんどんすごいことが可能になるはずだ。

僕たちはアイデンティティや個人情報を自分の手に取りもどせる。巨大な仲介者を通さなくても、自由に価値を創造して交換することが可能になる。お金の流れからはじき出された何十億という人たちがグローバルな経済活動に参加できる。プライバシーが守られ、自分の情報を自分で活用できるようになる。クリエイターは作品の対価を正当に受けとれる。経済格差を解消する方法は、富の再分配だけではない。小さな農家やミュージシャンにも富がきちんと分散されるしくみをつくればいいのだ。

可能性はとどまるところを知らない。

アイデンティティを自分の手に取りもどす

新たなメディアが誕生するごとに、人は未知の領域に踏みだしてきた。情報を記録するメディアはいわば時空を超え、死を超越する力を人類に与えてくれる。そうして神の力を手に入れたとき、人は本質的な問いに直面する。

私は誰なのか。人であるとはどういうことか。自分とはいったい何を意味するのか。

マーシャル・マクルーハンが見抜いたように、メディアはやがてメッセージになる。人はメディアをつくり、メディアが人をつくり変える。脳は適応する。組織も適応する。社会全体が適応する。

「しかるべき機関からカードを発行してもらって、それがアイデンティティになるわけですよね」とワイスキー社のカルロス・モレイラは言う。[*17] 生まれたときの出生証明書が、あなたの最初のIDだ。そこに数々の情報が結びつき、記録される。ブロックチェーン時代になれば、出生証明書から学費ローン、その後のやりとりをすべてひとつのチェーンに記録するということも可能になる。

「きみは、きみのプロジェクトだ」とかつてトム・ピーターズは言った。[*18] 人を規定するのは、所属する会社や肩書きではないという意味だ。今ならこう言えるだろう。「きみは、きみのデータだ」

ただし問題がひとつある。「アイデンティティは自分のものなのに、その行動を記録したデータは誰か別の人の手に渡っています」とモレイラは言う。[*19] 企業はそうした行動の軌跡をもとにあなたのことを判断する。各種データを集めてバーチャルなあなたを構築し、バーチャルなあなたに対して数々の便宜を図ってくれる。[*20] ただし、タダで手に入るものなどない。代償となるのは、あなたのプライバシーだ。

「プライバシーは死んだ。あきらめろ」と言う人もいる。[*21] でもそう簡単にあきらめるわけにはいかない。プライバシーは自由な社会の基盤なのだから。

「人はアイデンティティという概念をかなりシンプルに捉えています」とブロックチェーン技術者で情報セキュリティ専門家のアンドレアス・アントノプロスは言う。[*22] アイデンティティという言葉には、自分と、世の中に映る自分のイメージ、そして自分やそのイメージに付属する数々の属性がざっくり含まれているようだ。そのなかには持って生まれたものもあれば、国や企業に付与されたものもある。いくつもの役割を兼任することもあるし、時とともに役割が変わることもある。世の中のニーズが変わり、会社組織が変われば、あなたの役割もそれに応じて変わってしまう。

けれど、もしもバーチャルな自分を自分だけのものにできたらどうだろう。つまり自分というものをブラックボックス化して、外から操作できないようにするのだ。何かの許可を得るときは、それに関連するデータだけ見せればいい。そもそも、なぜ運転免許証に個人情報がずらずらと書かれているのだろう。運転免許試験に合格したという情報だけでいいじゃないか。

インターネットの新たな時代を想像してみてほしい。あなたは自分をさらけだす必要はなく、バーチャルなアバターを見せるだけでいい。そのアバターがブラックボックスの中身を厳重に管理し、きれいに整理整頓しながら、状況に応じて必要な情報だけを開示してくれる。

まるで『マトリックス』や『アバター』の世界みたいに思えるかもしれない。でもブロックチェーン技術を使えば、そんなことが可能になる。コンセンサス・システムズのジョセフ・ルービンCEOは、これを「永続的なデジタルID兼ペルソナ」と呼ぶ。

「友達と話すときと銀行と交渉するときでは、別々の顔を見せますよね。オンラインのデジタル世界でも、いろんなペルソナを使い分けて、その時々で違う側面を見せるようになると思います」

ルービンは代表となるペルソナをひとつ置き、納税やローンの借り入れ、保険加入などはそのペルソナでおこなうことを想定している。

「そのほかに仕事のペルソナや家庭のペルソナを持っておいて、そっちのペルソナはローンのことなんか気にしないわけです。ゲームをするときはゲーマーのペルソナもほしいですよね。

闇のペルソナもひとつつくって、別人みたいにネット上で行動しているかもしれない」[*23]

ブラックボックスのなかには、官公庁が発行した身分証や、健康状態、財政状況、学歴、資格、その他あらゆる個人的な情報が含まれている。そのなかの限られたデータを、限られた期間だけ、限られた目的のために開示することができる。眼科に行くときとヘッジファンドに投資するときでは、見せたい情報も違うはずだ。そしてあなたのアバターは質問にイエスかノーで答え、それ以外の余計な情報は漏らさない。「あなたは20歳以上ですか？」「過去3年を通じて年収が10万ドル以上でしたか？」「体重は標準範囲におさまっていますか？」[*24]

物理的な世界では、あなたの評判は場所に縛られている。近所のお店の人や上司や友人が、それぞれあなたに対する意見を持っている。一方、デジタル世界の評判は、距離を容易に超えられる。あなたがどこにいようとも、ペルソナの評判を上げることは可能だ。アフリカの奥地に住む人が電子ウォレットを活用し、世界中で得た評判をもとに「ほら、これだけ信用があるんですから起業資金を貸してください」と言うことだってできる。

あなたのアイデンティティはもはや企業の道具ではなく、あなた自身の武器になるのだ。

ブロックチェーンから見えてくる未来

本書ではブロックチェーンが可能にする新たな動きをさまざまな分野から紹介し、それがどのように世界を豊かにするかを見ていきたいと思う。

豊かさとは、まず第一に生活水準の向上を意味する。そのためには、お金を稼ぐための手段とチャンスが不可欠だ。でも、もちろんそれだけではない。安心、安全、健康、教育、自然環境。自分の生き方を自分で決定し、社会と経済に主体的に参加できることも大切だ。

人が豊かに生きるために最低限必要なものはいくつかある。財産を安全に保管・移動できる基本的な金融サービスへのアクセス。経済活動に参加するための通信手段や取引ツール。土地や財産の所有権が正当に守られる制度。[*25]

ブロックチェーンなら、すべて実現できる。

これから紹介する数々のストーリーは、誰もが豊かに暮らせる未来を垣間見せてくれるはずだ。そこにあるのは、個人のプライバシーや安全が守られ、データが誰かのものでなく自分自身のものになる世界。大企業が技術を独占することなく、誰もがテクノロジーの発展に参加できるオープンな世界。そしてグローバルな経済から排除される人がなく、どこにいてもその富の恩恵を受けられる世界である。

ここで少しだけ、その一端をのぞいてみよう。

本物のシェアリング・エコノミーがやってくる

最近「シェアリング・エコノミー」という言葉をよく耳にする。空き部屋が借りられるＡｉｒｂｎｂ（エアビーアンドビー）や、必要なときに車を手配できるＵｂｅｒ（ウーバー）、雑用を依頼できるTaskRabbit（タスクラビット）などを指してそう言うらしい。

でもそういうサービスは、本当の意味での「シェア」ではない。情報を集約することで成り立っているからだ。実際、彼らは「シェアしないこと」によって収益を得ている。たとえばＵ ｂｅｒは、ドライバー情報を自分のところに集めることで６５０億ドル規模の会社に成長した。Ａｉｒｂｎｂは空き部屋情報を一箇所に集め、評価額２５０億ドルを誇るシリコンバレーの寵児になった。情報を集めて手数料をたっぷりとっているから、それだけの成長を遂げられたのだ。

この手のサービスが可能になったのは、スマートフォンやＧＰＳ、決済システムなどの技術的な条件が整ったからだ。でも今はまだ、完成形ではない。ブロックチェーンはシェアリング業界をふたたびかき乱し、今よりずっと画期的なサービスを登場させるはずだ。

Ａｉｒｂｎｂによる集中管理は廃れて、そのかわりに分散されたアプリケーションが主流になるだろう（ブロックチェーンの頭文字「ｂ」をつけて、ｂＡｉｒｂｎｂと呼びたい）。ｂＡｉｒｂｎｂは、各メンバーによって主体的に運営される。部屋を借りたい人が検索条件を入力すると、ブロックチェーン上のデータからそれに合うものが抽出される。取引がうまくいって高い評価が得られれば、それがブロックチェーンに記録されて評判が上がる。誰かに仲介してもらわなくても、データがそれを教えてくれるのだ。

イーサリアムの考案者ヴィタリック・ブテリンはこう語る。

「たいていの技術は末端の仕事を自動化しようとしますが、ブロックチェーンは中央の仕事を自動化します。タクシー運転手の仕事を奪うのではなく、Ｕｂｅｒをなくして運転手が直接仕事をとれるようにするんです[*26]」

金融業界に競争とイノベーションが生まれる

金融業界は経済を支える要だが、そのシステムにはかなり問題がある。とにかく巨大で身動きが取りづらく、技術の進化にまったくついていけない。既得権益を守るのに必死で、新しいものを取り入れることに後ろ向きだ。時代遅れの技術を使いつづけ、19世紀につくられたようなルールでいまだに動いている。その業務は矛盾に満ち、時間がかかり、セキュリティの穴も多い。それに情報が不透明すぎる。

ブロックチェーンは金融サービスを古くさい銀行から解き放ち、業界に競争とイノベーションを取り入れるだろう。利用者にとっては朗報だ。これまでは採算がとれないとかリスクが高いという理由で金融サービスからはじきだされる人が何十億人もいた。でもブロックチェーン時代になれば、誰もがオンラインで買い物をしたり、お金を借りたり、ものを売ったりできるようになる。もう豊かな暮らしをあきらめなくていい。

既存の金融機関も、その気にさえなればブロックチェーンを活用して進化できる。銀行、証券取引所、保険会社、会計事務所、クレジットカード会社など、あらゆる業務が劇的に改善されるはずだ。みんなで同じ帳簿をシェアすれば、決済に何日もかかるようなことはなくなり、目の前であっという間に取引が完了する。そうすれば何十億という人が助かるし、あらゆる場所で新たな起業家が生まれるだろう。

財産権が確実にデータ化される

財産権は資本主義のしくみと分かちがたく結びついている。アメリカ独立宣言の前文にある「生命、自由、幸福の追求」という権利は、最初の草稿では「生命、自由、財産の追求」となっていたほどだ。[*27] 現代の暮らしはそうした思想に支えられているわけだが、それが実際に守られるとは限らない。

自分のものだった土地を政府の独断で奪われる人が世界には数多くいる。腐った役人がデータを書き換えれば、それで終わりだ。自分の土地だという証拠がないので、ローンも組めず、家も建てられず、ある日とつぜん取り上げられても文句が言えない。これは深刻な事態だ。

ペルーの経済学者で開発援助の第一人者であるエルナンド・デ・ソトは、財産の所有権がまともに認められないせいで貧困にあえいでいる人が世界各地に5億人いると指摘する。彼はブロックチェーンがその解決策になると考えている。

「ブロックチェーンの核にあるのは、何かの所有権を確実に取引するという考え方です。その対象はお金でも、モノでも、アイデアでもいい。大事なのは単に土地を記録することではなく、そこに関わる権利を記録して、所有権が犯されないようにすることです[*28]」

これからの時代、財産権を守るのは銃や兵士ではなく、テクノロジーの役目だ。データを見れば、所有者は誰の目にも一目瞭然。記録が急に消えることもない。

送金が安く、早く、簡単になる

暗号通貨の話で必ず言及されるのが、送金の便利さだ。送金は人びとの暮らしに直結する大問題である。

途上国に流入する資金でもっとも多いのは、政府の援助でもなければ投資資金でもない。外国に住む労働者から家族への個人送金だ。だが国境を越えてお金を送るのは面倒で時間がかかる。いちいち銀行に足を運び、毎回たくさんの書類を書かされて、しかも7％も手数料を取られたりする。もっといいやり方があるはずだ。

モバイル送金サービスのアブラ社は、ブロックチェーンを使った国際送金ネットワークを開発した。銀行の窓口を介さず、スマートフォンで簡単に現金を送れるシステムだ。これまで送金に1週間かかっていたのがわずか数分程度に短縮され、手数料は7％以上かかっていたのがわずか2％程度ですむ。アブラは今後さらにネットワークを広げ、世界中のATMの数を上回る規模にしたいと目論んでいる。

送金サービス老舗のウエスタンユニオンが50万の取扱店をつくるのに、150年かかった。アブラはそれを1年で達成するつもりだ。

支援金が必要な人に確実に届く

2010年のハイチ地震は、死者10万〜30万人にのぼる大災害だった。世界中の人びとがハイチに注目し、赤十字には5億ドルを超える募金が集まった。赤十字といえばきわめて有名な支援団体である。

ところが、その後の調査で、集まった募金のほとんどが行方不明であることが明らかになった。現地に届く前に、消えてしまったのだ。

ブロックチェーンを使えば、そういう事態を避けられる。あいだに入る仲介者がいないので、途中で持ち逃げされる恐れがない。それにお金の流れが正確に記録されるので、何にどれだけ使われたかがすぐにわかる。寄付をしてから現地の人が利益を受けるまで、すべてをスマートフォンで確認できるのだ。あるいは一時的に第三者にお金を預け、赤十字が一定の成果を上げるまで支払いを保留するということも可能になる。

クリエイターが作品の対価を受けとれる

これまでのインターネットは、クリエイターにやさしい場所ではなかった。ミュージシャンと契約しているレコード会社はインターネット時代にうまく適応できず、古いビジネスモデルにしがみついて徐々にその力を失いつつある。

1999年に登場した音楽ファイル共有サービス「ナップスター」は、古くさい音楽業界の体質を浮き彫りにした。著作権で保護された音楽がシェアされたことが問題になり、既存のレコード業界がナップスター社とその創業者、さらに1万8千人のユーザーに対して訴訟を起こしたのだ。そのせいでナップスター社は2001年に倒産した。

ナップスターのドキュメンタリー映画を監督したアレックス・ウィンターは、ガーディアン紙のインタビューで次のように語っている。

「大きな文化的変化を前にして、白か黒かという考え方はどうかと思うんです。ナップスターの場合、『自分で買ったんだから何でもシェアしていい』という立場と『購入したファイルのひとつでもシェアしたら有罪だ』という立場があったわけですが、大半はその中間のグレーゾーンに位置するわけですよね」[*29]

ユーザーを訴えるよりも、ユーザーと共にサービスをつくるというビジネスモデルのほうが長続きするに決まっている。ナップスターの訴訟騒ぎは、既存の音楽業界がいかに非効率で時代遅れで、ミュージシャンにやさしくない業界であるかを世間に見せつける結果となった。

それから今にいたるまで、状況はほとんど変わっていない。でもブロックチェーンの登場で、少しずつ新たな動きが見えてきた。イモージェン・ヒープやゾーイ・キーティングといった先進的なミュージシャンが、業界に新たな風を吹きこもうとしている。

これから音楽や創作に関わる業界は大きな変化を迎え、クリエイターは作品の対価を十分に受けとれるようになるはずだ。

会社の形態が進化する

グローバルなP2Pプラットフォームは、会社という概念を問い直すことにもなりそうだ。ブロックチェーンはイノベーションや価値の共有を推進し、富の集中を改善して、多数の人に豊かさが行きわたることを可能にする。

会社の収益や規模が小さくなるという意味ではない。莫大な価値を生みだし、業界に大きな影響力を持つ会社も出てくるだろう。だがその形態は20世紀的なヒエラルキー組織ではなく、フラットなネットワークに近い形になるはずだ。そうなれば、より多くの人に富が分配（再分配ではなく）されやすくなる。

ブロックチェーンを利用したスマートコントラクトの普及によって、これまでの組織とはまったく違うオープンネットワーク型企業が主流になるかもしれない。さらにはインテリジェントなソフトウェアがみずからリソース配分やマネジメントを実行する分散自律型企業（DAE、Distributed Autonomous Enterprises）の可能性も見えてくる。

従来のビジネスモデルは大きな変革を迫られるだろう。

モノが自分で動くようになる

あらゆるものがネットワークに接続され、周囲の変化やできごとを検出してシームレスに協調する世界。技術者やSF作家は昔からそんな未来を思い描いてきた。

ブロックチェーン技術を使えば、インターネットに接続されたモノ同士が連携し、価値（エネルギー、時間、お金など）を交換し、需要と供給力にもとづく柔軟なサプライチェーンを築くことが可能になる。メタ情報を付与されたスマートデバイスがその情報をもとにお互いを認識し、状況に応じて適切な行動をとってくれるのだ。

モノが自分で動くようになれば、人は大きな恩恵を受けられる。オーストラリアの奥地で農場の電力を必要としている人も、余った電力をシェアしたい個人も、みんなが今より豊かになれる。

小さな起業がどんどん生まれる

豊かな経済と社会には、起業家精神が不可欠だ。

インターネットは起業家に新たな可能性をもたらし、既存の慣習に縛られない小回りのきく事業を可能にするはずだった。ところが、一部の大成功したドットコム企業がもてはやされる陰には、不都合な数字が見え隠れする。新たに創業された企業の数は、多くの先進国でこの30年間減少しつづけているのだ。[*30]

一方の途上国では、インターネットを活用して起業しようと思っても、政府や役人が相変わらず大きな障壁となっている。起業に必要な資金や決済システムへのアクセスも、一部の人にしか行きわたっていない。

才能ある起業家だけの問題ではない。ごく普通の人が日々の生活費を稼ごうと思っても、銀行口座がなければ支払いを受けられないし、役所での面倒な手続きや決まりごとが大きな障壁になっている。

複雑な問題だが、ブロックチェーンはそこに突破口を開く助けになると思う。自分の住んでいる場所に縛られず、世界中の人と直接契約することが可能になるからだ。グローバルな経済にアクセスできれば、資金調達、取引先、提携、投資などのあらゆるチャンスがぐんと広がる。どんなに小さな事業でも、ブロックチェーンなら十分に成り立つ。

政治が人びとのものになる

経済だけでなく、政治も大きく変化する。

ブロックチェーン技術で政治を変革する試みはすでに始まっている。政治のコスト削減とパフォーマンス向上が望めるだけでなく、民主主義のあり方そのものが変わっていく可能性もある。政府は今よりずっとオープンになり、利益団体の影響力は衰え、より誠実で透明度の高い政治が可能になるはずだ。

ブロックチェーン技術がいかに政治を改善し、選挙をはじめとする政治への参加プロセスを変えていくかを追って紹介したい。社会サービスはより公平に行きわたり、厄介な問題がいくつも解決され、政治家は公約をきちんと守るようになるだろう。

未来型プラットフォームの光と闇

いいことばかりのように書いてきたけれど、もちろん乗り越えるべき障壁はある。ブロックチェーンが登場してまだ日が浅いこともあり、技術が成熟していないし、使いやすいアプリケーションも出揃っていない。

それだけでなく、ブロックチェーンのしくみ自体に対する批判も出ている。取引を承認するためにマシンパワーを消費するというしくみは、エネルギーの浪費ではないのか。この先ブロックチェーンの数がふくれあがり、1日に数十億件の取引が発生するようになったらどうなるのか。ブロックチェーンの計算に参加するインセンティブは十分に保てるのか。ブロックチェーンは人びとの仕事を奪うのではないか。

ただし、これらは技術的な問題というより、リーダーシップとガバナンスで解決できる問題だ。新たなパラダイムを率いるリーダーたちが声を上げ、経済や社会にイノベーションの波を起こし、ブロックチェーンが正しく発展できるように導いていく必要がある。この点についても、あとでじっくり論じるつもりだ。

この本はトロント大学ロットマン・スクール・オブ・マネジメントのグローバル・ソリューション・ネットワークから生まれた。ロックフェラー財団、スコール財団、アメリカ国務省、カナダ産業省の出資を受けて実現した400万ドル規模の研究ネットワークだ。著者のドンがプロジェクトを立ち上げ、アレックスが暗号通貨研究を率いている。2014年から本格的にブロックチェーンの研究プロジェクトを開始し、ブロックチェーンが社会にどのような影響を与えるのか、それはどのような光と闇をもたらすのか、あらゆる観点から広く研究を進めてきた。

ビジネス、政治、社会それぞれのイノベーターたちがブロックチェーンを正しく理解するなら、インターネットは誠実で安全で協力的で、あらゆる取引のプライバシーが保たれる場所になるだろう。そこでは分散された新たな形の働き方が可能になり、人びとは等しく経済活動に参加するチャンスを得る。オンラインの概念が大きく変わり、社会的・経済的な諸問題を解決するための糸口がつかめるかもしれない。

しかしブロックチェーンが誤解されれば、結果は残念なことになるだろう。理不尽に抑圧され、握りつぶされるか。大企業や金融機関のいいように利用されるか。あるいは政府の道具となり、恐ろしい監視社会が到来するか。

使い方をまちがえれば、ブロックチェーンとその関連技術は暴走し、人間に牙をむくことになるかもしれない。

どちらの方向に進むかは、まだわからない。ブロックチェーンが確実に成功するとは言いきれないし、成功するとしてもまだ時間がかかる可能性はある。[*31] 未来のことは誰にもわからない。「インターネットの影響力を、多くの人は見誤っていました」とテクノロジー理論家のデヴィッド・ティコルは言う。「ＩＳＩＳのような現象は予測できなかったし、当初の楽観的な予測の一部はまったくの期待外れに終わってしまった。もしもブロックチェーンがインターネットほどの存在であるのなら、その良い面も悪い面もまだ予測できないと思ったほうがいいでしょう[*32]」

だから、この本が描くのは未来予測ではない。

僕たちが実現すべき未来のビジョンだ。

つまらない争いをやめて正しい方向に踏みだせば、ブロックチェーンはあらゆる人を豊かにできる。インターネットは新たな時代を迎え、すごい勢いでイノベーションが起こり、世界は今よりずっといい場所になる。この本を読んだ人たちが、そんな未来のために動きだしてくれることを願っている。

僕たちは今、歴史の大きな分岐点に立っているのだから。

第2章
未来への果敢な挑戦

「自由はプライバシーの上に成り立っています」

ライアソン大学プライバシー&ビッグデータ研究所のアン・カブキアン所長はそう語る。

「私がそのことを学んだのは30年前、ドイツの学会に行くようになった頃でした。ドイツが世界有数のプライバシー先進国になったのは偶然ではありません。かつてナチス支配下で自由を奪われ、プライバシーを剥ぎとられた経験があるからです。その苦難を経て、彼らは二度とそんなことを繰り返すまいと決意したのです[*1]」

ドイツは第二次世界大戦中、「エニグマ」と呼ばれる暗号機械を使って作戦指示を出していた。皮肉というべきか、それとも必然というべきか、ブロックチェーン時代の最先端のプライバシー技術にもこれと同じ名前がついている。

MITメディアラボは現在、プライバシーを完全に保証する分散型コンピューティング・プラットフォーム「エニグマ」の開発に取り組んでいる。準同型暗号とセキュアマルチパーティ計算という技術を使い、さらにブロックチェーンを利用して「誠実な行動に対して強いインセンティブを与える」ことで情報の秘匿を実現するプラットフォームだ[*2]。

カブキアンは次のように説明する。

「エニグマは情報を取り込むと、それを細かく分けてから暗号化し、ネットワーク上のたくさんのコンピューターにばらばらに振り分けます。データを一箇所に置かないんです。ばらばらにしたデータの配置と追跡にはブロックチェーン技術が利用されます」[*3]

暗号化されたデータは第三者にシェアすることが可能で、データを受けとった人はそれを解読することなく計算に利用できる。[*4] これが実現すれば、インターネット上のアイデンティティの扱いが大きく変わる。個人情報がブラックボックス化され、誰にも見られない形でコントロールすることが可能になるのだ。

ただし、すぐに実現できるかどうかは微妙なところだ。まず第一に、運用には多数の参加者による大規模なネットワークが必要になる。そして第二に「暗号学の分野では最新の技術が好まれない」という事情がある。ブロックストリーム社のオースティン・ヒルはこう語る。

「誰もが安全だと信じていたアルゴリズムの脆弱性が数年後にひょっこり見つかった例は過去に何度もあります。誰か有能な科学者が出てきて欠陥を指摘すれば、その暗号はおしまいです。そういうこともあって、長年の実績のある定番アルゴリズムのほうが好まれるんですね。暗号というのは実に息の長い技術なんです。ビットコインもそれを念頭に置いて設計されています」[*5]

それでも、エニグマの可能性はけっして無視できない。プライバシーとセキュリティ、サステナビリティという点で、飛び抜けて重要な意味を持っているからだ。カブキアンは言う。

「エニグマはプライバシーの保証を謳っています。簡単なことではないでしょう。ですが、現代の複雑につながりあった世界にあって、その重要性はますます高まっているのです」[*6]

ブロックチェーン技術の挑戦者たちは、人びとの権利を守るために動きだしている。その対象はプライバシーとセキュリティにとどまらず、財産権やその人の人格を守る権利、政治や文化、経済活動に参加する権利など多岐にわたっている。

テクノロジーによって選択の自由が確保され、世界中の誰でも自分の人生を自由に選びとれるようになった世界を想像してほしい。そこにはどんなツールがあり、どんな働き方が可能になるだろう。どんなビジネスやサービスが生まれ、どんなチャンスが僕たちを取り巻いているだろう？

答えはサトシ・ナカモトが教えてくれる。

未来をデザインする7つの原則

サトシの論文は、あくまでも「お金」の未来を論じたものだ。インターネットの新時代を築き、社会をつくり変えようという主張が書かれているわけではない。

でも、そのきわめてシンプルなビジョンのなかには、人間存在についての深い洞察が含まれている。２００８年のビットコイン論文を読めば、それがまったく新たな時代を切り拓くアイデアであることに気づくだろう。テクノロジーの集中を前提とする経済のあり方をくつがえし、コンピューター工学と数学、暗号学、行動経済学を組み合わせて、まったく新たなデジタルエコノミーのビジョンを描きだしたのだ。

サトシは2011年から沈黙を保っているけれど、彼の蒔いた種は確実に成長し、世の中に大きな変化を引き起こそうとしている。

僕たちはサトシ・ナカモト論文とそれに続く数々の研究やイノベーションを徹底的に分析し、そこから情報をリバースエンジニアして、ブロックチェーン革命の要となる7つの原則を導きだした。デジタルエコノミーに新たな時代をもたらし、信頼という概念を大きく書き換えることになる大原則だ。

本章では、この7つの原則をざっくりと紹介していく。これを読めば、ブロックチェーン革命の概要を効率よく理解できるはずだ。ブロックチェーンに懐疑的な人も、今後の生き方を考えるうえで読んでおいて損はない。起業家、エンジニア、クリエイター、アーティスト、投資家、マネジャー、その他あらゆる人の生き方が、ブロックチェーンの登場で大きく変わろうとしている。

原則1　信頼：嘘をつかないネットワーク

ブロックチェーンにおける信頼は、外部の誰かに保証されるものではない。信頼は日々のやりとりの内部に組み込まれ、ネットワーク上に分散されている。だからネットワークの参加者は、相手が嘘をつかないことを前提に、直接その人と取引できる。

ブロックチェーンの決定権やインセンティブ構造のなかに、不誠実な行動を排除するしくみが備わっているのだ。そこでは嘘をつくことは不可能であるか、あるいはコスト・エネルギー・評判の面でまったく割に合わないものになっている。

今までのやり方ではなぜうまくいかないのか

これまでインターネット上で誰かと直接お金をやりとりすることはできなかった。通常のデータとは本質的に違っているからだ。

ひとつの自撮り写真を何十人の友人に送ってもかまわないけれど、1ドルのお金は誰かひとりにしか送ってはいけない。送った時点でそれは自分のものではなくなり、相手のものになる。紙幣をコピーできないのと同じで、あなたの口座の1ドルを何度も使うことはできないのだ。

そんなわけで、オンラインでの支払いには**二重使用**の問題がつきまとう。物理的な紙幣は相手に渡せばなくなるけれど、データは手元から消えないので、すでに使ったお金でもういちど支払うことができてしまう。そうすると、ちょうど手形の不渡りのように、どちらかの支払いが無効になる。詐欺師にとっては都合のいい話かもしれないが、無効な支払いを受けた人は困るし、うっかり二重に支払った人は信用を失う。

これまでは二重使用を防ぐために、第三者のデータベースに情報を集約しておいて、オンライン決済のたびにそこから認証を得るというやり方をしていた。政府および民間の銀行や送金会社（例：ウエスタンユニオン）、クレジットカード会社（例：Ｖｉｓａ）、オンライン決済プラットフォーム（例：ペイパル）などにいちいちお伺いを立てるわけだ。そのため決済完了までには数日から、場合によっては数週間かかることもあった。

ブロックチェーンはそれをどう解決するか

サトシはP2Pネットワーク技術にクレバーな暗号技術を組み合わせて、第三者の介入なしで二重使用問題を解決できる合意形成メカニズムを開発した。

ビットコインのブロックチェーンでは、最初の支払いの日時がタイムスタンプとして記録され、すでに使われた記録のあるコインは二重使用として拒否される。二重使用かどうかを判断するのは、ネットワークの参加者たちだ。

「合意というのはソーシャルなプロセスです」とイーサリアム考案者のヴィタリック・ブテリンは言う。P2Pのネットワークには、絶対に正しい管理者は存在しない。情報を更新する権利はネットワークの参加者たちに少しずつ分散されている。一定のアルゴリズムにしたがって、何が正しいかをみんなで投票するのだ。ブテリンによれば、この「分散されている」という状態こそがブロックチェーンの肝である。発言権が広く分散されているおかげで、悪意ある個人やグループによる乗っ取りが不可能になるからだ。[*7]

といっても、単に多数決を採るだけだと、悪意ある人が多数のIDを使って不正な結果を強引に通してしまう可能性がある（シビル攻撃）。それを防ぐために、ビットコインでは**プルーフ・オブ・ワーク**というしくみを取り入れている。時間とコストのかかる作業をした人に発言権を与えるというシステムだ。

聞きなれない言葉だが、しくみを簡単に説明しておこう。

ビットコインのネットワークにつながっている各コンピューターは、専門用語で**ノード**と呼ばれる。通常のノードはデータ転送の役目を負っていて、送られてきたデータに異常がないことをチェックすると、そのまま次のノードに受け渡す。

一方、ノードのなかでも、未処理のデータをブロックに記録する役目を負ったコンピューター（およびその所有者）は**マイナー**（採掘者）と呼ばれる。マイナーはプルーフ・オブ・ワークの仕事をして、ビットコインのブロックチェーンに新たなブロック（情報のかたまり）をせっせと追加していく。

マイナーたちは、ネットワーク上に流れてきた未処理データを集めて、新しいブロックの形に加工する。ただし、ブロックを新しくつくるためには、まず難しいパズルを解かなくてはならない。解くのは難しく、答えが合っているかを確かめるのは簡単なパズルだ。パズルが解けた人は答えをネットワークに送信し、参加者たちが答え合わせをして、答えが合っていれば正しいブロックとして承認される。

このパズルを解くには時間がかかるし、かなりのマシンパワーが必要とされる。正しい答えを見つけるためには、総当たりで計算を試してみるしかない。地道に仕事をしなければ解けないので、仕事をした証明《プルーフ・オブ・ワーク》と呼ばれるのだ。悪意ある人が不正なブロックをつくろうと思ったら、このパズルでほかのマイナー全員を打ち負かす必要がある。ブロックチェーンは世界中のマイナーたちによって休みなく更新されているため、不正なデータをつくって広めるのはきわめて難しい。

パズルを解くときには、ハッシュ関数というアルゴリズムが使われる。取引データにランダムな数値を加えて、それをハッシュ関数で計算するのだ。この計算結果である**ハッシュ値**が決められた目標値より小さければ、パズルはめでたく解決だ。ところが、計算結果が十分に小さくなるような数値を見つけるのは簡単ではない。

「条件を満たす値が見つかるまで、ひたすら計算を繰り返すんです。ひとつの答えが見つかるのに平均で10分かかります」とスマートウォレット社のディノ・マーク・アンガリティスは言う。「少しずつ入力値を変えて試行錯誤するんです。入力値がひとつでも違うと、計算結果はまったく違う値になります。何が出てくるかわからないので、地道に試すしかありません。2015年11月時点で、平均的な計算回数は10の20乗を超えています。とんでもない量の計算です[*8]」

ハッシュ関数は逆算することが不可能なので、正しい答えを見つけるためには総当たりで計算を試してみるしかない。くじ引きのようなもので、成功確率を高めるためには試行回数を増やすしかないのだ。1秒あたりの計算量（何回ハッシュ計算できるか）を**ハッシュレート**と呼び、計算能力の基準としてよく言及される。とくにネットワーク全体のハッシュレートは、そのネットワークの安全性を測るうえで重要な数値だ。ハッシュレートが高ければ高いほど、ほかのマイナーを出し抜いて不正をすることは難しくなる。参加者が増えてハッシュレートが上がれば、それだけセキュリティが向上するというしくみになっているのだ（訳注：たとえば自分の支払い記録をなかったことにするために、悪意あるユーザーがブロックから取引データをひとつ削除したとしよう。取引データが変わると、当然ハッシュ計算の結果も変わる。正しいブロックとして認められるためには、プルーフ・オブ・ワークをもういちどやり直して正しい値を見つけなくてはならない。うまく正しい値を見つけたとしても、ネットワーク上ではすでに次のブロックがつくられている。ブロックには前ブロックのハッシュ値が含まれるため、このままでは次のブロックとの整合性がとれない。だから次のブロックを書き換えて、またプルーフ・オブ・ワークをやり直す必要がある。そうするあいだにも、また次のブロックが追加されていく。不正を成功させるためにはそのスピードを追い越さなくてはならない。マイナーが増えれば増えるほど、ネットワークの計算能力は高くなり、追い越すことが難しくなる。

プルーフ・オブ・ワークのしくみは、「ビザンチン将軍問題」に対する答えとして、コンピューターサイエンスの分野でも注目を集めている〔訳注：ビザンチン将軍問題とは、何らかのネットワーク上で情報伝達をするときに、全員が正しい合意に達することができるかを問う問題。名称はビザンチン帝国（東ローマ帝国）に由来し、離れた場所にいる将軍たちが全員一致で攻撃か撤退かを決めなくてはならないような状況を想定している。ネットワーク上に裏切り者がいて嘘の情報を流した場合、ネットワーク全体の意思決定は混乱し、失敗する可能性がある。ビットコインでは、プルーフ・オブ・ワークによって不正な情報の流布を困難かつ高コストな設計にすることで、ビザンチン将軍問題を実質的に解決している〕。ネットワーク上に裏切者がいるかもしれない状況で、正しい合意に達する、つまりブロックが正しい取引情報であることを決定するための現実的な解決法となっているからだ。

ブロックチェーンの合意形成メカニズムには、プルーフ・オブ・ワークのほかに**プルーフ・オブ・ステーク**というやり方もある。これは仕事の量ではなく、持っているコイン（そのネットワーク内でのネイティブトークン）の量に応じてブロックが承認されるやり方だ。コインを多く持っていれば、それだけ高い確率でブロックを生成できる〔訳注：プルーフ・オブ・ステーク方式のコインで発言力を持つためには、大量のコインを保有することが必要。もしも不正をすれば、せっかく自分が保有しているコインの価値が目減りすることになる。要するに、わざわざ大量のコインを購入してまで不正をするメリットが存在しないのである」。

現時点でピアコインやNXT（ネクスト）という暗号通貨がプルーフ・オブ・ステーク方式を導入している。ビットコインと並んで知名度の高いイーサリアムも、現在はプルーフ・オブ・ワークを使っているが、将来的にはエネルギー消費の少ないプルーフ・オブ・ステーク方式に移行する予定だ。

また、リップルやステラという暗号通貨では、ソーシャルネットワーク方式の合意形成システムを採用している。承認者と呼ばれるグループの8割が承認すれば取引が認められるというやり方だ。承認者のグループは許可制になっていて、信用できない人は承認者のネットワークから外される。このやり方は仕事のプルーフを必要としないので高速だが、バイアスが生まれる可能性はある。新しく参入しようと思ったら、ソーシャルスキルを駆使して承認者に受け入れられる必要があるからだ。

プルーフ・オブ・アクティビティという方式もある。これはプルーフ・オブ・ワークとプルーフ・オブ・ステークを組み合わせたやり方だ。マイナーが生成したブロックはそのままでは使えず、参加者からランダムに選ばれた人たちの署名を経て初めて有効になる。[*9]

さらに、ハードディスクのかなりの容量を割り当てることでマイナーとして認められるプルーフ・オブ・キャパシティという方式や、一定の容量をクラウド・ストレージとして提供することでマイナーになれるプルーフ・オブ・ストレージという方式も登場している。

どの方式をとるにせよ、ブロックチェーンには不誠実な行動を排除するためのしくみが組み込まれている。人間の意志ではなく、プログラムがそれを実現するのだ。

世の中はどんなふうに変わるのか

これからは大企業や政府を信頼するよりも、ネットワークを信頼する時代だ。僕たちは歴史上で初めて、裏切られることを心配せずに直接やりとりできるプラットフォームを手に入れた。このことが社会や経済に与えるインパクトは計り知れない。単にお金の支払いが変わるだけではない。誰が何を持っているか。誰がこのコンテンツの権利は誰にあるのか。誰が医学部を卒業しているか。誰が銃を購入したか。誰がこのナイキの靴やアップル製品をつくったか。このダイヤモンドはどこから来たのか。ありとあらゆる記録を、確実に知ることが可能になる。

信頼はデジタルエコノミーの必須要件だ。安全で信頼できるネットワークはマス・コラボレーションを促進し、組織や社会のあり方を大きく変えていくだろう。

原則2　権力：力の集中から分散へ

ブロックチェーンには、全体を管理する中心が存在しない。権力はネットワーク上に等しく分散されていて、特権を持った人はどこにもいない。悪意ある人が一部の端末を乗っ取ったとしても、システム全体をコントロールすることは不可能だ。

今までのやり方ではなぜうまくいかないのか

これまでのインターネットでは、多くのユーザーを抱え込んだ組織が絶大な力を持っていた。参加者（従業員、顧客、市民など）にはほとんど発言権がなく、組織は力の差を利用してユーザーのデータを自分たちの利益のために利用したり、こっそり政府に渡したりしていた。ある日とつぜんシステムが大きく変更されても、ユーザーは文句を言えなかった。

ブロックチェーンはそれをどう解決するか

中央集権型のシステムでは、権力を握った人が全体の利益を無視して行動する可能性がある。それに対してブロックチェーンでは、権力がP2Pネットワーク上に分散されているので、誰も好き勝手に行動することはできない。

ネットワーク上の半分以上の力を手に入れれば支配権を握ることは可能だが、前述のプルーフ・オブ・ワークのしくみがそれを防いでくれる。システム全体を乗っ取るためには膨大な計算をしなくてはならず、そのコスト（電気代など）を考えるとまったく割に合わないのだ。無理に悪事を働くくらいなら、ルールにしたがってコインを採掘したほうがよほど利益になる。

現実的に考えて、ビットコインのネットワーク全体を出し抜くことは不可能ではないにしても、かなり難しい。世界中に数多くのマイナーが存在し、ネットワーク全体の処理能力が刻々と上がりつづけているからだ。ネットワーク参加者が増えれば増えるほど、権力は広く分散され、不正をして支配権を握ることは難しくなる。

このように権力が分散されているということは、どんな意味を持つのだろうか？

たとえばある全体主義の国で、女性の権利のために戦っている人たちがいるとしよう。中央集権型のシステムでは、国が彼らの銀行口座を凍結したり、財産を取り上げたりする可能性がある。気に入らない人がいたら、国はその人のお金を奪って活動できなくすればいいわけだ。

一方、分散型のシステムでは、そのように誰かの一存で資産が凍結されることがない。これは大きなメリットだ。

ただし、デメリットもあることは否めない。たとえば人や企業から無理やりお金を巻き上げている犯罪者がいたとしよう。国はその犯罪者の財産を差し押さえたいけれど、それをするための権限がない。かつてルーズベルト大統領は「金貨、金地金、金証書を……米国内で保有することを禁止する」というお触れを出したが、そういう恣意的なコントロールは良くも悪くも不可能になるということだ。[*10]

「誰かに仲裁してもらうということが、今後なくなっていくんです」とワシントン・アンド・リー大学のジョシュ・フェアフィールド教授は言う。[*11]

ブロックチェーンでは、取引の正当性を保証するのはネットワークであり、国や企業や権力者ではない。どこかの大きなサーバーにデータが蓄えられることもない。

お金を発行するのも、中央銀行ではなくネットワークの仕事だ。ビットコインでは、マイナーがパズルを解いてブロックを生成すると、報酬としてまっさらなビットコインが支払われる。これが通貨の新規発行にあたる。プルーフ・オブ・ワークのしくみのなかに、通貨の鋳造のロジックが埋め込まれているわけだ。

ちなみにサトシは、ビットコインの設計に一種の金融政策も織り込んでいる。

「お金というのはすべて何らかの危険をはらんでいます」とニック・サボは言う。「通貨偽造から盗難まであらゆる危険が存在しますが、なかでも怖いのはインフレです」[*12]

ビットコインではインフレ防止のために、通貨供給量の上限が２１００万ＢＴＣに設定されている。1ブロックあたりの報酬量の減少（約4年で半減）と現在の発掘ペース（1時間に平均6ブロック）を考え合わせると、西暦2140年頃には報酬がゼロになってコインの新規発行が終わる予定だ。国の通貨のようにやたらと刷りまくってハイパーインフレになる心配はない。

このように、ブロックチェーンはあらゆる仲介者を不要にする。その運用は世界中のコンピューターに分散され、人びとは自分に合った形でそこに参加しながら、自分のデータや資産を主体的に管理できる。分散ネットワークが一人ひとりの人間にパワーを取りもどしてくれるのだ。

世の中はどんなふうに変わるのか

中心を持たない分散型のプラットフォームには、社会の富の構造を書き換えるほどの力がある。P2Pのコラボレーションによって厄介な社会問題は解決され、不信に満ちたビジネスや政治は人びとの率直な行動に置き換えられるだろう。そこでは人びとはもう無力な存在ではない。誰もが豊かさを手に入れ、主体的に社会に参加することが可能になる。

原則3　インセンティブ：利己的な行動が全体の利益になる

ブロックチェーンは、そこに関わるすべての人のインセンティブを考慮して設計されている。ビットコインなどの通貨やネットワーク内での評判という価値がインセンティブとして機能し、正しい行動を促進するようにできているのだ。

誰もが自分のためを考えて行動していれば、それがネットワークを正しく機能させる力になる。ネットワークにとって悪い行動は自然に駆逐され、ブロックチェーンは共通の利益として健全に守られていく。

今までのやり方ではなぜうまくいかないのか

これまでのインターネットは、大企業の力が強すぎた。大きくて複雑で不透明な企業が、その立場を利用して過剰な利益を手中に収める。ネットワークのおかげで利益を得ているのに、そのネットワークに利益を還元しようというインセンティブが働かないのだ。

「インセンティブの構造が、銀行幹部や融資担当者を短絡的な行動や過剰なリスク・テイキングに向かわせます」

そう語るのは、ノーベル賞経済学者のジョセフ・スティグリッツだ。

「不適切なインセンティブを与えれば、人は間違った行動をします。銀行がこうなるのは目に見えていたことなのです[*13]」

インターネットでは無料で使えるサービスも多いけれど、その代償として人びとは自分の個人情報を支払っている。アーンスト・アンド・ヤングの調査によると、インターネット企業のマネジャーのうち7割近くがビジネスのために顧客データを収集していると回答した。そのデータによって収益が増えたと回答した人は8割に上っている。

そんな顧客情報の詰まったデータベースは、個人情報を狙う犯罪者にとって格好のターゲットだ。クレジットカード番号や銀行口座などの個人情報が流出したら、困るのは企業ではなく顧客である。同じ調査で、消費者の半数近くが個人情報の提供を5年以内にやめたいと回答した。また半数以上の人が、過去5年間と比較して個人情報をあまり提供しなくなったと答えている。ソーシャルメディアでの発言を含めて、人びとは日々自衛しなければならない状況に置かれているようだ。[*14]

ブロックチェーンはそれをどう解決するか

サトシ・ナカモトは、**利己的な行動がネットワーク全体の利益になる**ようにビットコインを設計した。そこでは正しいことをするのが、いちばん自分の得になる。合意形成と報酬のしくみがそのようにつくられているから、わざわざ不正をするメリットがどこにもないわけだ。

サトシの論文には次のように書かれている。

「あるブロックの最初の取引は特別な取引とされ、新しいコインがそのブロックの作成者のものになる。これは各ノードがネットワークを支持するためのインセンティブとして機能する」[*15]

プルーフ・オブ・ワークのルールにしたがってブロックを生成すれば、新しいコインがたっぷり手に入る。マイナーたちはその報酬のために、日々コンピューターを動かして計算に打ち込んでいる。報酬の量はブロックの全体量に応じて自動的に調整される。最初の4年間は1ブロックで50BTCが受けとれる設定になっていたが、2012年末からは25BTCに変更された〔訳注：報酬の金額はプログラムで決まっており、ブロックが21万個追加されるごとに半減する設定になっている。報酬が減るタイミングのことを「半減期」と呼ぶ。2016年6月に2回目の半減期が訪れ、報酬は12・5BTCとなった〕。

いったんビットコインを手に入れると、ビットコインのプラットフォームをうまく機能させることが保有者のメリットになる。せっかくコインを手に入れたのに、使えなくなってしまったら意味がないからだ。ビットコインは単なる取引手段ではなく、ブロックチェーン上の資産でもある。ブロックチェーンではユーザーが広く分散していることが健全な運用の第一条件なので、通貨を保有・使用することはすなわちブロックチェーンの発展に出資していることを意味する。

ビットコインの取引を検証し、有効なものとして承認するのは、コンピューターの処理能力をネットワークに提供しているマイナーたちだ。彼らは電気代などのコストを支払って、報酬を受けとるためにマイニングに参加している。マイニングに成功すると、その人は報酬を受けとれるし、ビットコインの取引が無事に成立してネットワークの機能が保たれる。

つまり、報酬がほしいという利己的な理由でマイニングに参加すると、それが結果的にネットワーク全体への貢献になるのだ。さらにネットワークに貢献すると、その人の評価（レピュテーション）も上がる。

ブロックチェーン経済においては、この評価というものに大きな価値がある。

ブロックチェーン以前の世界では、オンラインコミュニティでの評価には限定的な意味しかなかった。アイデンティティが一貫せず、あちこちで無関係なアカウントを使い分けるのが普通だったからだ。場面が変われば、そのたびに書類を用意して自分のアイデンティティを証明しなくてはならない。書類のない人は、ネットから切り離されて地元の商売に甘んじるしかない。

でもブロックチェーンなら、ローカルな評価をそのまま世界に持ちだして、一貫したアイデンティティでビジネスを発展させられる。

ブロックチェーンで取引されるのは通貨だけではない。ブロックストリーム社のオースティン・ヒルは、不動産や資産をプルーフに使う取引も出てくると考えている。

「今はまだ、可能性を探りはじめた段階です。インターネットで言えば、1994年くらいの感じですね。これからプロトコルとアプリケーションが整ってくれば、これは本当に画期的なものだと言えるようになると思います」[*16]

彼はメタヴァースのようなバーチャル世界が登場するだろうとも考えている。ビットコインをバーチャル通貨に換金し、日本刀を持つハッカー剣士に仕事を依頼する日がやってくるかもしれない[*17]。あるいはOASISのようなバーチャル・ユートピアでイースター・エッグ探しに奔走し、ハリデーの遺産を手に入れて大金持ちになるのも夢じゃない[*18]。

それにもちろん、忘れてはいけないのがIoT（モノのインターネット）だ。モノにアイデンティティを与えて登録し（インテルはすでにこれを実装している）、各国通貨のかわりにビットコインでモノ同士が支払いを実行する。

「何かビジネスを思いついたら、ネットワーク内でやりとりできるように定義してやれば、あとは既存のネットワークインフラを利用できます。わざわざ新しいブロックチェーンをつくる必要もない。手軽に実現できるんです」とヒルは言う[*19]。

リアルとバーチャルの境界は融解し、ブロックチェーン・ネットワーク上の評価がそのままあなたのビジネス力に直結する。ビジネス上の信頼は政府の発行するIDではなく、あなた自身の行動によって決定されるようになるだろう。

世の中はどんなふうに変わるのか

これまでのインターネットには、個々の利益が全体の利益につながるようなインセンティブが存在しなかった。ネット上の評価が下がっても本人は痛くも痒くもないので、掲示板やSNSでは釣りや荒らしが横行していた。

でもこれからは、いいことをすると得をして、悪いことをすると損になるようなインターネットが実現するだろう。エコ発電をしている人はブロックチェーンでの評価が高まるし、オープンソースの開発者コミュニティに貢献すればきちんとそのリターンが受けられる。

そこには今よりずっと住みやすい世界が広がっているはずだ。

原則4　セキュリティ：不正のできないプラットフォーム

ブロックチェーンのネットワークには中心がない。だから、どこか一箇所の不具合で全体がダウンするような単一障害点（SPOF、Single Point of Failure）が存在しない。また、データは暗号で守られていて、勝手に改ざんや否認ができないようにつくられている。正しい暗号のルールに従わなければ取引が成立しないので、ルールを破るというオプションはありえない。

今までのやり方ではなぜうまくいかないのか

インターネットには危険がいっぱいだ。コンピューターへの不法侵入や詐欺、なりすまし、ネットいじめ、フィッシング、スパム、マルウェア、ランサムウェア。個人や組織の安全を守るという点で、今までのインターネットは成功しているとは言いがたい。

大事なお金を預かる金融機関にしたところで、別にセキュリティを専門としているわけではない。サトシがビットコイン論文を発表した年のデータを見ると、個人情報流出事件の実に半数以上が金融機関を通じて起こっている。[*20] ２０１４年には金融機関からの個人情報流出は５・５％に減少したけれど、その一方で医療機関からの流出が42％に増加した。

ＩＢＭの調査によると、データ漏洩が起こった場合の平均的なコストは３８０万ドル。全体の損失額は最近２年間で15億ドルを超えると報告されている。[*21] また、他人になりすまして医療を受けるメディカル詐欺も増えつづけており、その被害額は被害者一人あたり１万３５００ドルにもなるという。[*22] いつどんな形で自分のデータが悪用されるかわからない状況だ。

とりわけ当事者間の直接の送金を扱うブロックチェーンでは、なりすましやデータ改ざんを防ぐためのセキュリティ対策が重要になってくる。

ブロックチェーンはそれをどう解決するか

サトシは安全に取引できるプラットフォームを実現するために、**ＰＫＩ**（Public Key Infrastructure、公開鍵基盤）を設計の中核に組み込んだ。ＰＫＩとは「公開鍵暗号」という暗号技術を利用したセキュリティのしくみのことだ。ビットコインのブロックチェーンは現在、Ｐ

KIを使ったプラットフォームとしては、アメリカ国防総省に次いで世界第2位の大きさとなっている。[*23]

PKIの各ユーザーは**公開鍵**と**秘密鍵**という二種類の鍵データをペアで持っている。公開鍵は誰でも見られるように公開する鍵で、秘密鍵はパスワードのように自分だけしか知らない鍵だ。一方の鍵を暗号に、もう一方を復号に使用する。ひとつの秘密鍵で暗号化されたデータは、それに対応する公開鍵でしか復号できない。ビットコインではこのPKIを電子署名に利用して、なりすましや改ざんを防止している。誰かがあなたのお金を盗んだり、あなたになりすましてお金を使うことは、暗号学的に不可能なのだ。

しくみを簡単に説明しよう。

Aさんがビットコインで支払いをするとき、まずウォレット（財布）を開いて、相手のアドレスと送りたい金額を入力する。それから自分の秘密鍵を使って、取引データに「署名」する。すなわち、取引データの値を秘密鍵の値で暗号化（別の値に変換）するということだ（訳注：ビットコインでは楕円曲線暗号という暗号方式を利用する）。これはちょうど、小切手にサインするのと同じことだと思ってもらえばいい。秘密鍵を持たない人は正しい署名ができないので、なりすましを確実に防止できる（逆に、秘密鍵をなくしてしまうと、自分のお金であることを証明する手段が何もなくなる。だから秘密鍵はけっしてなくさないように管理しなくてはならない）。

こうして署名したデータに、Aさんの公開鍵の値を添付して、ビットコインのネットワーク全体に送信する。送信された取引データは、ネットワーク上のマイナーたちによって集められ、ブロックの形に加工される。このときマイナーは、Aさんの公開鍵を使って署名を復号し（暗号化する前の形に戻し)、それがたしかにAさんから送られたこと、およびデータが改ざんされていないことを確かめる。もしもデータが正しく復号できなければ、秘密鍵が間違っているか、誰かが途中でデータを書き換えたということだ。正しく復号できないデータは、不正なデータとしてそのまま却下される。

こうしてきちんと検証された正しいデータだけが、承認済みの取引データとしてブロックに含められ、ブロックチェーンに追加される。いったんブロックチェーンに追加されれば、プルーフ・オブ・ワークのしくみが書き換えを防止してくれる。データを改ざんしたり、支払いをなかったことにしたりするのは不可能だ。

本章の初めに、暗号学の世界では新しい暗号よりも実績ある暗号が好まれるという事情を紹介した。ビットコイン自体は新しい技術でありながら、多くの実績を持った信頼性の高い暗号技術に支えられている。高度なセキュリティが組み込まれているからこそ、当事者間の直接送金という革新的な機能が実現できたのだ。

世の中はどんなふうに変わるのか

デジタル時代に人が安全に生きるためには、技術的なセキュリティの整備が欠かせない。現状のインターネットでは、悪意を持った人間がお金を盗み、自動車をハイジャックすることを防ぎきれない。これからますますデジタル化が進む世界で、そうした脆弱性による被害は何倍にもふくらむだろう。

ブロックチェーンなら、堅牢かつ透明性の高い設計なので、安心して価値を交換できる。

原則5　プライバシー：個人情報のブラックボックス化

自分の情報は、自分でコントロール可能であるべきだ。いつ誰にどんな情報をどの程度まで共有するのか。その決定権は、人の基本的な権利として保証されなくてはならない。プライバシーを尊重するだけでなく、プライバシーを自分でコントロールする権利を尊重するというアプローチが必要になってくる。

サトシは相手を信用しなくても、データを信用できるしくみを設計した。相手の人柄に依存しないから、個人情報をむやみに収集する必要はなくなる。アン・カブキアンは言う。「プライバシーをデータやプログラムに組み込むことは可能なんです。これはどんな技術者や研究者に訊いてもそう言います[*24]」

今までのやり方ではなぜうまくいかないのか

これまでのインターネットでは、政府や民間の巨大なデータベースに人びとの情報が詰めこまれていた。ときには自分でも気づかないうちに、きわめて個人的な情報が収集され、他人のものになっていたのだ。

企業は集めた情報を組み立てて、人びとのサイバークローンをつくっているかもしれない。政府は民主主義にふさわしくない監視社会をめざしているかもしれない。実際に、アメリカ国家安全保障局はインターネット上の情報を令状なしで監視するという暴挙に出ている。これはプライバシー権の侵害にあたるだけでなく、データを一箇所に集めることで個人情報を危険にさらす行為だ。

「何かを得るための代償に個人情報を差しだせというのは、かなり時代遅れで非生産的な考え方だと思います」とカブキアンは言う。「ゼロサムでなく、もっとみんなに有益なやり方があるはずです。プライバシーを保ちながら、同時にメリットを得られるようなやり方です」[*25]

ブロックチェーンはそれをどう解決するか

ビットコインを使うのに個人情報を公開する必要はない。住所・氏名やメールアドレスを登録しなくても、自由にソフトウェアをダウンロードして利用できる。

そもそもブロックチェーンは、利用者が誰であるかを気にしない。個人情報を集めてマーケティングに利用しようという意図もない。同様の発想で生まれたのが国際銀行間通信協会（SWIFT）という金融業界の標準化団体で、現金で払う限り個人情報を登録する必要はないとされている。ただし、SWIFTの各オフィスにはおそらく監視カメラが設置されているし、SWIFTを利用する金融機関はマネーロンダリング防止法やKYC（Know Your Customer、顧客の本人確認）の規定に従わなくてはならないという現実がある。

ブロックチェーンでは、取引の認証と本人確認とが完全に切り離されている。だから取引の情報をネットワークに公開しても、誰がその取引に関わっているかを知られることは基本的にない。AというアドレスからBというアドレスにコインが移動したことがわかるだけで、そのアドレスが特定の個人と結びつかないのだ。

ネットワークの参加者たちは署名情報をもとに、そのコインがたしかにAのアドレスから送られたものであること、そしてAがそのコインを正当に保持していることを確認する。Aが実際に誰であるかは問題でなく、そのコインの履歴が正当なものであるかどうか、そしてAが正しい秘密鍵でその取引を許可したかどうかが確認できればいい。

これに対してクレジットカードはアイデンティティに依存したシステムなので、住所や電話番号などあらゆる個人情報がクレジットカード会社の巨大なデータベースに保管されている。個人情報流出事件が大きな問題になるのはそのためだ。

JPモルガンでは不正アクセスを受けて7600万件の顧客情報が盗まれた。健康保険会社アンセムでは8000万件、イーベイ（eBay）では1億4500万件の被害が出ている。ホーム・デポやターゲットなどの小売店でも大量のクレジットカード情報が盗まれたし、ソニーでも数年前に7700万件の個人情報流出事件が起きた。それよりは小規模ながら、航空会社や大学、電気会社、病院など、生活を支えるインフラ企業からも個人情報は漏れている。[*26]

その点、ブロックチェーンなら安心だ。詳細な個人情報を登録する必要はないし、そもそも情報を一箇所に集めたりしない。**ブロックチェーンのどこを探しても、個人情報の宝庫であるデータベースが存在しない**のだ。これはデータベースを厳重に管理するより、ずっと安全な方法だと言えるだろう。

パーソナル・ブラックボックス・カンパニー（PBB）というスタートアップは、大企業の顧客情報管理を変革しようと動きだしている。ハルク・クリンCEOは言う。

「ユニリーバやプルデンシャルのような大企業も興味を示しています。社内に抱え込んだ顧客データが不良資産化しつつあることに気づいているのでしょう」[*27]

ＰＢＢは、プライバシーを守ったままで顧客情報をやりとりできるプラットフォームを提供する。医薬品の治験のように、個人情報を明かすことなく必要最低限の情報だけを受け渡すのだ。それ以上の情報を入手したい企業は、もしも顧客が同意すれば、ビットコインなどの報酬を支払って情報を買うことも可能になっている。ＰＢＢに登録された情報はＰＫＩで厳重に管理され、本人の秘密鍵がなければ情報にアクセスできない。もちろんＰＢＢの社員が情報をのぞき見ることも不可能だ。

オースティン・ヒルは、ブロックチェーンの匿名性をインターネットのプロトコルにたとえる。

「インターネットのＩＰアドレスは、使う人の個人情報に結びつきません。ネットワークのレイヤーではみんな匿名なんです。誰でもＩＰアドレスを取得して、世界中の人たちと自由に情報をやりとりできる。これは社会全体にとって大きなメリットになっています。……ネットワークがアイデンティティを必要としないという点で、ビットコインのしくみもこれによく似ています」[*28]

つまりブロックチェーン自体は誰でも見られる形でネットワークに公開されているけれど、公開されたデータは個人情報に結びつかないということだ。公開鍵から支払い履歴をたどって持ち主を推理するのは、不可能ではないにせよ、とても手間がかかる。さらに言えば、ブロックチェーンでは一人で複数の公開鍵・秘密鍵ペアを持つことができるので、送金のたびに鍵を使い分ければ持ち主の特定は実質的に不可能になる。

もっとも、完全に匿名というわけではない。ビットコインの取引所やウォレット（財布）サービスを使う場合、ある程度の個人情報を提供する必要があるからだ。これはちょうど、IPアドレスが匿名でも、プロバイダは個人情報を持っているのに似ている。有名ウォレットサービスのコインベース（Coinbase）では、IPアドレスや端末情報、アクセスログなどの情報を収集するというプライバシーポリシーを明記している。[*29]

したがって、政府がウォレットサービス提供者に個人情報提供を要求する可能性はある。それでも、ブロックチェーン自体がそのような要求を受けることはありえない。

ブロックチェーンの匿名性は大きな魅力だが、もちろん匿名でなければ使えないわけではない。参加者の合意のもとに、もっと情報をオープンにしたアプリケーションやビジネスモデルをつくることは可能だ。むしろ積極的に情報を開示したほうが、ビジネス的にはメリットが大きいだろう。透明性の高い企業はそれだけ顧客や株主、ビジネスパートナーの信頼を勝ち得るからだ。[*30]

個人にはプライバシーを、そして企業や政府には透明性を。そんな運用が今後は主流になるかもしれない。

世の中はどんなふうに変わるのか

僕たちは日々少しずつ魂を売りながら生きている。ウェブサイトを見るだけで、データのかけらが企業に渡され、商業的な利益のために利用される。

ブロックチェーンはそんな世の中の流れにブレーキをかける。企業があなたのあらゆる情報を握っているというのは異様な事態だ。しかも情報収集はまだ始まったばかりで、今後は健康状態や体質、日々の行動、家庭内の問題まですべてがデータ化されて保存されるようになるだろう。

このままでは、僕たちのコピーがデータセンターでおしゃべりしているというSFのような社会が現実になってしまう。ブロックチェーンはそうした動きを食い止め、自分の情報を自分でコントロールできる世界を実現してくれるはずだ。そこではお金のやりとりをするたびに個人情報をすべて受け渡さなくていい。秘密を保ったまま、本当に必要な情報だけを開示し、情報の対価を正しく受けとることが可能になる。

ビッグデータの時代は終わり、プライベートな「リトルデータ」の時代がやってくるのだ。

原則6 権利：スマートコントラクトによる明確化と自動化

ブロックチェーンの世界では、所有権が明白で、確実に行使できる。個人の自由が認められ、尊重される。すべての人には譲渡不可能な権利があり、それは守られるべきものであるという事実が、誰の目にも自明なものになる。

今までのやり方ではなぜうまくいかないのか

これまでの20年間は、個人の権利を守る方法を模索している状態だった。

インターネットは新たな形のアートやエンターテインメントの媒体となり、さまざまな文章や音楽、絵、写真、動画を流通させてきた。でもクリエイターの権利はあまり守られていない。たとえばテレビ放映やＤＶＤの売上から利益を得ていた映像クリエイターは、違法アップロードの横行で収入を削られ、危機に立たされている。

電子商取引のルールは整備されてきたけれど、オンラインで何かを買うときには仲介者に取引をまかせる必要がある。彼らの判断によっては、取引が不成立になったり、必要以上に遅延したりする。取引を仲介する業者がお金をしばらく自分の手元に置いておくこともあるし、後になって決済が取り消されることもある。オンライン決済では不正は避けられないと考えられていて、一定の割合で詐欺があることを前提に運用されている。

インターネットは生活を便利にした反面、人の権利をないがしろにしてきた。プライバシーやセキュリティだけでなく、表現の自由、個人の名誉、平等な参加の機会も損なわれている。僕たちは誰だかわからない相手に検閲され、中傷され、拒絶される。

ブロックチェーンはそれをどう解決するか

ブロックチェーンの取引記録には、取引が成立した日時のタイムスタンプが含まれている。使用履歴を明確にして、二重使用を防止するためだ。さらにＰＫＩのしくみを使っているので、すべてのコインやその他の資産は正当な所有者の鍵でしっかりと守られている。人のものを勝手に使うことはできないということだ。

パーソナル・ブラックボックス・カンパニーのハルク・クリンは言う。

「人類の歴史のなかで、人の権利を不当に押さえつけようとするシステムはいつも失敗してきました。デジタル時代になっても同じです。人のものを不当に奪うようなシステムは長続きしません[*31]」

ブロックチェーンを利用すれば、存在証明（PoE、Proof of Existence）のようなサービスも可能になる[*32]。文書やレシート、免許や資格の証明など、大事な情報を改変できない形で恒久的にブロックチェーンに記録するというサービスだ。これを使えば、ある日時にその内容の文書が間違いなく存在していたことが証明できる。しかも、登録するのは文書をハッシュ値に変換したデータなので、内容を他人に盗み見られる心配がない。誰にも中身を知られずに、自分の権利を確実に記録できるのだ。

もっと複雑な契約については、スマートコントラクトというやり方で実現できる。契約の詳細をブロックチェーンに記録しておき、それが正しく行使されることをプログラムで保証するしくみだ。

「法的な文書とソフトウェアの結びつきは必須になってきます。スマートコントラクトはその最初の一歩です」

そう語るのは、セルフアウェア・システムズの社長で人工知能専門家のスティーブ・オモハンドロだ。

「法律をプログラムに組み込むやり方がもっと理解されてくれれば、どこの国もデジタル化を始めるでしょうね。あらゆる法律が正確にエンコードされ、それぞれの法律を通訳するようなプログラムも出てくるでしょう。解釈の食い違いがなくなるのは、非常に大きな経済的利益だと思います[*33]」

スマートコントラクトの利用例としては、ミュージシャンが主体になり、曲の使用権を配信会社に割り当てるなどの使い方がある。スマートコントラクトには権利の有効期間や使用料の設定が記載され、条件が守られなかった場合には権利を打ち切るようなトリガーも設定できる。たとえば、1か月あたりの使用料の支払いが0・1BTCに満たなかったら自動的に契約を終了する、というようなことも可能だ。契約は双方の（必要に応じて関係者を含む）秘密鍵による署名という形でおこなわれるので、あとから否認することはできない。

これを応用すれば、ブロックチェーンで会社を設立することも難しくない。会社の定款をスマートコントラクトで記述し、各出資者の権利を自動的に行使される形で登録しておく。従業員との契約もスマートコントラクトにすれば、それぞれのマネジャーがどこまで権限を持っているかが明確になる。

「複雑な契約でも、その結果が確実に見通せるようになります」とアンドレアス・アントノプロスは言う。「正当な署名つきのスマートコントラクトがあれば、その効力はネットワークで検証可能です。けっして勝手に変更することはできません。いったんネットワークで合意されたら、権力者でもそれを取り消すことはできない。これは法律や金融の世界を変えるでしょうね」[*34]

このように契約の遵守を保証できる方法は、これまでどこにも存在しなかった。「つまり我々は、保証することがほぼ不可能だったものを、数学的に検証可能な形で保証することに成功したんです」とアントノプロスは言う[*35]。

所有権や知的財産権も、スマートコントラクトで保証することが可能だ。ビットペイ社のスティーブン・ペアCEOは言う。

「所有権というのは、これはあなたのものですよ、と国などに認めてもらうことですよね。争いになったとき、それはたしかにあなたのものだと言ってもらえる。要するにただの契約です。誰か権限のある人が署名して、所有権をあなたのIDに結びつけるわけです。いったんその契約が成立すれば、あなたは別の誰かにその権利を譲り渡すこともできる。シンプルなしくみです[*36]」

コミュニティで資源を共有するというような複雑な契約については、ノーベル賞経済学者のエリノア・オストロムが指摘するように、所有権を白か黒かではなくグラデーションで捉える考え方が役に立つだろう。リソースを使うだけの人から、管理する権限を持つ人、さらにリソースを譲渡する権利まで持つオーナーというふうに、段階的に権利を設定すればいい[*37]。

プライバシーやパブリシティ権もスマートコントラクトで実現できる。パーソナル・ブラックボックス・カンパニーでは、ブロックチェーンを使って個人が自分の情報から利益を得られるようなサービスを提供している。

「企業がデータを囲い込むよりも、もっと上手に人びととのデータを利用できるやり方をつくっていこうということですね。ブロックチェーンのおかげで、そういうミッション意識とテクノロジーセンスのある人たちがどんどん出てきています」とクリンは言う。

企業がデータ分析に奮闘するよりも、人びとにまかせておいたほうが質のいいデータが出てくるかもしれない。企業よりも消費者のほうが、自分たちの求めるものをよく知っているのだ。

世の中はどんなふうに変わるのか

権利を行使するためには、まず権利を明確にしなくてはならない。これは経済デザインの鉄則だ。

マネジメントの分野では、ホラクラシーというおもしろい試みが始まっている。ホラクラシー型の組織には階層が存在せず、メンバーが自主的にやるべき仕事を決定し、必要な権利と責任を割り当てていく。[*38]「この活動は誰の権限で実行すべきか?」という問いの答えを、メンバーの合意で決定するわけだ。スマートコントラクトを使えば、そうした権限設定やゴール、インセンティブなどの情報を明確な契約データに落としこむことが可能になる。

もちろんこれはテクノロジーだけの問題ではない。より大きな視野で、権利マネジメントに対する人びとの意識を高めていく必要があるだろう。やがて選挙権や財産権など、社会のあらゆる権利をブロックチェーンで管理する時代がやってくるかもしれない。

原則7　インクルージョン：格差を解消するデザイン

経済がもっともうまくいくのは、すべての人がそこに含まれているときだ。経済活動に参加するハードルが低くなれば、排除される人が少なくなる。そのためには所得の再分配ではなく、所得の分散のためのプラットフォームが必要になる。

今までのやり方ではなぜうまくいかないのか

インターネットはすばらしい成果を生みだしてきたけれど、世界的に見ればまだその恩恵を受けられない人のほうが多い。テクノロジーの問題だけでなく、金融システムや経済機会へのアクセスも行きわたっていない。インターネットという新たなメディアは、すべての人に豊かさをもたらすことはできなかったようだ。

たしかに途上国には数百万の雇用が生まれた。起業の壁は低くなり、基本的な情報やチャンスにアクセスできる人の数は大きく増えた。でも、まだ十分ではない。世界には、銀行口座を持てない人が20億人もいる。[*39] そして先進国でも、社会的格差がどんどん広がっている。

貧しい地域の人たちにとって、銀行口座を持つための最低残高や、決済の最低支払額、システム手数料といった壁はあまりに高すぎる。金融機関のインフラにコストがかかりすぎるせいで、貧しい人たちのささやかな経済活動が犠牲になっているのだ。

ブロックチェーンはそれをどう解決するか

ブロックチェーンはどこの誰でも、身分証や住所がなくても利用できる。送金手数料はこれまでとは比べものにならないほど安いし、融資や投資を受けるためのハードルは大きく下がる。たとえ自国の通貨が不安定でも、世界を相手にしたビジネスに飛び込んでいける。世界中の人が起業家精神を発揮し、グローバルな取引に参加することが可能になる。

サトシはそんなビジョンを描いた。途上国の難しい状況を知っていたのだ。

無責任な政府は、資金が足りなくなると中央銀行にどんどんお金を刷らせる。通貨製造コストと額面価格の差（通貨発行益）で儲けようという考えだ。ところがお金の供給量が増えると、通貨の価値は下がってしまう。国の経済は弱り、場合によっては財政破綻の危険もある。過去にはアルゼンチンやウルグアイ、最近ではキプロスやギリシャが危機に直面した。そうなると追い込まれた政府が預金を封鎖し、国民のお金を差し押さえる危険がある。富裕層はそれを回避するために、別の国に資金を移したり、もっと安定した通貨で資産を保有しようとする。

でも貧しい人にはそれができない。彼らのなけなしの財産は価値を失う。外国からの支援は役人に吸いとられ、規制が厳しくなって国内の人びとは孤立する。食事にありつけない親子や、薬を必要としている人びとが放置されてしまう。

その点、ビットコインなら少額から購入できるし、外貨を買うときのように高い手数料はかからない。誰でも自分の財産を守り、管理することができる。外国からの支援は、それを必要とする人の手に確実に届く。

土地などの所有権をブロックチェーンで記録しておけば、役人のミスや気まぐれで財産を失う心配もない。

「途上国の不動産の記録がブロックチェーンで管理できるというのは重要なことです。貧困に大きく結びつく問題ですから」とオースティン・ヒルは言う。「現状、土地の権利がきちんと管理されていないので、これは自分の土地だということが言えないんです。これが言えるようになれば土地を担保として融資を受けられますし、家計の改善に大きく役立つはずです[*40]」

オーストラリアでマイクロペイメントサービスを提供しているｍＨＩＴｓ社は、ビットコインを活用した新しい決済サービス「ビットモビー（BitMoby）」を立ち上げた。携帯のテキストメッセージを送るだけでプリペイド携帯残高がチャージできるサービスで、利用できる国は世界100か国以上。料金はビットコインで決済できる。

ビットモビーのすばらしい点は、銀行口座やクレジットカードがなくても決済できる点に加えて、携帯電話で操作が完結することだ。途上国にはパソコンを持たない人も多い。

ビットコインは基本的にパソコンを前提としたシステムだが、パソコンがなくても利用できるように配慮されている。それがSPV（Simplified Payment Verification、簡易支払い認証）という方法だ。通常のビットコイン・クライアントは、ブロックチェーンのすべての取引履歴を読み込むので、大きな空き容量が必要になる。ダウンロードに時間がかかるし、携帯電話やスマートフォンでは容量をかなり圧迫してしまう。

それに対して、SPVならブロックチェーンの一部だけをダウンロードするので、容量の少ない端末でも無理なく利用できる。必要最低限の情報だけを読み込んで、自分の取引をスピーディーに確認できるのだ。

ビットコインのコア開発者であるギャビン・アンドリーセンは次のように説明する。

「すべてのトランザクションを見る必要はありません。自分が関係するトランザクションだけチェックすればいいんです。ネットワーク上の正しい情報を受けとることさえできれば、取引の正当性を自分で確認できます」[*41]

パソコンの普及率が低く、インターネットの回線速度も遅い途上国では、SPVが不可欠と言えるだろう。

ユーザビリティ専門家のヤコブ・ニールセンが提唱した法則によると、ハイエンドユーザーの接続スピードは、毎年50％増大する。これは半導体の性能向上速度に関するムーアの法則より10％ほど遅いペースだ。しかも一般大衆の接続スピードは、それよりさらに2～3年遅れのペースになると指摘されている。つまり、接続の問題こそが一般的なコンピューター利用者のボトルネックになるということだ。

技術の最先端にいる人たちだけを考慮していたのでは、分散ネットワークの力を十分に活用できない。もっと厳しい利用環境も考慮してあらゆる側面をデザインすることが必要だ。インフラが十分に整っていない地域の人たちをも含めて設計するとき、初めて本当の意味でのインクルージョンが可能になる。

世の中はどんなふうに変わるのか

この本の第7章では、格差の広がりがもたらす「豊かさのパラドックス」について検討したい。インターネットは多くの利益を生んだけれど、先進国の一般的な人びとの暮らしはよくなるどころか後退しつつある。

豊かさを支えるのは、誰も排除しないインクルージョンのアプローチだ。ブロックチェーンなら、それを実現できる。

インクルージョンにはさまざまな側面がある。社会的・経済的・人種的な強者による支配を終わらせること。体の状態や性別、ジェンダー・アイデンティティ、性的指向によって差別されないということ。生まれた場所や逮捕歴、支持政党などによって参加を阻まれないこと。ガラスの天井を破り、閉鎖的な社会に風穴を開けることもそのひとつだ。

ブロックチェーンは人間を守る技術

ドイツのガウク大統領は、アウシュヴィッツ強制収容所解放70年の式典で「我々には人間性を守っていく義務がある。あらゆる人の権利を守り、維持していかなくてはならない」と述べた。[*42] ドイツ人が悲劇を繰り返すまいと誓ったあとも、世界ではシリアやイラク、ダルフール、スレブレニツァ、ルワンダ、カンボジアなどの各地で無残な虐殺が起こりつづけている。

ブロックチェーンは単なる支払いの道具ではない。人間性を守り、あらゆる人の権利を尊重するための手段になりうる技術だ。それは真実を伝え、豊かさを広め、権力による暴力の芽を摘むことを可能にする。

大げさだと思うだろうか？

それはこの続きを読んでから、判断してほしい。

もっと実用的な観点から言うと、ブロックチェーンの7つの原則はハイパフォーマンスな企業や組織をデザインするための心強い指針となるだろう。社会は不信に満ちた場所ではなく、信頼に支えられたイノベーティブな場所になる。

ではそのために、僕たちに何ができるのだろう？

PART2

ブロックチェーンは世界をどう変えるのか

TRANSFORMATIONS

第3章

金融を再起動する

——錆びついた業界をリブートする8つの指針

金融業界は、世界数十億人のお金を1日に何兆ドルも動かし、100兆ドル規模の世界経済を支える業界だ。[*1] 金融こそが世界の資本主義を成り立たせる基盤であり、そこで働く人たちは「世界の覇者」とも呼ばれている。

けれどもよく見ると、その中身はルーブ・ゴールドバーグ・マシン〔訳注：普通にすれば簡単にできることを、わざわざ手の込んだからくりで実現する装置。いわゆるピタゴラ装置〕を思わせる複雑怪奇な部品の寄せ集めだ。古くさい部品に新しい技術を無理やり継ぎ合わせて、わけのわからないことになっている。インターネットバンキングが登場してきた一方で、紙の小切手はいまだになくならないし、銀行の内部では1970年代につくられたようなメインフレーム（大型コンピューター）が現役で稼働している。

スターバックスでラテのグランデを注文し、クレジットカードを取りだして最新式のカードリーダーにタッチしたとしよう。そこからお金がスターバックスの口座に届くまで、少なくとも5つの業者があいだに入っている。レジでの会計は終わっても、そこから決済完了までは何日もかかるのが実態だ。
　アップルやゼネラル・エレクトリックのような多国籍企業は世界中に何百という銀行口座を持っているけれど、ある国の支社から別の国の支社に資金を移動するためには、銀行で面倒な送金手続きをしなくてはいけない。[*2] お金が届くまでに数日から、場合によっては数週間もかかる。そのあいだはどちらの支店もそのお金を使えず、銀行だけが預かったお金の金利で儲けている。
「テクノロジーの導入で送金自体は半自動化されたのですが、業務はいまだに紙ベースのロジックで動いているんです」とシティグループ元CEOのヴィクラム・パンディットは言う。[*3]
　こういう理不尽なしくみが、いたるところに蔓延している。株式市場ではナノ秒単位の差が勝敗を決定するのに、約定から受渡までには丸3日もかかる。地方自治体は地方債を発行するためだけに、10種類以上の業者（アドバイザー、弁護士、保険業者、銀行など）を雇っている。[*4] ロサンゼルスに出稼ぎに来ている労働者は、給料の小切手を受けとると4％の手数料を払って現金化し、そのお金をグアテマラの家族に届けるために高い送金手数料と為替手数料、その他のよくわからない費用を払うはめになる。グアテマラの実家では待ちわびたお金を大家族みんなで分けあうが、誰も銀行口座を開けるほどの額にはならない。世界には1日2ドル未満で生活している人が22億人もいるのだ。[*5] 彼らの日々の出費は金額が小さすぎて、デビットカードやクレジットカードの最低限度額に届かない。ハーバード・ビジネス・スクールの研究チームによると、銀行は彼らのことを「不採算案件」と見ている。[*6] 金融システムは本当の意味でグローバルを射程に入れているわけではないようだ。

金融機関の意図的な不透明性と細かく分断された監督体制のせいで、政府や規制当局も業界の実態をつかむのに苦労している。その結果がたとえば、２００８年の世界金融危機だ。過剰なレバレッジに不透明な業務、そして不適切なインセンティブ構造に起因する危機感の欠如が、事態を手遅れになるまで悪化させてしまった。

「警察でも金融制度でも、正確な数字と場所のデータがなければ機能するわけがないでしょう」とエルナンド・デ・ソトは言う。[*7] 規制当局の使っているルールも時代遅れなものばかりだ。たとえばニューヨーク州の送金に関する法律がつくられたのは19世紀の南北戦争時代。お金を移動させるのに馬車を使っていた時代である。

世界の人口の半数がスマートフォンを持っている時代に、なぜウエスタンユニオンの送金支店が世界50万箇所も必要なのだろう。[*8] スペースシフト社創業者のエリック・ボーヒーズは言う。「銀行システムを使って中国に送金するのに比べたら、重たいハンマー台を中国に送りつけるほうがまだ早く着くんですよ。おかしいでしょう。お金はすでにデータになってるんですよ。札束を詰め込んで送るわけじゃないんですから」[*9]

経済学者のポール・デイヴィッドによると、古いインフラに新しい技術をかぶせることは「ひとつの技術パラダイムから別のパラダイムへ移行する過渡期において珍しいことではない」[*10]。たとえば工場の動力が蒸気機関から電気に変わるまでには40年の月日がかかっていて、完全な移行に踏みきるまでは両方並べて使いつづけることも多かった。そのため一時的に工場の生産性は下がったという。今の金融業界も同じようなものだ。古いシステムを捨てるわけにもいかず、時代とともに積み重なってきた数々の遺産に引きずられて、うまく身動きがとれなくなっている。

なぜか。原因のひとつは、金融業界の独占的な体質だ。ノーベル賞経済学者のジョセフ・スティグリッツは金融危機を振り返り、「銀行はあらゆる手を使って手数料を引き上げてきた」と言う。「デビットカードで買い物をするだけでも手数料はかかる。現代のテクノロジーを使えば送金コストなど微々たるもので済むはずなのに、実際は「商品価格の1%から3%、あるいはそれ以上が銀行のものになります。独占的な力にものを言わせて、とれるだけ絞りとっているのです。これを各国で繰り広げ、とりわけ米国では数十億ドルの利益を上げています[11]」

大規模な仲介業者が莫大な利益を手にする構造は昔から続いてきた。普通の銀行だけでなく、クレジットカード会社、投資銀行、証券取引所、クリアリングハウス、送金サービス会社、保険会社、法律事務所、中央銀行、資産管理会社、会計事務所、コンサルティング会社など、多様な業者がこの巨大な利権をつくりあげている。そうした仲介業者が金融システムを動かしてきたのは事実だが、同時にそれは業界の動きを鈍らせ、コストを無駄にふくらませた。

彼らは独占的な立ち位置を手に入れているので、効率化やサービス改善に向けたインセンティブが働かない。新たな世代に訴求する必要も感じていないようだ。

ブロックチェーンは金融業界をどう変えるか

つぎはぎだらけの奇妙な怪物になりはてた金融業界だが、その寿命はもう長くない。近い将来、ブロックチェーン技術が業界をひっくり返すことになるからだ。

混乱は避けられないだろう。でも変化を恐れない人間には、計り知れないチャンスが待っている。

ブロックチェーンは既存の金融業界をどのように打ち壊し、どのような形につくり変えることができるだろうか。その核となるのは、次の8つの領域だ。

1 本人認証・取引認証

現在、僕たちはオンラインで支払いをするたびに銀行やカード会社などの大きな組織に仲介をまかせている。そういう組織が僕たちの個人情報を集め、信用できるかどうかを判断し、口座開設やローンの可否を決定する。

一方、ブロックチェーンでは、取引データの正しさをネットワークが保証する。だから取引相手が信頼に足るかどうかを気にする必要はない。さらに、暗号アルゴリズムで保護されたアイデンティティを構築し、必要な情報を安全・確実に開示することで、必要となれば信頼を築くこともできる。

2 価値の移動

世界中で、日々たくさんのお金が国内外へと移動している。iTunesの1曲99セントの支払いもあれば、海外の子会社へ数十億ドル単位で送金することもある。土地の購入もあれば、企業の買収もある。

ブロックチェーンはそうしたあらゆる取引の標準的な手段になりうる。お金に限らず、株式や債券など、どんな価値でもブロックチェーンに登録することが可能だ。小さな支払いから巨額の取引まで対応できるし、近距離でも地球の反対側でも同じように処理できる。

かつて国際規格のコンテナの登場が物流を劇的に効率化し、世界の製造業を大きく変えた。同様に、ブロックチェーンは価値の移動を今よりはるかに低コストで高速なものに変え、世界の経済成長と豊かさを加速させるだろう。

3　価値の保存

金融機関は人びとや企業の財産を保管する場所でもある。普通のサラリーマン家庭では、当面使わないお金は銀行の普通預金に預けておくという人が大半だろう。流動性を保ちながら多少のリターンが得られるように、国債やＭＭＦなどのリスクフリー資産を購入している人もいると思う。

ブロックチェーンはこの機能を進化させられる。価値を保存する手段として銀行に頼る必要はないし、リスクフリー資産の購入と保有は今よりずっと効率的になる。

4　価値の貸し借り

クレジットカードから住宅ローン、国債、資産担保証券まで、金融機関はさまざまな種類の貸し借りを扱っている。そしてこの業務の周辺には、信用情報機関や格付機関などの業界がぴたりとくっついている。個人なら各種の個人情報と借り入れ履歴をもとに信用が判断されるし、企業ならトリプルＡからジャンクまでの格付けに分類される。

一方、ブロックチェーンでは、価値の貸し借りはもっと柔軟になる。誰でも自分で債券を発行したり売買したりできるし、直接やりとりするので手間がかからず、取引にかかる時間や不透明性によるリスクも回避できる。わざわざ銀行のローンに申し込まなくても、ネットワークの誰かにお金を借りればいい。とりわけ、銀行の普及していない地域の人や、起業を志す人にとっては大きなメリットになるだろう。

5　価値の交換

金融業界では毎日何兆ドルという額の金融資産が取引されている。資産の売買のほかに、投資や投機、リスクヘッジやアービトラージを目的とした金融商品も多い。取引の成立から決済、価値の保管が完了するまでには数日から長いときで数週間もかかる。

ビットコインのネットワークなら、たった10分ですむ。10分ですべての取引は記録され、決済が完了する。ビットコイン以外のブロックチェーンにはもっと高速なものもあるし、ビットコイン決済を一瞬で完了させるための「ライトニング・ネットワーク」のような新技術も登場しつつある。[*12]

6　資金調達・投資

人びとはキャピタルゲインや配当金、利息、家賃収入を得るために、資産や企業に投資する。ここにも仲介業者のマーケットが存在する。つまり、投資家と投資先の企業をマッチングするサービスだ。また、資金調達する側の企業も、投資銀行やベンチャーキャピタル、弁護士など複数の業者に頼らなくてはならない。

ブロックチェーンを使えば、面倒な手続きの多くが自動化できる。仲介業者を通さなくても自分で資金調達が可能になり、配当金や利子などの支払いも自動で、安全かつ透明性の高いやり方で実現できる。

7　リスクマネジメント

保険などのリスクマネジメントは、個人や企業を不確実な損失や想定外の事態から守るために存在する。金融市場では多種多様なデリバティブをはじめ、リスクヘッジを目的とした金融商品が大量に取り揃えられている。その規模（想定元本）は合計で600兆ドルに達している。

ブロックチェーンを使えば、取引相手がお金を払ってくれないというようなリスクを考慮する必要はない。取引成立と同時に決済が完了するからだ。相手がブロックチェーンで会計処理をしていれば、リアルタイムで財務状況をチェックすることもできる。

さらに、保険を分散化することで、今よりずっとわかりやすく透明性の高いリスクヘッジが可能になる。その人の資産や行動を組み込んだブロックチェーン上の評価システムが判断材料になるので、保険のリスク評価は今よりずっと明確で精度の高いものになるはずだ。

8　会計

会計とは、経済主体の財務情報を測定し、処理し、伝達する一連の行為のことだ。業界規模は数十億ドルにもなり、その全体を世界の4大会計事務所が仕切っている。デロイト・トウ

ゴールデン・エイト
ブロックチェーンは金融サービスをこう変える

業務	ブロックチェーンでどう変わるか	誰が影響を受けるのか
1 本人認証・取引認証	確実で検証可能なアイデンティティ。セキュアな暗号による情報保護	格付機関、信用情報機関、データアナリスト、マーケティング会社、銀行のリテール部門、銀行のホールセール部門、クレジットカード会社、監督機関
2 価値の移動 支払い、送金、商品・サービスの売買	仲介機関を通さず、小額決済から巨額の送金まで実行可能。決済コストの大幅な削減、決済スピードの劇的な高速化	銀行のリテール部門、銀行のホールセール部門、クレジットカード会社、送金サービス、通信事業者、監督機関
3 価値の保存 通貨、コモディティ、金融資産などの価値保存	安全で信頼性の高い価値保存手段の実現。銀行の預金口座は不要になる	銀行のリテール部門、証券会社、投資銀行、資産運用会社、通信事業者、監督機関
4 価値の貸し借り クレジットカード債務、住宅ローン、社債、国債、地方債、資産担保証券	ブロックチェーン上で債券の発行・売買・決済が可能。手続きの効率化とシステミックリスクの軽減。ブロックチェーン上の評判を元に直接融資が受けられるので、貧しい地域の人や起業家への融資の幅が広がる	銀行のホールセール・リテール・商業銀行部門、政府の財政、マイクロクレジット、クラウドファンディング、監督機関、格付け機関、信用情報機関、関連ソフトウェア企業
5 価値の交換 投資、投機、リスクヘッジ、アービトラージ	取引の効率化、決済にかかる時間の劇的な短縮。より幅広い層の資産形成が可能に	投資銀行、銀行のホールセール部門、外国為替トレーダー、ヘッジファンド、年金基金、個人向け証券会社、クリアリングハウス、証券取引所、中央銀行、監督機関
6 資金調達・投資 キャピタルゲイン、配当金、利息、家賃収入	スマートコントラクトで配当などの支払い自動化。仲介業者を通さない資金調達が可能	投資銀行、ベンチャーキャピタル、弁護士、会計事務所、不動産管理会社、証券取引所、クラウドファンディング、監督機関
7 リスクマネジメント 保険、デリバティブ、リスクヘッジ商品	ネットワーク上の評判にもとづく明確なリスク評価、保険市場の分散化、透明性の高いデリバティブ	保険会社、リスクマネジメントサービス、銀行のホールセール部門、証券会社、クリアリングハウス、監督機関
8 会計 進化するコーポレート・ガバナンス	リアルタイムで透明性の高い会計監査と財務報告。コーポレート・ガバナンスの効率化と精度向上	会計事務所、資産運用会社、株主、監視機関

シュ・トーマツ、プライスウォーターハウスクーパース（PwC）、アーンスト・アンド・ヤング、KPMGの4社だ。だが伝統的な会計業務は、現代のファイナンスの速度と複雑さに置いていかれようとしている。

ブロックチェーンを会計業務に取り入れれば、あらゆる財務情報がリアルタイムで可視化され、会計監査のスピードと透明性が劇的に上がる。会計事務所も、そして株主などのステークホルダーも、より正確で緻密な情報をいつでも利用できるようになる。

ストック・エクスチェンジからブロック・エクスチェンジへ

「ウォール街もこうしちゃいられないと飛び起きましたよ」[*13]

ブロックストリーム社のオースティン・ヒルによると、金融業界のやり手たちもブロックチェーンに並々ならぬ興味を示しているという。その好例が、クレジットデリバティブで金融界の新たなジャンルを切り開いたウォール街の大物ブライス・マスターズだ。彼女はJPモルガンを辞めたあと、デジタル・アセット・ホールディングスというブロックチェーン関連のスタートアップを立ち上げてCEOに就任した。

業界を騒然とさせる決断だった。ブロックチェーンの重要性を誰よりも早く見抜いたのだ。

「1990年代のインターネットに匹敵する重要技術だと思っています。金融業界の業務は一変するでしょう」とマスターズは言う。[*14]

初めは彼女もビットコインを誤解していた。ドラッグ売買やギャンブルの道具だとか、アナーキストが社会を壊そうとしているなどのあやしい噂が飛び交っていたからだ。でも2014年末に、変化がやってきた。

「ふいに、ああそうかと気づいたんです。この技術にはすごい可能性があると。暗号通貨という使い方もおもしろいのですが、その根底にあるデータ処理技術のほうがはるかに重要なんです[*15]」

マスターズがブロックチェーンに惹かれたのは、「複数の関係者がひとつの情報を参照する」ことによってコストと時間が大きく削減できるからだ。情報を複製したり、関係機関のデータを取り寄せて照合したりする必要がなく、誰もが同じ情報を利用できる。「情報の形として最高です」と彼女は言う[*16]。

「これまでも技術投資は盛んで、株の売買などそれこそナノ秒以下のスピードを競うところまで来ています。でもそれは表面だけで、裏側の処理や手続きは昔のまま、まったく効率化できていません[*17]」

ブロックチェーンに期待しているのはマスターズだけではない。

「ブロックチェーン技術が金融業界のインフラを根本から変えてくれると信じています[*18]」

そう語るのは、ナスダックのロバート・グレイフェルドCEOだ。彼はブロックチェーンを利用した未公開株式取引システム「ナスダック・リンク」を立ち上げ、2016年1月1日に記念すべき最初の取引をブロックチェーン上に記録した。

オースティン・ヒルによると、世界有数の資産運用会社もブロックチェーン技術の導入に着手し、かなりの額をプロジェクトに投資しているらしい。「ブロックチェーン技術でビジネスをどう変えられるか、真剣に研究を進めているようです」[*19]。

ほかにもニューヨーク証券取引所やゴールドマン・サックス、サンタンデール銀行、デロイト、カナダロイヤル銀行、バークレイズ、UBS銀行、その他世界の名だたる金融機関が同様に研究に乗りだしている。ウォール街のブロックチェーン技術に対する見方は全体的にかなりポジティブで、ある調査では業界関係者の94％がブロックチェーンの役割に期待しているという結果が出た[*20]。ブロックチェーンの安全性、コストの低さ、スピード、効率、低リスクといった特徴が、ウォール街を動かすエグゼクティブたちの心をつかんでいるようだ。

「取引の実行から、複数取引のネッティング、誰が誰とどんな取引に合意したかという情報の照合、それらが取引の発生と同時におこなわれるわけです。現在の主流のやり方よりずっと速くなります」とマスターズは言う[*21]。

グレイフェルドもこの点に同意する。

「現状はT＋3（約定の3日後に受渡）が普通ですからね。5分か10分でできたほうがいいでしょう」[*22]

リスクに満ちたウォール街にとって、決済リスクが回避できるという点も重要だ。世界経済フォーラムで金融イノベーションを率いているジェシー・マクウォーターズは言う。

「分散台帳技術の注目すべきところは、トレーサビリティ向上によってシステムの安定性を上げられる点です」

ブロックチェーンなら情報はすべて明確に記録されていて、いつ誰が何をしたかは一目瞭然だ。改ざんできないタイムスタンプもついている。検索はスムーズで、おかしな数値にアラートを設定するなどの使い方も可能になる。

「規制当局の仕事はかなり楽になるでしょう」とマクウォーターズは言う。[*23]

パブリックか、プライベートか

「金融業界」と「透明性」ほどかけ離れたものはない。そもそも金融業界の人間は、他人が知らない情報を利用して儲けることに慣れている。そんなクローズドな業界が、オープンで透明なブロックチェーンのシステムとうまくやっていけるのだろうか？

オースティン・ヒルはこれを「ファウスト的状況」と揶揄《やゆ》する。[*24] 銀行にとっては、自分の魂を売り渡せと言われているようなものだからだ。

「誰だって、株を買うのに3日もかけたくないと思っています。数分ですべて完了するなら、それに越したことはない。ところが、そのための道具である（ビットコインの）ブロックチェーンは完全にパブリックなシステムです。ウォール街の人間は情報公開など恐ろしくてできないと思っている。困った事態です」

解決策はある。クローズドなブロックチェーンをつくり、非公開で取引をすればいい。許可型のブロックチェーン、または**プライベート・ブロックチェーン**と呼ばれるしくみだ。

ビットコインは完全にオープンで、誰でも自由に参加できる。といっても、ブロックチェーンが必ずしもオープンである必要はない。ネットワークを許可制にして、外から見えなくすることは技術的には難しくない。

一見したところ、プライベート・ブロックチェーンはすばらしいしくみのように思える。限られた参加者で運営しているので、必要であればすぐにルールを変更できる。プルーフ・オブ・ワークのような面倒なことをしなくても、メンバーの承認さえあればすぐに取引が成立する。信頼できる参加者だけで構成されているので、悪意あるユーザーに攻撃される心配もない。システムを監視するのも簡単だ。

ただし、これらのメリットはそのままデメリットにもなる。ルール変更が容易であれば、ルール自体が軽視される。また恣意的なルールによって自由度が奪われ、中立性が失われるかもしれない。それに、オープンソースのようなスピード感のあるイノベーションが生まれないので、技術が陳腐化して脆弱になる恐れもある。[*25]

プライベート・ブロックチェーンを選ぶなら、そういうデメリットも考慮に入れておいたほうがいい。

大手銀行のブロックチェーン・プロジェクトにも参画しているリップルラボは、オープン化の悩みを解決するためのプラットフォーム開発に着手している。

「ホールセール・バンキングでの利用を想定して、プルーフ・オブ・ワークのかわりにコンセンサスメソッドを採用しています」とクリス・ラーセンCEOは言う。マイナーのしくみを撤廃し、信頼された承認者による承認を取り入れたやり方だ。[*26]

チェインという会社も大手金融機関向けのプラットフォームに乗りだしている。このプロジェクトにはVisaやナスダックなど名だたる金融機関が3000万ドルを出資しており、業界での注目度はかなり高い。

「将来的に、すべての資産はデジタルな持参人払式証券〔訳注：権利者の名前を記載せず、所持している人を権利者と認める有価証券〕となり、複数のブロックチェーン上で運用されるようになります」とアダム・ラドウィンCEOは言う。従来の閉じたネットワークとの違いは、「共通のオープンな仕様を誰もが利用する」ことだ[*27]。魅力的なしくみだが、今後その仕様が思わぬ方向に発展する可能性もあることを頭に入れておいたほうがいいだろう。

ブライス・マスターズもプライベート・ブロックチェーンに意欲的だ。彼女は少数の取引先や関係者だけがアクセスできる小さなブロックチェーンが最良だと考える。そのほうが、伝統的な金融機関にも導入しやすいからだ。

「許可制の台帳であれば、未知の相手と取引するリスクから金融機関を守ることができます。規制の観点から言って、そのようなリスクは許されませんから。同様に、取引の承認をネットワーク上の未知のサービス提供者にまかせるということも規制の観点から避けなくてはいけません[*28]」

金融機関側の関心も高い。その根底には、技術系のスタートアップが金融業界をひっくり返すのではないかという懸念があるようだ。デロイトのエリック・ピシーニは「急にテクノロジーが関心の的になるとは、誰も予想しませんでした」とコメントする[*29]。誰もが驚く勢いで、ブロックチェーンへの関心は金融業界全体に広がりつつある。

イギリス大手のバークレイズ銀行も、ブロックチェーンの利用に積極的だ。最高デザイン&デジタル責任者を務めるデレク・ホワイトは技術活用に向けたオープンイノベーション・プラットフォームを立ち上げ、多様な人材のコラボレーションを図っている。

「ブロックチェーンは業界の形を変えるでしょう。僕たちはその新たな形をつくっていきたい。技術側の人間とも積極的につながって、技術と金融の通訳になりたいと思っています」とホワイトは言う[*30]。

バークレイズは既存部門の人員を数万人単位で削減し、ブロックチェーンのアクセラレータープログラムを立ち上げるなど、テクノロジー部門に資源をつぎ込んでいる。

「クローズドなシステムからオープンなシステムへと世界が動きだしている。ブロックチェーンはその明らかな証拠ですし、金融だけでなく多くの業界に巨大なインパクトを与えると思いますよ」[*31]

銀行がオープンシステムを語ることになるとは、誰が予想しただろう？

世界中の大手銀行を巻き込むコンソーシアム

2015年秋、世界の大手銀行9行が手を結び、ブロックチェーン技術の活用に向けた「R3コンソーシアム」を立ち上げた〔訳注：R3の名称はプロジェクトの発起者である米国のスタートアップ「R3CEV」に由来〕。立ち上げに参加したのはバークレイズ、JPモルガン、クレディ・スイス、ゴールドマン・サックス、ステート・ストリート、UBS、ロイヤルバンク・オブ・スコットランド、ビルバオ・ビスカヤ・アルヘンタリア銀行、オーストラリア・コモンウェルス銀行。まもなくほかの金融機関も続々と参加を表明し、コンソーシアムの規模はどんどん拡大している。[32]

各社の本気度には疑問も残るが（参加費用は25万ドルしかかからない）、それでも思いきった挑戦だ。ここで業界標準仕様を確定すれば、ブロックチェーンの導入は一気に加速されるだろう。R3はトップレベルのリーダーや技術者を引き抜いてプロジェクトに弾みをつけている。2015年11月には、ビットコインのコア開発者マイク・ハーンもチームに加わった。ほかにもIBMでエグゼクティブ・アーキテクトを務めていたリチャード・ジェンダル・ブラウンや、バークレイズのチーフエンジニアだったジェームズ・カーライルらが参加している。[33]

2015年12月には、リナックスファウンデーションが数々のトップ企業と組んで「ハイパーレジャー・プロジェクト」というイニシアティブを立ち上げた。アクセンチュア、シスコ、CLSグループ、ドイツ証券取引所、デジタルアセットホールディングス、DTCC、富士通、IC3、IBM、インテル、JPモルガン、ロンドン証券取引所、三菱UFJフィナンシャル・グループ、ステート・ストリート、国際銀行間通信協会、VMware、ウェルズ・ファーゴが名を連ねる。[34]

金融業界の関心の高さを示す動きだが、その反面、あくまでもクローズドな環境でブロックチェーンを使いたいという業界の本音も見てとれる。ハイパーレジャー・プロジェクトはオープンソースのプロジェクトだが、めざすところはオープンなブロックチェーンではない。限られた人だけに参加を許す「ビジネス向けのブロックチェーン」だ。ハイパーレジャーもR3と同様に標準化をめざしており、立ち上げに加わったアクセンチュアのデイヴィッド・トリートは「標準仕様の策定および、企業の壁を超えた共有プラットフォームの実現が不可欠」と語っている。

今後は政府の関与のしかたも変わらざるをえないだろう。「公益性」という言葉は、国による手厚い保護と厳しい規制を思い起こさせる。でもブロックチェーンの導入でリスクが減り、透明性が高くなれば、システムがそのまま規制の役目を果たす可能性もある。[*35] 銀行や市場の動きが可視化されるなら、法律はもっとシンプルでいいはずだ。ただし、過去を振り返ると、規制を解かれた銀行が道を踏み外した例は何度もある。規制のあり方は見直すにしても、慎重に進める必要がありそうだ。

２０１５年11月19日、ゴールドマン・サックスはＳＥＴＬコインという独自通貨を使った証券決済システムの特許を出願した。[*36]「金融市場における分散型Ｐ２Ｐの暗号技術を利用した証券決済システム」、要するにブロックチェーン技術の金融分野への応用である。みんなが使っていたオープンソース技術で堂々と特許申請するのだから、たいしたものだ。アンドレアス・アントノプロスの「銀行はパンクロックをスムースジャズに変えるのではないか」という不安が現実になりつつあるのかもしれない。[*37]

未来の金融サービスは、ひと握りの利害関係者が管理する閉ざされた花壇になるのだろうか。それとも広々と開放された空間で、多様性のある生態系が力強く発展していくのだろうか。インターネットの歴史からひとつ学べることがあるとすれば、それはオープンなシステムのほうがはるかに広がりやすいという事実だ。

画期的な変化は外からやってくる

ジェレミー・アレールは金融業界のグーグルをめざしている。

「お金の保有、送金、支払い、受けとりなど、人びとが銀行に求める基本的な機能を提供する会社です[*38]」

インターネット上で操作できて、利用は無料。世界中の人が利用できるパワフルなプラットフォームにするつもりだ。アレールの立ち上げたサークル・インターネット・フィナンシャル社は、ベンチャー史上最大規模の資金を調達して順調なスタートを切っている。

「サークルはビットコイン企業ではありません」とアレールは言う。「アマゾンはHTTP企業ではないし、グーグルはSMTP企業ではないでしょう。我々はビットコインを次世代の基本的なプロトコルと捉えています。社会や経済を動かす基盤技術になるはずです[*39]」

アレールは金融こそがテクノロジーを拒む最後の抵抗勢力であり、同時に最大のチャンスでもあると考えている。

「個人向けの銀行業務といったら、3つか4つでしょう。まず価値を保管すること。次に支払い手段の提供。あとは、融資をしたり、資金運用の場を提供することですね[*40]」

これをどう変えるのか。

「3年から5年のうちに、好きな通貨で価値を保管できるようなアプリを提供します。ドルでもユーロでも円でも人民元でもいい、デジタルであれば何でも受けつけます。世界中のどこへでも一瞬で支払いができて、セキュリティも万全で、プライバシーは固く守られます。そして何より、無料で利用できます」[*41]

無料とは大きく出たものだ。とはいえ、それでも儲かると判断したから、ゴールドマン・サックスや中国のベンチャーキャピタルＩＤＧが出資を決めたのだろう[*42]。

「世界中にサービスを広げて数千万人のユーザーに使ってもらえれば、人びとの取引の中心になれます。これは大変な資産になるはずです」

アレールはそこから派生して、「その他の金融商品を提供する可能性もある」と語っている。具体的な方法はまだわからないが、数千万人の取引データはかなり大きな価値を生みそうだ。

「お金に関する顧客体験を一新したいと考えています。自分のお金がどこでどう使われるのか、自分のお金からどうやって価値を生みだせるのか、そういった選択肢を提供したいですね[*43]」

サークル社は銀行の伝統やカルチャーに縛られない。その自由さは大きなアドバンテージになるだろう。偉大なイノベーターはいつも、外からやってくる。ネットフリックスを生んだのはテレビ局ではないし、ｉＴｕｎｅｓを生んだのはタワーレコードではない。老舗の書店はアマゾンをつくれなかった。そういうことだ。

ビットペイ社のスティーブン・ペアＣＥＯも、新規参入する企業に優位性があると考えている。

「銀行に勤めた経歴がなくてもできる仕事です。既存の金融機関のようなインフラや制度は必要ありませんから」と彼は言う。「たとえばこんなことが可能になるでしょう。僕のウォレットにはアップルの株が入っていて、相手から何かを買いたい。でも相手はドルがほしいと思っている。このときに、自分のウォレットからアップル株を渡して相手にドルを送るということが、単一のトランザクションで実現できるのです[*44]」

大手銀行はこうした異業種からの参入に警戒の色を隠さず、ブロックチェーンのビジネスは素人には「ハイリスク」だと主張する。たぶん自分たちを脅かす存在だと認識しているのだろう。一方で、技術系のスタートアップに歩み寄る企業も出てきている。

カナダの決済サービス企業ヴォゴーゴー（Vogogo）は、コインベースやクラーケン、ビットペイ、ビットスタンプなどのビットコイン系スタートアップと手を組み、既存のノウハウを活かして銀行口座開設やコンプライアンス対応、既存の決済手段を利用したウォレット入金システムなどのソリューションを提供している[*45]。スタートアップ側は既存のルールを無視するわけではなく、あくまでもフェアプレイを望んでいるようだ。

シリコンバレーの冒険者たちは、既存の銀行を恐れない。元グーグル幹部でソフトウェア・エンジニアのスレッシュ・ラマムルティは、カンザス州のウィアーという町にあるＣＢＷ銀行を買収して周囲を驚かせた。ウィアーは人口６５０人のちっぽけな町だ。ラマムルティはここを実験室にして、ビットコインベースの無料国際送金サービスを軌道に乗せたいと考えている。

ブロックチェーンで成功するためには、金融サービスの内情を知らなくてはだめだ、と彼は言う。「業務知識なしでやろうとするのは、壁に窓の絵を描くようなものです。見た目だけきれいでも意味がありません。ちゃんと建物の中に入って、配管を知っている人間と話をする必要があります[*46]」

銀行業務を知るため、スレッシュはこの５年間でＣＢＷ銀行のあらゆるポジションを経験した。ＣＥＯ、ＣＩＯ、コンプライアンス最高責任者、窓口担当、用務員、それにもちろん配管係。銀行を内側から知り尽くし、新たな動きに出ようとしている。

ブライス・マスターズはこうした挑戦を歓迎する。

「ウォール街の内部から業務を改善していく方法はいろいろとありますが、それ以上に新規参入企業が業界を揺り動かすチャンスも大いにあるはずです」[*47]

今後、業界の常識に縛られない新規参入企業がどんどん出てくることだろう。大企業が新たな方向性を検討しているあいだに、誰も知らないスタートアップが新たな道を切り開き、すぐれたサービスでどんどん顧客を獲得していくかもしれない。

勢力図が今後どうなるかはわからないが、古くて巨大な業界と新たなテクノロジー企業とのせめぎあいは、間違いなくおもしろいことになりそうだ。

会計業務は新たな時代に対応できるか

「会計士というのはキノコのようですね。暗くてじめじめしたところに閉じ込められて」[*48]

そう語るのは、会計業界のスタートアップであるサブレジャー社のトム・モーニニＣＥＯだ。会計というのはとにかく難解なイメージで、苦手意識のある人も多いと思う。けれど、もしも分散型のグローバルな帳簿で取引情報が共有されるようになったら、会計士にいちいち説明してもらう必要はあるのだろうか？

現代の会計学は、15世紀イタリアの数学者ルカ・パチョーリの発明に端を発している。彼は複式簿記と呼ばれる、とてもシンプルで便利なしくみを考案した。あらゆる取引には出どころと行き先があるのだから、取引が発生するたびに貸方と借方の2つを記録しようという思いつきだ。パチョーリはこのしくみを「簿記論」にまとめ、企業会計に規律と一貫性を持ち込んだ。コースの定理で有名な経済学者ロナルド・コースは、会計学を「カルト的」と評している。ロンドン・スクール・オブ・エコノミクスで会計を学んでいた頃に「宗教的なありさま」を目にしたからだ。

「会計士に預けられる帳簿といったら、まるで聖典のような扱いでした」と彼は言う。[*49]「減価償却や資産評価や製造間接費の配賦など、計算方法がいくつもあるわけです。どれを選ぶかで出てくる結果はばらばらなのですが、どの計算方法もすべてまっとうなやり方とされています」

そのうえ、ほとんど同じような計算方法がなぜか認められなかったりする。トム・モーニのように冷やかしたくもなるというものだ。

現代の会計には大きく4つの問題点がある。

1　帳簿の管理が企業の経営者にまかされている

エンロンやAIG、リーマン・ブラザーズ、ワールドコムなどの事件を見ればわかるように、企業の経営陣がつねに誠実な行動をするとは限らない。人は欲に打ち勝てるほど強くない。企業の嘘や不正は株価下落や倒産を引き起こすだけでなく、過剰な規制強化にもつながる。[*50]

2　ヒューマンエラーを防げない

会計処理の誤りを引き起こす最大の原因は、人間のミスだ。経理担当者がちょっとしたタイプミスをして、それが引き金であちこちの計算がおかしくなり、やがて重大な問題へと発展していく。企業の会計職の人を対象にしたアンケートでも、約28％の人がデータ入力ミスのトラブルを経験したと回答している。*51

3　抜け道が多すぎる

SOX法のような内部監査規定をつくったところで、不正会計はいっこうに減らない。企業の業務はどんどん複雑になり、取引のスピードは速くなっている。不正を隠そうと思えばどこにでも隠せるのが実状だ。

4　時代遅れである

伝統的な会計手法は、現代の新たなビジネスモデルに対応しきれない。たとえば、大半の会計ソフトウェアはマイクロペイメントに対応していない。

会計そのものが悪いと言っているのではない。お金の情報を記録し、処理し、伝える手段は必要不可欠だ。だがその手段は、時代に合わせて進化したほうがいい。あらゆるビジネスが進化している時代に、500年前と同じやり方を使いつづける必要がどこにあるだろうか？

複式簿記から三式簿記へ

現在、企業は複式簿記を使っている。つまり、1つの取引を借方と貸方の2つに分けて記録するやり方だ。

ここに3つめの欄として、ブロックチェーンを追加するのはどうだろう。複式簿記ならぬ「三式簿記」だ。企業が製品を売ったり、原料を買ったりするたびに、それをタイムスタンプつきでブロックチェーンに記録する。それを株主や会計士がいつでも見られるように公開しておけば、効率的に情報を検索したりチェックしたりできる。数字をごまかすことは不可能だし、ボタンひとつでリアルタイムの財務諸表が見られるようになる。完全に公開するのが不安なら、情報共有が必要な人（監督当局、役員、主要株主など）だけにアクセスを制限してもいい。

業界内にも、ブロックチェーンを利用した会計に期待する声は多い。バークレイズのサイモン・テイラーは、ブロックチェーン会計が銀行のコンプライアンスを推進し、リスクを減らしてくれると考えている。

「銀行にはいろいろと報告する義務があるわけですが、何を報告しているかというと、要するにやったことをすべて見せているんですね。記録が内部のシステムにしまい込まれているせいで、手間がかかっているんです[*52]」

一方、ブロックチェーンならあらゆる記録が透明化される。

「監査をするときにも、そのままブロックチェーンの記録が利用できます。手間とコストの削減になりますし、ほぼリアルタイムのデータが確認できる。これはすごいことですよ[*53]」

サークル社のジェレミー・アレールもこれに同意する。

「監査をする人が利用できるのは、内部でコントロールされた不透明な記録だけです。それぞれの銀行や企業が使っている会計システムに頼るしかないんです。でもブロックチェーン会計なら共通のやり方で自動化できて、その企業が健全かどうか、体力があるかどうかを簡単に確認できます。会計や監査だけでなく、監督業務の大部分が自動化できると思います[*54]」

バランス（Balanc3）社では、すでにイーサリアムを使った三式簿記会計システムの開発に取り組んでいる。同社のクリスチャン・ルンドクヴィストは言う。

「不正をすることは非常に難しくなります。後から数字をいじることができないので、不正をしようと思ったらその場でやる必要があるんです[*55]」

オースティン・ヒルも同じ意見だ。

「ネットワークが正しさを保証しているので、数字が正しいかどうかを疑う必要はありません。言ってみれば、ブロックチェーンの暗号のなかに監査が組み込まれているのです。会計事務所に頼る必要はありません。帳簿にそう書いてあれば、それが真実なのですから[*56]」

会計事務所のほうも、黙って見ているわけではない。4大会計事務所のひとつデロイトでは、すでにブロックチェーンの影響を調査するプロジェクトが進行中だ。デロイト暗号通貨センターの研究を率いるエリック・ピシーニは、ブロックチェーンが金融機関にとって「大きなリスク」になると言う。

「金融機関はリスク管理で儲けているわけでしょう。ブロックチェーンがそのリスク自体をなくしてしまったら、銀行ビジネスはどうなるんです?」[57]

監査のビジネスも、もちろん困ったことになる。デロイトの収益は3分の1が監査によるものだ。[58]

「我々のビジネスモデルはひっくり返りますよ。現状、監査にはとても時間がかかるものですし、それに応じた料金をいただいています。これがブロックチェーンであっという間に処理されるようになったら、今までどおりというわけにはいきませんね」[59]

デロイトはブロックチェーン時代に対応するため、パーマレックというサービスを開発した。「取引の情報をデロイトがブロックチェーンに記録し、取引の一方、あるいは双方の会計監査にすばやく利用できるようにする」サービスだ。[60] ただし、三式簿記でブロックチェーンへの記入が自動化されたら、これは誰でも簡単にできることになる。

一方、デロイトやPwCなどの大手会計事務所で急速に伸びているのが、コンサルティング業務だ。クライアントの多くが、ブロックチェーンという聞き慣れないものにどう対応すればいいのかと頭を抱えている。アドバイスが求められる場面は今後どんどん増えていくだろう。

サブレジャー社を立ち上げて会計業界に参入したトム・モーニニは、既存の会計処理を「点滅するストロボライトの前で踊る人を見ているようなもの」と表現する。「踊っていることはわかりますが、動きはよく見えません。かっこよく見えても、見えないところで何をやっているかはわからないんです」[61]

要するに会計監査は、過去のスナップショットを眺めているにすぎないというのである。そこから企業の財政状況を把握するのは、ハンバーグから牛を再現するような仕事だ。

大企業は会計記録が透明化されることを好まないだろう、とモーニニは言う。誰でも見えるようにするなどもってのほかだし、監査の人間に見せることさえ嫌がるのではないか。帳簿の内容は企業のきわめて重要な秘密だ。それに経営者には、収益の計上の仕方や減価償却の方法、営業権の扱いなどにある程度の自由度を残しておきたいという気持ちもある。

だとしても、やはり利益のほうが大きいはずだ、とモーニニは考える。コスト削減という意味だけでなく、透明性を高めることで市場価値が上がるからだ。

「このやり方を最初に取り入れた会社は、株価や株価収益率の面でかなり優位に立つことになるでしょう。投資家にしてみれば、四半期の決算まで何をやっているかわからない会社よりも、つねに情報がクリアになっている会社のほうが投資しやすいですよね」[*62]

四半期決算などとぬるいことを言っている会社は、そのうち投資家から見捨てられるかもしれない。実際、今も機関投資家の多くは厳しいコーポレート・ガバナンス要件を課していて、それを満たさない企業には投資しないという方針をとっている。[*63] その条件に三式簿記が含まれてくる可能性は十分にある。

「評判」がお金を借りる力になる

お金を借りるには信用が必要だ。アメリカでは、クレジットスコアという数字が信用の判断基準になる。きちんとお金を返すかどうかという信用力を数値化したもので、このスコアが高ければ銀行は喜んでお金を貸してくれる。クレジットスコアはお金を借りた履歴をもとに計算され、たとえばクレジットカードを毎月利用してきちんと返済していれば、スコアが少しずつ上がっていく。

ただし、クレジットスコアには大きな欠陥がある。第一に、評価が一面的すぎる。お金を借りた経験のない若者は、たとえ信頼できる性格だとしても（あるいは裕福な親戚がいたとしても）、クレジットスコアは最低だ。

また、クレジットスコアを上げるためにはお金を借りた実績が必要なので、必要がなくてもお金を借りるというおかしな行動が促進される。最近ではクレジットカードよりデビットカードを利用する人が増えてきたけれど、デビットカードは借り入れではないので、クレジットスコアがつかない。すると、いざお金を借りたいときに不利になってしまう。

もうひとつ、データの古さも大きな問題だ。クレジットスコアには大昔の履歴もカウントされるので、現在の状況とはほとんど無関係な要素で信用が判断されてしまう。20歳の頃の失敗が50歳まで響いてくるということだ。

クレジットスコアはもっと合理的に判断できるはずだ、とマーク・アンドリーセンは言う。

「ペイパルはリアルタイムのクレジットスコアを一瞬で計算しています。イーベイでの購入履歴を参照しているんです。実はこちらのほうが、通常のクレジットスコアよりもすぐれた情報源であることがわかってきています[*64]」

ブロックチェーンなら、これに取引履歴や社会的評判などの情報を組み合わせて、より正確なクレジットスコアを出すことが可能になる。現在のクレジットスコアでは顧みられない要素、たとえばその人の仕事ぶりや地域社会への貢献といった要素も組み込まれることになるだろう。これまで考慮されなかった個人の「評判」が、お金を借りるための力になるのだ。

すでにそうした評判システムを実用化している会社もある。

BTCjamは、ユーザーの評判にもとづくP2Pの個人間融資プラットフォームだ。ユーザーはフェイスブックやリンクトイン、イーベイ、あるいはコインベースなどの情報をプロフィールにリンクさせることができる。フェイスブックの友人に推薦をお願いすることもできるし、実際のクレジットスコアを登録してもいい。そうした情報が外に公開されることはない。

最初はスコアが低くても、評判を獲得するのは難しくない。まずは小さな金額を借りて、期限内に返済する。するとスコアの点数が上がるし、コミュニティからポジティブな評価がつきはじめる。そうやって評判を獲得すれば、みんなすすんでお金を貸してくれるようになる。

2015年9月時点で、BTCjamは1万8千件、金額にして1400万ドル以上の融資を実現させている。[*65]

これまでクレジットスコアが低いせいでお金を借りられなかった人も、今後は評判を上げてお金を借りることが可能になる。企業への融資も同じように変わってくるだろう。単なる借り入れ履歴だけでなく、財政状況や仕事の能力、社会貢献度などを総合的に判断されるようになるはずだ。

ブロックチェーンIPO

2015年8月17日は、ひどい1週間の始まりだった。中国株の大暴落の余波を受けて、S&P500指数は4年ぶりの下げ幅を記録した。世界的に株価が下がり、専門家たちは経済危機の再来を懸念していた。IPOが取り下げられ、企業の合併は延期され、シリコンバレーはユニコーン企業（評価額10億ドル以上の未上場ベンチャー企業）の高すぎる評価額に不安を抱きはじめた。

そんな状況のなかで、オーガー（Augur）というスタートアップが史上最大規模のクラウドファンディングを立ち上げた。最初の1週間だけで、アメリカや中国、日本、フランス、ドイツ、スペイン、イギリス、韓国、ブラジル、南アフリカ、ケニア、ウガンダから400万ドルが集まった。オーガーはこれを、誰の手も借りずに実現した。証券会社や取引所や弁護士はもちろん、キックスターターやインディゴーゴーのようなクラウドファンディングサービスさえ使わなかった。どうやったのか？

ブロックチェーンIPOだ。

投資家と起業家を結びつけるのは、これまで金融機関の仕事だった。そのやり方（私募債、株式公開、株式売出し、上場株の未公開株投資）は1930年代からほとんど変わっていない。[*66]

最近ではクラウドファンディングのプラットフォームがいくつも登場し、VRヘッドセットのオキュラス・リフトのように、インターネットで多額の資金調達に成功する例も出てきた。

とはいえ、そこにはキックスターターなどの仲介業者が介在するし、支払いはクレジットカードやペイパルなど旧来の方法に頼っている。仲介業者が大きな影響力を持つことは避けられない。

ブロックチェーンIPOは、さらに進んだ資金調達手段だ。資金がほしい企業は、ブロックチェーン上でトークンや暗号証券を発行する。株式や社債にあたるものだと思ってもらえばいい。オーガーの場合はREPという配当付きトークンを発行し、予測市場の結果判定などの発言権を付与している。

オーガーよりさらに大きな成功をおさめたのが、イーサリアムだ。イーサリアムは独自のブロックチェーンを立ち上げ、ネイティブトークン（イーサー）を売りだして大きな話題を呼んだ。いまやビットコインについで2番目に長いブロックチェーンとなり、どこよりも勢いよく成長を続けている。

大手Eコマースサイトのオーバーストック社は、さらに野心的なプロジェクトを立ち上げた。ブロックチェーン上で株式を発行し、売買できるプラットフォームだ。米国証券取引委員会も同社のブロックチェーン株式発行を承認している。まだ時期は未定だが、近いうちにブロックチェーン株式市場が動きだす可能性は高いだろう。[*67] オーバーストック社はすでにFNYキャピタル・マネジメントに対して500万ドルの暗号債券を発行するなど、暗号証券の運用に意欲的だ。同社のパトリック・バーンCEOによると、金融系を中心とする多くの企業がこのプラットフォームに興味を示しているらしい。

このままブロックチェーンIPOが主流になれば、やがて世界の金融システムから多くの役割が消えることになるだろう。証券会社や投資銀行は時代遅れになる。さらにサークルやコインベースなどの新たな価値交換サービスがここに結びつき、ブロックチェーン上に巨大な分散仮想株式市場が出現するかもしれない。

変化はすでに始まっている。ニューヨーク証券取引所はコインベースに投資しているし、ナスダックはすでにブロックチェーン技術を利用した未公開株式取引システムを導入している。ナスダックのロバート・グレイフェルドCEOによれば「記録業務の効率化とコスト削減、正確性向上のため」にブロックチェーンを導入したというが、より大きなビジョンを描いていることは明らかだ。[*68]

予測市場はデリバティブの主要ツールとなるか

史上最大のクラウドファンディングで話題を呼んだオーガー社は、ブロックチェーンを利用した分散型予測市場のプラットフォームを構築している。スポーツの試合結果や新製品の売上、セレブの赤ちゃんの性別などをみんなで予測するビジネスだ。

オーガーでは、未来のできごとの結果をシェア（株）として売買する。シェアの価格は、合計1ドルに対するオッズで決定される。たとえばある試合の勝ち負けの確率が半々（50％）だった場合、そのシェアの購入価格は50セントになる。

オーガーは「集団の知恵」を利用したシステムだ。科学的な研究によると、[*69]十分に大きな集団が予測をした場合、その予測は専門家の予測よりもずっと高い精度になる。みんなの意見は案外正しいということだ。だからオーガーには胴元の設定するオッズはなく、ユーザーの予測でオッズが決まる。できごとの結果も、人びとの合意で判定される。

非分散的な形の予測市場は、以前からいくつか存在していた。たとえばアカデミー賞予想のハリウッド・ストック・エクスチェンジや、現金通貨予測のイントレード、株価や為替などを予測するヘッジストリート。でもこれまでは、規制や法的な問題で撤退する企業のほうが多かった。非合法な内容の賭けがおこなわれるケースもあった。

ブロックチェーンを使えば、正確でエラーがなく、違法行為や不正に強く、流動性の高い予測市場が実現できる。それに、オーガーのチームが言うところの「古びた法的規制」にも縛られにくい。オーガーで結果を判定するのはレフリーと呼ばれる参加者たちで、信頼できるレフリーかどうかは評価ポイントによって判断される。正しい結果報告（スポーツの試合でどちらが勝ったか、選挙で誰が当選したか）をすれば、その人の評価ポイントが上がる。評価ポイントが上がれば、自分で立ち上げられるマーケットの数が増えて、より多くの手数料が稼げるようになる。

「我々の予測市場では、取引先リスクを排除し、集中管理型のサーバーをなくし、ビットコインやイーサーなどの安定した暗号通貨を利用してグローバルなマーケットを実現しました。すべての資金はスマートコントラクトに保存されるため、誰にも盗まれる心配がありません」[*70]

オーガーはそのように堅牢なプラットフォームを築き、犯罪を一切容認しないルールで違法行為を防いでいる。

予測市場はいろいろな分野に応用可能だ。オーガーでは誰でもマーケットをつくることができて、明確な期限と結果が設定できれば、内容の縛りはとくにない。「ブラッド・ピットとアンジェリーナ・ジョリーは離婚するか？」というゴシップネタから、「ＥＵは２０１７年６月１日までに崩壊するか？」という時事問題まで何でも予測の対象になる。これが金融業界に与えるインパクトは計り知れない。

たとえばニカラグアやケニアの農家が、為替リスクや政治的リスク、天候のリスクで悩んでいるとしよう。予測市場を使えば、そういうリスクをうまくヘッジできる。「作物の収穫量が一定量以下」や「降雨量が何ミリ以下」という予測を買っておけばいいのだ。

投資家にとっても、集団の知恵は大きな助けになる。「ＩＢＭの四半期収益は予想を上回るか？」というようなマーケットをつくって、人びとの反応を見ればいい。現在使われている予測値は、何人かの専門家が出した数字の平均や中央値をとったものにすぎない。集団の知恵を利用すれば、もっとリアルな未来予測が可能になり、株式市場の効率化につながるはずだ。

これを応用すれば、グローバルな不確実性や「ブラック・スワン」的な現象のリスクヘッジも可能になる。たとえば「ギリシャ経済は今年15％以上縮小するか？」というようなマーケット設定が考えられるだろう。*71 一部の専門家の意見に頼るより、分散された集団の意見のほうが公平でバランスがいい。投資家にとっては心強い警報システムだ。

予測市場はさまざまな金融商品を補完できるし、やがては打ち負かす可能性もある。企業の行動ひとつとってみても、決算やＭ＆Ａ、経営陣の交代など多数の予測市場が成立しうる。保険やリスクヘッジがシンプルに実現できるようになり、現在使われているオプションや金利スワップ、クレジット・デフォルト・スワップなどの難解な金融商品はそのうち用済みになるかもしれない。

もちろん、何もかもが予測市場に置き換えられるわけではない。ある程度の注目を集めるような問題でなければ十分な資金は集まらないだろう。それでも、そのポテンシャルは非常に大きく、チャンスは世界中のすべての人に開かれている。

豊かさのプラットフォーム

ブロックチェーンは金融業界のあらゆる業務に大きな影響をおよぼすだろう。銀行や金融機関の役割が問い直されることにもなりそうだ。アンドレアス・アントノプロスは言う。「ビットコインにはベイル・イン（債権者の損失負担）もないし、休業日もない。通貨管理や口座凍結、出金限度額、営業時間もありません[*72]」

これまでの金融業界はヒエラルキー的で行動や変化が遅く、巨大な権力にコントロールされた閉鎖的な世界だった。でもブロックチェーンなら、P2Pに支えられたフラットなソリューションが可能で、透明でありながらプライバシーが守られ、すべての人に開かれたイノベーティブな金融が実現できる。

混乱は避けられない。でも変化を恐れない人は、そこから無限のチャンスをつかみとれるはずだ。

金融業界はこの先数年で大きな縮小と成長を同時に経験するだろう。仲介業務が縮小される一方、低コストの商品やサービスがどんどん生まれて顧客層は大きく広がる。許可型のプライベートなブロックチェーンが普及するかどうかは意見の分かれるところだ。セカンドマーケットの創業者でデジタル・カレンシー・グループのCEOを務めるバリー・シルバートは言う。「既存の大手金融機関が客観的かどうかという点では、僕はかなりシニカルな見方をしていますね。ハンマーを持った人間には、あらゆるものが釘に見えるものですから[*73]」

ブロックチェーンは硬直した金融業界のインフラをすごい速度で駆け抜けるだろう。[*74] その摩擦と衝突のなかから、未来の金融の風景が形づくられる。金融は工業化時代の金儲け機械であることをやめて、豊かさのプラットフォームへと変貌するのだ。

第4章
企業を再設計する
——ビジネスのコアと境界はどこにあるのか

２０１５年7月30日、世界中のプログラマーや投資家、起業家、戦略家たちが見守るなか、ひとつの時代が幕を開けた。18か月の開発期間を経て、イーサリアムがついに始動したのだ。

著者らはブルックリンにあるコンセンシス（ConsenSys）のオフィスでその現場に立ち会った。コンセンシスはイーサリアムのソフトウェア開発に最初期から取り組んできたスタートアップ企業だ。

午前11時45分、社内のあちこちから歓声が上がった。イーサリアムのネットワークに、最初のブロック（ジェネシス・ブロック）が生成された瞬間だ。これをスタートの合図として、世界中のマイナーたちがイーサリアムの通貨「イーサー」を手に入れようと発掘を開始した。どこか不穏な空気の立ち込める1日だった。激しい雷雨がイーストリバーを襲い、洪水警報のけたたましいアラームがスマートフォンからいっせいに鳴り響いていた。

イーサリアムは、ブロックチェーンを利用して分散型アプリケーションを動作させるプラットフォームだ。

ビットコインと同じように、ブロックチェーン技術と暗号通貨をベースにつくられている。独自の通貨「イーサー」を持ち、プルーフ・オブ・ワークのしくみを利用して改ざん不可能な取引を実現する。

ビットコインと違うのは、通貨の取引だけでなく、どんな取引でも実行できる点だ。イーサリアムには、ブロックチェーンを使ってアプリケーションを開発するための便利な道具が組み込まれている。これを使えば分散型のゲームアプリから証券取引所まで、実に幅広いサービスが実現できる。

イーサリアムは2013年、当時19歳だったロシア系カナダ人のヴィタリック・ブテリンによって考案された。初めはビットコインにもっと強力なスクリプト言語を組み込むべきだと主張していたのだが、ビットコイン開発者のコミュニティはこれを受け入れなかった。そこでブテリンは、自分で新たなプラットフォームを立ち上げることにしたのだ。

それから2年が経ち、ヴィタリック・ブテリンの名はイーサリアムの生みの親として世界中に知れわたることになった。

コンセンシスは真っ先にこのプロジェクトの可能性を見抜き、イーサリアムベースのアプリケーションをつくりはじめた。共同創業者のジョセフ・ルービンは言う。

「ポスターや看板を掲げて街を練り歩いても仕方ないでしょう。それより、壊れた経済と社会を変えるための新たなソリューションをみんなでつくったほうがいい」[*1]

ウォール・ストリートを占拠するより、新たなストリートを切り開こうというわけだ。

ルービンは自分の会社を成功させるだけでなく、世界の抱える問題を解決したいという野心を持っている。けっして派手なタイプではないし、語り口も控え目だ。でもやろうとしていることは、そこらじゅうの業界をガタガタと揺り動かすほどの強烈さを秘めている。

コンセンシスが手がけるプロジェクトは多岐にわたる。たとえば分散型の三式簿記会計システム、分散型の巨大掲示板、スマートコントラクト（自動実行型の契約）を作成・管理するシステム、ビジネス・スポーツ・エンタメの予測市場、オープンエネルギー市場、分散型音楽配信モデル[*2]、マス・コラボレーション、マス・クリエーション、マス・マネジメントを支える一連のビジネスツール。

でも、ここで注目したいのはコンセンシスのアプリケーションではない。コンセンシスという会社そのものだ。

コンセンシスは最先端のマネジメント科学にもとづく「ホラクラシー」というスタイルを取り入れている。上下関係がなく、コラボレーションに近いやり方で自主的に仕事を決定・実行する組織形態のことだ。

「ホラクラシーを理論どおりに適用するわけではないんです。それだと融通がきかない気がするので。ホラクラシーの方針や考え方をいろいろと取り入れつつ、独自の組織とプロセスを築いているところです」とルービンは言う。

ホラクラシーの基本方針には、「役職ではなく役割」「権限の委譲ではなく分散」「社内政治ではなく明確なルール」「大きな改編ではなく小さな改善の繰り返し」などがある。どれもブロックチェーン技術に通じる考え方だ。コンセンシスの経営方針は伝統的な企業と違うだけでなく、よくあるドットコム企業とも一線を画している。

ルービンは夢想家ではないし、ましてやアナーキストやリバタリアンでもない。ただ、僕たちが生き延びるためには既存の資本主義のあり方を変えなくてはいけないと考えているだけだ。ヒエラルキー型の指揮統制システムは、現代のネットワーク型社会と折り合わなくなっている。これだけネットワークが世界に行き渡り、コストをかけずに豊かなコミュニケーションができるというのに、いまだにヒエラルキー組織に固執する必要はないはずだ。ルービンは言う。

「グローバルな人間社会が真実について合意し、10分、あるいは10秒で意思決定できる時代がやってきたんです。一人ひとりに大きな発言力のある社会が実現できるはずです」

マネジメントの終焉

コンセンシスでは、すべての従業員（「メンバー」と呼ばれる）が経営方針の決定に参加している。ルービンは会社を車輪の「ハブ」にたとえる。中心となるハブから、いくつものプロジェクトが「スポーク」として広がっているイメージだ。

「シェアできるものは何でもシェアします」とルービンは言う。「ソフトウェアのコンポーネントもそうです。小回りのきく小さなチームで動いていますが、チーム間でつねにコラボレーションしています。オープンでリッチなコミュニケーションに満ちた職場です」

メンバーは自分の仕事を自分で決められる。トップダウン型の指示は存在しない。各メンバーは常時2〜5個のプロジェクトに関わっていて、やるべき仕事を見つけたら自発的にそれを引き受ける。

「みんなでよく話し合うので、やるべきことはつねに認識されています」とルービンは言う。ただし、やるべきことは刻々と変化する。「アジャイルであるということは、優先順位をどんどん変化させるということです」

ルービンは上司ではない。アドバイザーに近い役目だ。どの仕事を進めるべきかという相談がスラック（Slack）[*3]やギットハブ（Github）[*4]などのツールを通じて聞こえてくると、ルービンは全体の仕事がもっともうまく進むような配分を考えて方向性をアドバイスする。

メンバーに強いインセンティブを与えているのが、プロジェクトのオーナーシップだ。コンセンシスのメンバーは全員、各プロジェクトの一部を直接・間接的に所有している。これは各プロジェクトのトークンという形で付与されていて、トークンはイーサリアムの通貨イーサーに交換できる。もちろんイーサーから各国通貨に交換することも可能だ。

「独立と支えあいのちょうどいいバランスをめざしています」とルービンは言う。「僕たちの仕事のしかたは、自立したエージェント同士のコラボレーションなんです。この先、誰もやりたくないけれど誰かがやらなくてはいけない仕事が出てきたとしたら、外部から誰かを雇ったり社内でインセンティブを調整する必要はあるかもしれません。でも基本的には、みんな自己管理のできる大人です。コミュニケーションが活発だという話はしましたよね。よく話し合って、それぞれ自分で判断するんです」

メンバーはそうした話し合いを通じてやるべき仕事を決定し、仕事を自主的に分担し、役割や報酬を調整する。そして、決まった内容を「すみずみまで明確な、自動的に執行される取り決め」に記述する。

「これが僕たちの関係のビジネス的な側面をひとつに結びつける役目を果たしています」とルービンは言う。

取り決めのなかには成果に対する報酬もあれば、基本給に当たるイーサー支給もある。さらに、タスク単位（特定のコードを書くなど）で志願者を募るバウンティハンター方式もある。条件を満たす成果物を仕上げたら、決められた賞金が付与されるというしくみだ。ルービンは言う。

「すべてはオープンで、目に見える形になっています。インセンティブにもあいまいなところはありません。だから率直にコミュニケーションできるし、クリエイティブになれるし、状況に合わせて適切な動きができるんです」

進化する企業

コンセンシスのやり方は、ブロックチェーン時代の企業のあり方をいち早く体現していると言えるだろう。

ただし、ルービンはまだ満足していない。現在のコンセンシスはまだ試行錯誤の段階なのだ。彼らが将来的にめざしているのは、人間によるマネジメントを完全に廃し、スマートコントラクトが全体を制御する自律分散型の組織だ。

そんなことが本当に可能なのだろうか？

「もちろん可能です」とルービンは言う。「グローバルな分散型ネットワークという基盤の上に巨大な知性が展開するんです。専門の部署を寄せ集めた大企業という構造は否応なく変わっていくでしょうし、人間ではなくソフトウェアが自由市場のなかで協力・競争するようになるはずです」

とはいえ、中央で意思決定する経営者がいない場合、リスクもあるのではないか。プログラムにまかせておいて、それがとんでもない方向に進みだしたらどうするのだろう？

「僕は人工知能の暴走ということは心配していません」とルービンは言う。「人工知能がもっと進化すれば、やがてマシンという位置づけを超えて、ホモ・サピエンス・サイバネティカと呼べる状態になっていくと思うんです。人を超えて進化するかもしれませんが、そうなったとしても適切な住み分けができてくるでしょう。そもそも機能するスピードが違うし、時間軸も違う。人工知能は人の営みと地質学的な変化を同一に見るかもしれません。人間だって多くの種を追い越して進化してきましたが、おおかたうまく共存できています」

コンセンシスはまだ動きはじめたばかりだ。その壮大な実験が成功するかどうかはわからない。でも彼らのストーリーは、企業というものの未来形を垣間見せてくれる。

企業は何のために存在するのか

ところで、企業とは何だろう？

ノーベル賞経済学者のロナルド・コースは、1937年の論文「企業の本質」のなかで、会社が存在するのは**取引コスト**を効率化するためだと説いた。取引コストとは、人と人とが取引するうえで必要になるコストのことだ。具体的には、検索コスト（人材や情報やリソースを見つけるためのコスト）、契約コスト（報酬や仕事の条件、秘密保持などの契約を締結して実行するコスト）、調整コスト（全員がスムーズに協業するためのコスト）の3つが主に挙げられる。

何かの必要が生じるたびに、人を探して契約して調整するのはコストがかかりすぎる。だから企業という形であらかじめ人を集めておき、余計なコストがかからないようにしているのだ。企業を維持するコストが外部との取引コストを下回っている限りにおいて、企業はその規模を拡大できるとコースは言う。[*5]

コースの後継者でノーベル賞経済学者のオリバー・ウィリアムソンは、企業の存在理由が「対立や不一致の解決」にあると説いた。[*6] 外部の人と契約を結ぶ場合、紛争を解決する手段は裁判しかない。お金と時間がかかるし、たいていは結果に不満が残る。トラブルを解決するコストがあまりに高いのだ。でも企業内でのトラブルなら、その影響範囲は最小限に留められる。

ウィリアムソンは論文のなかで次のように述べる。

「実際のところ、組織内部の契約は忍耐によって支えられており、そのなかで企業は裁判所の役目を付与される。それゆえに企業は、市場にはできない命令を実行することができるのである」[*7]

ヒエラルキー型の組織がもてはやされてきたのも、そのためだ。上司は部下に命令し、部下はそれに従う。部下が忍耐強く従ってくれれば、調整コストは最小限に抑えられるし、契約違反でトラブルになる可能性も小さくなる。[*8]

単純作業なら、それがいちばん効率的だったかもしれない。しかし世の中は変化し、一人ひとりに創造的でイノベーティブな働き方が求められるようになった。

インターネットの普及以降、硬直したヒエラルキー組織の弊害が次々と指摘されはじめた。権限を分散させて自主的に行動させたほうが生産的になるという報告も多い。そのほうが仕事がうまくいき、顧客満足度が上がり、イノベーションが促進されるというのだ。ところが実際には、大多数の企業が依然としてヒエラルキー組織のままだ。ドットコム企業でさえ、ジェフ・ベゾスやマリッサ・メイヤー、マーク・ザッカーバーグのような指導者を頂点に置き、トップダウン型の経営スタイルをとっている。

ブロックチェーン技術は、こうした現状に風穴を開けられるかもしれない。

ブロックチェーンは検索コストをどう変えるか

インターネットは検索コストを大幅に削減し、会社の外から必要な人材を見つけてくることを可能にした。アウトソーシングはその出発点にすぎない。たとえばP&Gは積極的にアイデアゴラ（頭脳のオープンマーケット）を活用し、世界中のユニークな才能の持ち主とコラボレーションしてきた。事実、P&Gのイノベーションの6割は会社の外で生まれたものだ。

ブロックチェーンを使えば、こうした社外とのコラボレーションはもっとシームレスに実行できる。より少ない労力で、精度の高い情報を手に入れることが可能になるのだ。

誰がどんな発見をして、それを誰に売ったのか。いくらで売れたのか。誰がこの知的財産を所有しているのか。このプロジェクトを動かせる人材は誰か。この病院にはどんな医療技術があるか。誰がどんな手術をし、どんな結果になったのか。中国と取引経験のある業者はどこか。この業者は予算内で期限を守って納品してくれるか。

これらの情報はブロックチェーン上に、改ざんできない形で記録されている。不確かな経歴書や、大げさな宣伝文句に踊らされる心配はない。情報は正確で完全だ。ネットワークによる評価スコアを見れば、信頼できる相手かどうかはひと目でわかる。

イーサリアム考案者のヴィタリック・ブテリンは言う。

「ブロックチェーンは検索コストを低下させ、その結果として一種の分解が起こります。これまでの一枚岩的な組織ではなく、水平方向と垂直方向に分割されたエンティティの市場が出現するのです。これは今まで存在したことのないものです[*9]」

ブロックチェーン検索はこれまでのインターネット検索とどう違うのだろうか？

大きな違いは、次の３つだ。

1　プライバシー

ブロックチェーンはオープンなプロトコルだが、その反面ユーザーのプライバシーは今までよりずっと固く保護される。自分の個人情報を他人や企業に教える必要はないし、勝手に乱用される心配もない。ブロックチェーン上では、匿名でもいいし、偽名を使ってもいいし、部分的に匿名性を取り入れてもいい。個人情報とは無関係に、あなたが開示している情報だけを企業は見ることができる。[*10]それで十分なのだ。

企業の採用プロセスは今よりずっと公平で、透明性の高いものになるだろう。企業側はイエスかノーで答えられる形で求める条件を定義する。「あなたは人間か？」「応用数学のPhDを持っているか？」「ブロックチェーンのアプリを開発したことがあるか？」

質問は求職者たちのブラックボックス内部で処理され、条件に合う人だけが抽出されて一覧に表示される。ネットワークの評価も参考になるだろう。これまでのような、仕事に無関係な個人情報（年齢や性別、人種、国籍）は企業に知られなくてすむ。

このような人材探しが一般的になれば、意識的・無意識的な偏見に左右されることがなくなる。これまで見落としていた才能に出会える可能性が高まるはずだ（ただし、セレンディピティは減るかもしれない。条件に満たない人材は、たとえ光るものを持っていてもリストに上ってこないからだ）。

2　時系列データ

ブロックチェーン検索は、多次元的だ。

これまでインターネットの検索結果は、ある時点でのスナップショットにすぎなかった。ほんの数週間でインデックスが書き換えられ、検索結果が上書きされる。[*11] アントノプロスはこれを「二次元検索」と呼んでいる。二次元検索で使えるのは、ウェブ全体を横断する「横」の軸と、特定のウェブサイトを掘り下げる「縦」の軸の2種類だ。[*12]

ブロックチェーンはここに「時系列」の軸を追加する。いつ何が起こって今の状態になったのか、その経緯をすべて把握できるという意味だ。たとえばビットコインを時系列的に検索すると、世界初のビットコイン取引までさかのぼることができる。ラズロという名前の人物が

1万ビットコインでピザ2枚を注文した取引だ。あらゆるできごとは恒久的に保存され、いつでも正確に取りだすことができる（余談だが、ピザの値段を1枚5ドルとすると、当時の1ドルは1000ビットコインに相当する。今の相場でいえば数百万ドルを払ってピザを買ったことになる）。

企業が人材を探すときにも、候補者の過去の行動を知ることができれば大いに役立つはずだ。学歴や職歴をごまかすことができないので、見た目だけ派手な履歴書にだまされることもない。

3 堅牢性

インターネット上には情報があふれている。でもその大半は信頼性が低く、いつ書き換えられるかわからない。一方、ブロックチェーンの情報は厳選されていて、知らないうちに書き換えられたり消されたりする心配がない。

「必要であれば何百年でも、何千年でも、完全な情報を保存しておけるのです」とアントノプロスは言う。

人類の記録媒体が石板から紙へと進化したとき、情報は永続的なものから移ろいやすいものへと変化した。だがブロックチェーンの登場によって、ふたたび石のように堅牢で永続的な記録が主流になろうとしている。そうなれば、企業は情報の確かさを疑うことなく、安心して外部の人材や企業に仕事をまかせることができるだろう。

コンセンシスはすでに、求職者や取引先候補と情報をやりとりするためのアイデンティティ・システムの構築に着手している。求職者が自分のペルソナを作成し、就職や取引に必要な情報だけを企業に公開できるシステムだ。個人情報を盗まれたり悪用されたりする心配がなく、データを誰かの金儲けに利用されることもない。リンクトインのような営利企業にデータを預けるよりも、ずっと安心して活用できるはずだ。

このようにブロックチェーンは、人材や取引先を検索するコストを大幅に削減してくれる。情報が簡単に検索できるだけでなく、情報の嘘や間違いをなくすことでトラブルのないスムーズな人材探しが可能になるのだ。

ブロックチェーンは契約コストをどう変えるか

検索コストが下がっても、問題がすべて解決するわけではない。いい人材を見つけたら、その人と仕事の契約を結ぶ必要がある。報酬を交渉し、その人の権限を定め、納品物の条件を細かく規定し、その契約を確実に実行しつつ、違反があった場合は適切な処置をとらなくてはいけない。

コースをはじめとする取引コストの専門家たちは、企業の内部に人を置くほうが、外の人と契約するよりもコストが少ないと論じている。要するに企業というのは、長期的な契約をあらかじめ結ぶことによって、何度も契約するコストを削減しようというしくみなのだ。

オリバー・ウィリアムソンは「選択ではなく契約という視点に頼ることにより、複雑な経済組織に対する我々の理解は深められる」と述べた。[*13] この点は多くの経済学者やマネジメント研究者も同意するところだ。マイケル・ジェンセンとウィリアム・メックリングの有名な論文のなかでも、企業というものは契約と関係性の集合体にすぎないと述べられている。[*14]

人は大昔からモノを交換して生きてきた。そして取引の対象が物理的なものから「約束」に変わったとき、契約が生まれた。口約束は後から言った言わないのトラブルになるし、証人を立てたところで信頼できるとも限らない。そこで考えだされたのが、契約書というやり方だ。契約の条件を紙に明記して、条件が守られなかったときにどうするかをあらかじめ決めておく。

ただし、契約書が効力を持つためにはそれを保証する法律や制度が必要だ。法的な強制力がなければ、契約書はただの紙きれになってしまう。

現在の契約書というやり方は、単純に言うなら、約束を記録する手段にすぎない。いざトラブルが起これば、裁判所に持ち込むしかない。そうなると当然、多大な費用と時間がかかる。結果に不満が残ることも多いし、勝訴したところでお金が回収できるとは限らない。

これを解決するのが、スマートコントラクトだ。

スマートコントラクトはブロックチェーン上の「契約」である。ただし、紙の契約書と違って、それ自体に強制力のある契約だ。あらかじめ日時や執行条件を設定しておけば、プログラムが勝手にそれを実行してくれる。

たとえば、「ある条件を満たすプログラムを書いたら100ドルを支払う」という契約があった場合、そのプログラムが動作テストを通過すると同時に100ドルがウォレットに振り込まれる。適当な仕事でごまかすことはできないし、真面目に仕事をしたのにお金が振り込まれないという心配もない。

スマートコントラクトなら約束が守られるかどうかという心配はなくなるし、約束が破られた場合の訴訟コストも存在しない。安心して多様な人たちとビジネスができるようになるだろう。

ブロックチェーンは調整コストをどう変えるか

人材を探して契約を結んだら、次に問題になるのが調整コストだ。

ロナルド・コースのいう調整コストとは、多様な人材・製品・プロセスを調整してうまく協調させるコストのことを指す。このコストを下げるために、企業はヒエラルキーというしくみを利用してきた。権力を伴う命令系統によって、不満を押さえこむ形でスムーズな協業を実現していたのだ。[*15]

そのため、マネジャーの権限はどんどん大きくなり、そのぶんマネジャーの報酬がふくれ上がった。経営者や上級管理職の給料が異様なほどに高くなり、現場で手を動かしている人間との格差が広がった。法外な報酬を受けとって自家用ジェットを乗りまわすＣＥＯの姿を、現場で働く人間は指をくわえて見ているしかなかった。

でも、本当に管理職の仕事にそれだけの価値があるのだろうか。管理職の仕事を減らしてイノベーションにお金をかけたほうが、もっといいものをつくれるのではないか?

ブロックチェーンを活用すれば、管理職の仕事を最小限に減らすことができる。スマートコントラクトによる明確なタスク設定と報酬システムは、仕事の内容を透明化し、やるべき仕事の確実な遂行を保証してくれる。管理職が見張って仕事をさせなくても、各自がプログラムのもとで主体的に成果を上げるようになるのだ。

「ブロックチェーン技術のすごいところは、ヒエラルキーに頼ることなく、多数の人びとが安定して仕事をやり通せるしくみを実現できることです」とハーバード大学ロースクール教授のヨハイ・ベンクラーは言う[*16]。

企業の内部だけでなく、外の世界とのコラボレーションも一気に加速する。スティーブ・オモハンドロはそれを次のように説明する。

「ナイジェリアの人がいきなり商売したいと言ってきたら、まず疑いますよね。ナイジェリアのクレジットカードや小切手を渡されても、正直信用できない。でもブロックチェーンなら、相手が誰だろうとすぐに信用できます。以前は無理だった取引が可能になるんです[*17]」

これまでは信頼を築くためにコストをかける必要があったけれど、ブロックチェーンなら知らない相手とも安心して取引できる。外部の人材とのやりとりは、今までよりずっと気軽でスピーディーなものになるはずだ。

その一方で、ヒエラルキー組織が崩れれば、従業員は仕事を請け負うエージェントに近づいていく。従業員、受託業者、顧客、ピアコミュニティの区別はどんどんあいまいになっていくだろう。

何が企業の境界を決めるのか

取引コストが大幅に削減されるからといって、企業の存在意義が薄れるわけではない。ブロックチェーン時代においても、企業の文化やブランドイメージはビジネスを支える重要な要素でありつづける。

テクノロジー理論家のデヴィッド・ティコルは、信頼やブランドに対する要求が今以上に高まっていくだろうと予言する。「優れたブランドは、環境や社会、経済に対して責任ある態度を取り、それを透明かつ検証可能な形で世に示すのです[18]」

ブロックチェーン専門家のメラニー・スワンは、産業革命以前のギルドのような働き方が増えるのではないかと見ている。

「個人やグループがプロジェクトのために提携するような、フレキシブルなビジネスが誕生するでしょう[19]」

企業のサイズは、ビジネスをもっとも効率化するところに落ち着くはずだ、と彼女は言う。現在のような大企業という形は崩れるだろうが、しかし企業が解体されて全員がフリーランスになるというわけでもない。

「新たなチームコラボレーションのモデルはまだ完全には明らかになっていません。ですが、いずれにせよ調整のための組織は必要です[20]」

企業の最適なサイズということについては、経営者や専門家のあいだでも意見が一致しないようだ。よく考えずに成り行きで経営している場合も多い。競争力を保ちつつ無駄を削減するために、どのような基準に頼ればいいのだろうか。

ロンドン・ビジネススクール客員教授で、経営理論の第一人者であるゲイリー・ハメルは、コア・コンピタンスこそが企業の競争力を決定すると説いた[21]。その企業がもっとも得意とする事業を中心に置き、その他の仕事は外部に委託すればいいということだ。

一方、経営戦略論で有名なマイケル・ポーターは、単に得意なだけでなく他社に真似できない要素に注力すべきと説いている。これは個々の製品やサービスだけでなく、組織のあり方や行動システム全体で考えてみる必要がある。特定の企業活動をコピーすることは可能かもしれないが、そうした活動が有機的に結びついたシステム全体を他社が真似ることは難しい。[*22]

ミッションクリティカルな機能に注目すべきと考える人もいる。その企業の存続にとって不可欠な要素が、企業の境界を決定するという考え方だ。ただし、デルやヒューレット・パッカード、ＩＢＭなどの企業は、コンピューターをつくるというミッションクリティカルな機能を外部に委託しつつ成功している。自動車業界でも、ＢＭＷやメルセデスは自動車の組み立てというミッションクリティカルな機能をマグナ社に委託している。

企業の境界を決定するうえで、これだけを見ればいいという単一の基準は存在しないようだ。まずは業界と競合企業と成長機会を深く理解し、それを土台にしてビジネス戦略を築いていくことから始めるべきだろう。とりわけブロックチェーン時代においては、経営陣だけでなく、あらゆるマネジャーや知識労働者がそうしたことを意識していく必要がある。誰もが当事者となり、企業の未来を主体的に形づくっていくのだ。

インアウト・マトリックス

ブロックチェーン技術によって世界中の優秀な才能にアクセスできるようになった今、企業は自分たちの競争力にとって本質的な活動は何なのかをこれまで以上に意識しなければならな

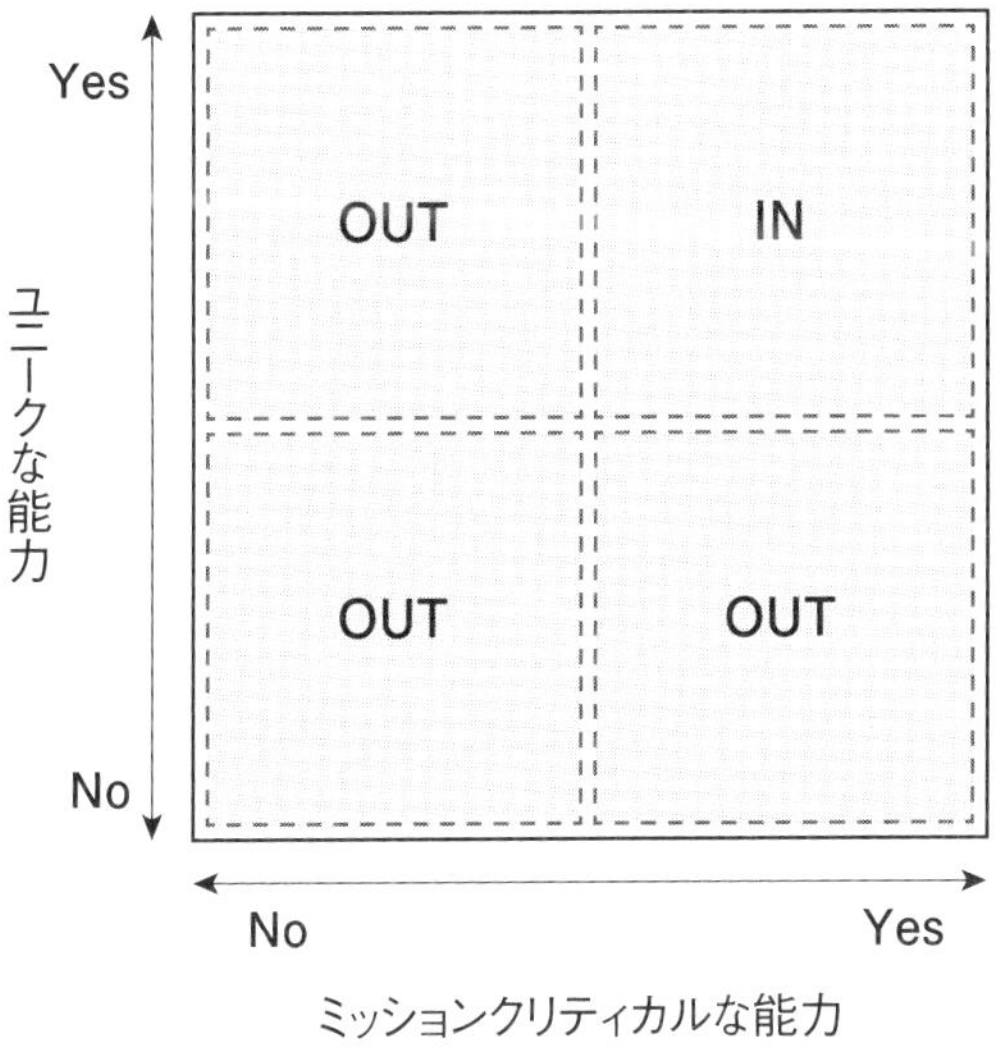

い。つまりミッションクリティカルで、かつユニークな仕事は何かということだ。

ただし、このマトリックス図は企業の境界を決めるうえでの出発点にすぎない。何が本質であるかを理解し、企業の内部に保持すべき機能とアウトソースする機能を決定するためには、もう少し考えておくべきことがある。

企業の本質を理解する9つの質問

企業の境界を決めるためには、何がユニークで何がミッションクリティカルかを総合的に判断する必要がある。以下の9つの問いは、企業のあるべき形を決めるためのヒントになるだろう。

1　外部のパートナーにまかせたほうが高い成果が期待できるか?

ピアプロダクションやオープンプラットフォームを活用し、分散型のビジネスモデルを採用できる分野はあるだろうか。コンセンシス社では人材の多くが企業の境界の外にいるが、うまく連携して仕事を進めている。

2　ブロックチェーンを活用して、外部に委託するコストをどこまで下げられるか？

スマートコントラクトを使えば、再利用可能で独立性の高い業務モジュールをつくることが可能になる。内部に人を抱えるコストと外部に委託するコストのバランスはどう変化するだろうか。コンセンシス社ではスマートコントラクトを利用してコストを削減している。

3　技術的な依存度を考慮したとき、十分に独立性の高いモジュールは何か？

独立性の高い機能ほど、外部に出すことが容易になる。コンセンシス社は独立したモジュールを外部に公開し、パートナーに開発してもらうことに成功している。

4　アウトソーシングをマネジメントする能力はあるか？

スマートコントラクトでアウトソーシングの業務を簡略化できるか。アウトソーシングのコストは十分に削減されるだろうか。ブロックチェーン・ビジネスとしてスタートしたコンセンシス社は、ブロックチェーン技術とホラクラシーの考え方を活用して最先端のマネジメントを設計した。

5　外部パートナーがビジネスの本質的な部分を侵害する恐れはあるか？

もともと下請けだったフォックスコンがモバイル業界で大きな力を手に入れたように、外部パートナーにビジネスのコアを奪われる可能性はあるだろうか。コンセンシス社はまだこの問題には直面していない。

6　組織をネットワーク化して縮小することに対して、法的な問題や政治的な軋轢《あつれき》は存在するか？

コンセンシス社はまだこの問題には直面していない。

7　組織をネットワーク化することで、競争力の強化が期待できるか？

開発スピードやイノベーションのペースを考慮したとき、外部パートナーとのネットワークは大きなメリットになる可能性がある。パートナーシップを組むことで、企業の競争力を上げるようなエコシステムが実現できるだろうか。

コンセンシス社はイーサリアムのプラットフォームを中心としたコラボレーションのネットワークを築き、プラットフォームとエコシステムを成長させ、全コンポーネントが成功できる可能性を高めている。

8　外部に出してしまうと意味がなくなるような、会社の本質的な部分は何か？

一連のバリューチェーンのなかで、今後の収益の鍵になる部分を確実に把握しておかなければならない。本質を外に出してしまえば企業の価値はなくなるだろう。

9　企業と業務を構成する骨組みとして、内部になくてはならない特別な能力があるか？

たとえ特別な能力や機能がなかったとしても、パートナーシップはあくまで内部の力を育てるための一時的な戦略であるべきだ。ブロックチェーン技術は社員一人ひとりの頭脳に新たな能力を要求する。企業文化を境界の外に出すことは不可能だ。

第5章
ビジネスモデルをハックする
――オープンネットワークと自律分散型企業

2008年夏、世の中が経済危機に突入していく最中に、ある画期的なサービスが産声を上げた。空き部屋と旅行者をマッチングするサービス、Airbnb（エアビーアンドビー）だ。Airbnbはまたたく間に250億ドル規模のプラットフォームに成長し、企業価値、部屋数ともに世界最大の宿泊業者となった。

ただし、部屋の提供者（ホスト）が十分な対価を得られているかどうかは疑問だ。予約が確定するたびに、ホストはAirbnbに対して数%の手数料を払わなくてはいけない。海外からの送金を受けとる場合、手数料もかなりの負担になる。また、部屋を貸す側も借りる側も、Airbnbに個人情報を登録する必要がある。データベースが攻撃されたら一大事だ。もっといいやり方がないだろうか。たとえばブロックチェーンを利用して、分散型のAirbnbをつくったらどうだろう？

第1章で述べたように、ブロックチェーンの頭文字「b」をつけて、これを「bAirbnb」と呼ぼう。bAirbnbでは中心となるデータベースや仲介者が存在せず、参加者たちが自主的にプラットフォームを運営する。ユーザー同士が直接やりとりするので、必要経費以外の売上はすべて貸し手のものになる。中央集権的でない、本当の意味でのシェアリング・エコノミーが実現するはずだ。

AirbnbからbAirbnbへ

bAirbnbは一種の分散型アプリケーション（DApp）である。部屋情報はブロックチェーンで管理し、部屋の貸し借りは一連のスマートコントラクトで実行する。空き部屋の持ち主が部屋情報と写真を登録すると、旅行者たちは条件に合う部屋を簡単に検索できる。貸し手と借り手の双方に評価システムがあるので、相手の評価を見てから取引するかどうかを判断することも可能だ。[*1]

従来のAirbnbと違って、貸し手と借り手は直接ネットワークでやりとりする。メッセージは暗号化された形で相手に送信され、Airbnbのようにサーバーに保存されることはない。[*2] このときに電話番号を教え合うこともできるので、そのままbAirbnbを介さずに取引することも可能だが、bAirbnbを使ったほうが都合のいい点がいくつかある。

評価システム

取引相手のレビューで評価ポイントが決まり、この評価ポイントをもとに次回からの取引のしやすさが変わってくる。この評価ポイントはペルソナに結びつき、ほかのDAppからも参照される。レビュー評価が下がるとブロックチェーン上の各種取引が不利になるので、双方が誠実に行動することが期待できる。

ID確認

さまざまなＤＡｐｐで共通利用できるＩＤ確認ツールを使い、当事者同士で直接ＩＤを確認できる。

プライバシー保護

ＩＤ確認をしても、プライバシーが漏れる心配はない。公開鍵（ペルソナ）に紐づく公開情報のなかから、関連する情報をイエス・ノーの形で提供してくれるだけだ。各種のＤＡｐｐはＩＤ確認ツールに問い合わせを投げるが、取引の詳細まで知らせる必要はない。ＩＤと取引が切り離されることで、プライバシーは大きく向上する。

リスク低減

現状、Ａｉｒｂｎｂのサーバーには膨大な個人情報が保存されている。もしも事故や盗難によって個人情報が流出したら、その被害は大変なものになるはずだ。一方、ＤＡｐｐなら一箇所のサーバーにデータを保存しないので、個人情報が狙われる心配もない。

保険のDApp

Ａｉｒｂｎｂは現在、部屋の貸し手のために最高１００万ドルの保証を用意している。ゲストに備品を壊されたり盗まれたりした場合に、被害額をカバーしてくれるシステムだ。ｂＡｉｒｂｎｂは、これをＤＡｐｐで実現する。

部屋の予約をリクエストすると、ｂＡｉｒｂｎｂはあなたの公開鍵（ペルソナ）情報を分散保険アプリに送信する。分散保険アプリは認証済みの保険会社に問い合わせを投げ、保険会社は自律エージェントを使ってリアルタイムで保険料を計算する。計算には不動産価格や補償金額、貸し手の評価と借り手の評価、宿泊金額といった情報が使われる。ｂＡｉｒｂｎｂは複数の見積もりからもっとも条件のいいものを選び、宿泊金額に保険料を追加する。

すべてはブロックチェーン上で運用され、今よりも公平で高品質な保険が可能になる。

支払い

言うまでもなく、支払いはブロックチェーン上ですぐに完了する。入金まで数日かかっていたのが、数分あるいは数秒に短縮される。また、宿泊費やデポジットの支払い方法がスマートコントラクトで柔軟に設定できる。全額を前払いするほか、１日ごとや１週間ごとの支払いも可能だ。

スマートロックによるアクセス管理

ＩｏＴ技術のスマートロックを利用すれば、部屋の鍵を受け渡す必要がなくなる。ブロックチェーン上の契約情報にもとづいて、自動でロックが管理されるからだ。

借りる人は部屋に到着したら、スマートフォンで備えつけのデバイスと交信する。支払いをしたことが確認できれば、スマートロックが自動で解除され、部屋に入れるようになる。鍵の受けとりのために寒い屋外で待たされる心配はないし、貸し手がわざわざ遠くから駆けつける必要もない。

bAirbnbは手数料を引き下げ、取引にかかる時間を劇的に短縮し、プライバシーが守られた安心なやりとりを可能にしてくれる。貸し手にも借り手にもやさしい、理想的なシェアリング・エコノミーだ。

DAppは、ほかにもさまざまな業界を大きく変える可能性を秘めている。

未来の企業を読み解く4つのモデル

DAppを利用したビジネスモデルは、とてつもない可能性を秘めている。効率、スピード、イノベーションを促進するだけでなく、企業のあり方を変え、誰もがもっと豊かになれるようなビジネスを実現できるはずだ。

ブロックチェーン技術を活用した未来型の企業モデルを、次のマトリックス図にまとめておこう。

横軸は人間の関与の度合いをあらわす。左側は人間がいくらか関わってくるけれど、右側は

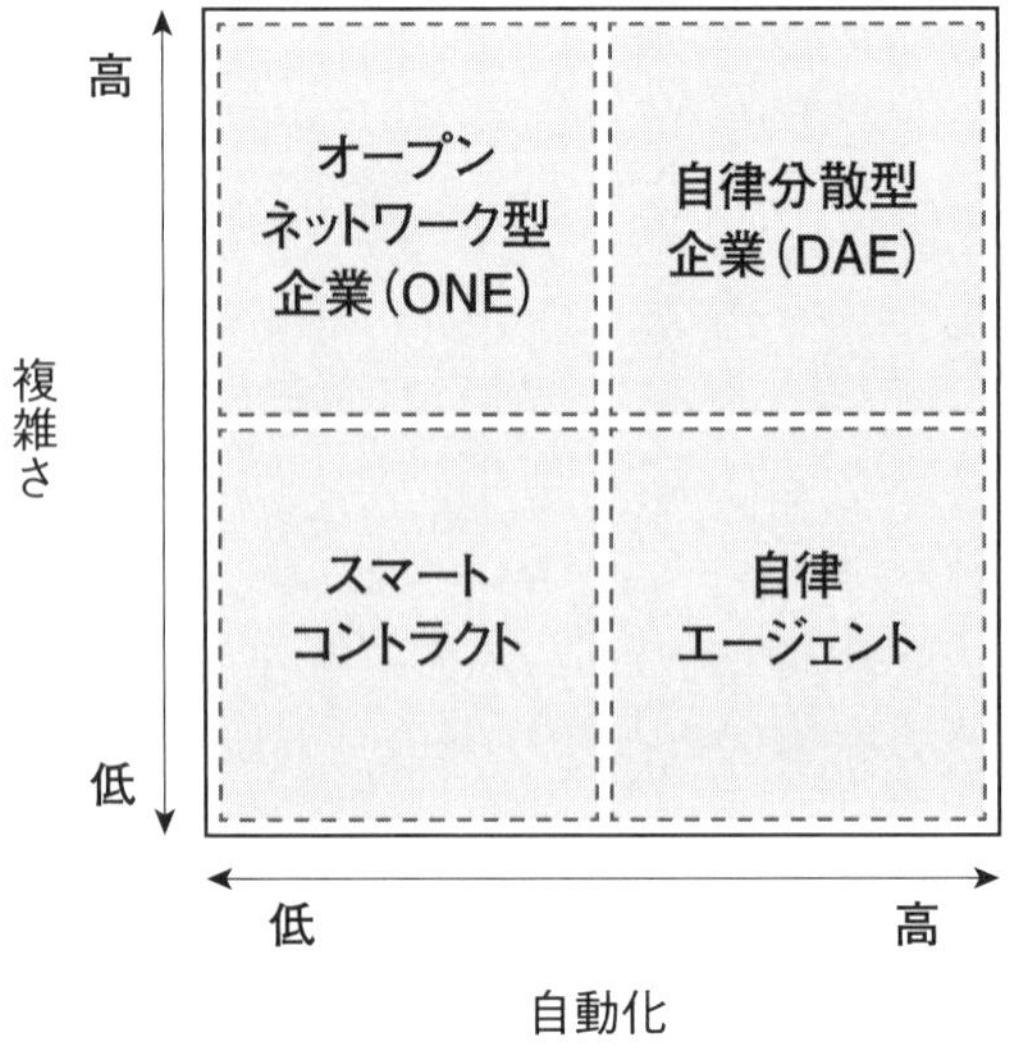

人間抜きで運用できる。

縦軸は複雑さの度合いをあらわす。下の段は単独の機能をこなすモデルで、上の段はさまざまな機能を組み合わせて複合的な仕事をするモデルだ。

この4つはどれもブロックチェーン技術の上に成り立っていて、ほとんどは暗号通貨をその基盤に利用している。いちばん単純なモデルは、スマートコントラクトだ。ブロックチェーンが仕事の契約の部分を担い、自動的に支払いなどを実行してくれる。

多数のスマートコントラクトが複雑に組み合わさってくると、オープンネットワーク型企業（ＯＮＥ）ができあがる。さらに、そこに自律エージェント（自分で状況を判断して適切な行動をするソフトウェア）を組み込むと、自律分散型企業（ＤＡＥ）になる。

ＤＡＥは従来のマネジメントやヒエラルキーを必要とせず、個々のエージェントが自律的に仕事をすることで価値を生みだす企業だ。数万人、あるいは数百万人規模の人が共同でDAEを設立し、生みだされた富を公平に分け合うことも可能になるだろう。

1　スマートコントラクト

スマートコントラクトは前述のとおり、強制力を持った自動実行型の契約だ。決められたことは確実に実行され、意見の食い違いやトラブルの可能性は最小限に抑えられる。ブロックチェーンは情報を伝達するだけでなく「実行」する。暗号学者のニック・サボは次のように説明する。「デジタルメディアが計算を実行し、機械を直接操作し、人間よりもずっと効率的に論理を組み立てることができるのです」[*3]

スマートコントラクトという言葉は、もともと1994年にサボが考案したものだった。ようやくウェブを閲覧するブラウザが登場しはじめた時期のことだ。

スマートコントラクトとは、取引の条件を自動で実行するような、取引の電子的なプロトコルである。その全般的な目的は、一般的な契約条件（支払い期日、抵当権、機密保持、確実な執行）を満たすこと、故意あるいは事故による例外を最小限に留めること、そして仲介者への依存を最小化することである。これに関連する経済的なゴールには、詐欺行為による損失を防ぎ、仲介コストや法的コストなどの取引コストを削減することなどが含まれる。[*4]

当時はまだ、サボが思い描いたようなスマートコントラクトを実現する技術が存在しなかった。契約を電子化することはできても、支払いを自動化する手段がなかったのだ。

ビットコインとブロックチェーンの登場で、状況は一変した。ビットコインなどの暗号通貨なら、契約の条件が満たされると同時に支払いを実行することが可能になる。たとえば株を買ったら、即座に決済が完了して株が自分のものになる。ソフトウェアの開発を請け負ったら、検収テストが無事完了した瞬間に報酬を受けとることができる。

約束が守られるかどうかという心配はなくなるし、約束が破られた場合の訴訟コストも存在しない。ビジネスの機会は大きく広がるだろう。ゆくゆくは弁護士の仕事がなくなってしまうかもしれない。

2 オープンネットワーク型企業（ONE）

スマートコントラクトによって契約コストが削減されれば、多様で複雑な契約のネットワークを築くことが可能になる。

企業の内側と外側の区別はあいまいになり、どこの誰とでもシームレスな取引が実現できる。企業の境界は薄れ、ビジネスは今よりずっと流動的でフレキシブルなものになるはずだ。

ＤＡｐｐを利用したリアルタイムの在庫管理で、商品の受注は自動的に工場へ入ってくる。工場の生産管理もブロックチェーン上でおこなわれ、足りない部品があれば世界中からサプライヤーを検索して値段と納期を比較し、そのまま契約から支払いまで実行できる。発注にはほとんど手間がかからないし、支払いはスマートコントラクトが自動でやってくれる。自社の倉庫から部品を取り寄せるような感覚で、世界中から部品を購入することができるのだ。

配送状況はピンポイントに確認できるので、細やかなスケジュール管理が可能になる。納期が遅れそうなときには早い段階でアラートを受けとれるし、業者との調整もＤＡｐｐでスムーズに実現できる。仕事が遅い業者はＤＡｐｐ共通の評価システムで低い評価がつき、候補から自動的に外されていくだろう。

外注業者とのコラボレーションもスマートコントラクトで柔軟に設定できるし、契約や支払いなどの事務処理に時間と人手を割く必要はない。あるプロジェクトで人手が足りないときは、オープンプラットフォームで仕事を依頼すればいい。きちんと要求レベルを満たしたものが納品されれば、自動的に代金が支払われる。メールで面倒なやりとりをする必要さえない。

企業間の壁はメッシュのように風通しがよく、やわらかいものになっていくだろう。オープンなネットワークは生産性を大幅に向上させ、より少ない労力で大きな価値を生みだすことを可能にするはずだ。

3　自律エージェント

小さなソフトウェアがウェブ上を歩きまわっているところを想像してほしい。自分のウォレットを持ち、ほかのソフトウェアとやりとりして必要なリソースを獲得しながら、学習と適応を繰り返して目標達成に近づいていく。

自律エージェントという言葉には、いくつもの定義がある。[*5] この本では、自分で周囲の環境を読みとり、状況判断しながら仕事をするデバイスやソフトウェアを自律エージェントと呼びたい。自律エージェントは「インテリジェントな」ソフトウェアと呼ばれることもある。本物の知性を持っているわけではないけれど、単に決められたことをやるだけのプログラムとは本質的に異なるものだ。人間がいちいち指示しなくても、自律エージェントはその場に応じて適切な行動をとれる。[*6]

自律エージェントの例としてよく言及されるのが、コンピューター・ウイルスだ。ウイルスは自己複製を繰り返しながらマシンからマシンへと移動し、人の手を介さずに生存している。ただし、ブロックチェーン上でウイルスが生き延びるのは難しくなるだろう。公開鍵に紐づく評価スコアや取引履歴を見れば、関わりたくない相手であることは一目瞭然だ。

人の役に立つ自律エージェントの例としては、たとえば世の中のコンピューターから余ったリソースを借りてきて、アマゾンに匹敵する規模の処理能力を実現するクラウド・コンピューティング・サービスが考えられる。[*7]自動運転車で街を周回し、乗客を目的地まで送り届けて適切な支払いを受けとるタクシーサービスも出てくるだろう。人が指示しなくても、ソフトウェアが勝手にリソース獲得から売買、価値の創造まで請け負ってくれるのだ。

イーサリアムのヴィタリック・ブテリンは、こうした自律エージェントを体系的に分類し、その進化を論じている。[*8]一方の端に位置するのは、ウイルスのように限られた目的に向かって単一の機能をこなすエージェントだ。それが少し進化すると、いくつかの決まった供給者（例：アマゾン）からリソースを借りてくるなどの、汎用性の高い仕事が可能になる。もっと洗練されたエージェントになると、検索エンジンを駆使して新たな調達先を探すこともできるようになる。

さらに進化が進むと、自分自身のソフトウェアをアップグレードし、新たな形のリソース獲得手段（エンドユーザーに対価を払って未使用のディスク領域を少しずつ借りてくるなど）を自分で考案することさえ可能になる。こうした学習と発見のプロセスは、究極的には高度な人工知能につながっていく。[*9]

自律エージェントを利用して、天気予報をビジネスにすることは可能だろうか？

２０２０年の未来をのぞいてみよう。世界中に分散されたスマートデバイスのネットワークが気象情報をきめ細かく計測し、きわめて精度の高い天気予報データを生成している。この年にＢＯＢという名前の自律エージェントがリリースされ、世界中のデバイスと力を合わせてビジネスを立ち上げることになった。ＢＯＢの仕事は以下のとおりだ。

分散された環境センサー（ウェザーノード）が、電柱や人びとの服、建物の屋根、人工衛星などに散りばめられている。各ノードは相互につながりあってグローバルなネットワーク網をつくりあげている。中心となるデータベースは存在しない。データはブロックチェーンに保存され、分散的に管理されているからだ。[*10]多くのノードは太陽光で動くので、電源につなぐ必要もない。

ブロックチェーンはここでいくつかの役割を果たす。まず、支払いの実行。正確な測定をしたノードは30秒ごとにわずかな金額の支払いを受ける。これが世界各地の気温や湿度、風速を計測するインセンティブとなる。

また、ブロックチェーンはあらゆるノード間取引の記録を担っている。すべてのノードは、計測したデータに公開鍵の署名をつけてブロックチェーンに送信する。誰がどんな計測データを登録したかがわかるので、それをもとにノードの評価をつけることができる。正確なデータを報告したノードは評価が高まり、不正確なデータを報告したノードは評価が下がる。評価が高いほうが報酬金額も高くなり、ノード作成者は多くの利益を得ることができる。

さらに、ブロックチェーンによって世界中の天気予報を単一のオープンなシステムで運用することが可能になる。もう世界各地の天気予報システムにアクセスして情報を集めてくる必要はない。スマートコントラクトで天気予報ＤＡｐｐと契約すれば、グローバルに統一されたフォーマットのデータがリアルタイムで受けとれる。既存の天気予報システムは独自のデータを保持するのをやめて、天気予報ＤＡｐｐのエージェントになったほうが効率的に利益を得られるだろう。

4　自律分散型企業（DAE）

ここから話はＳＦの世界に近づいてくる。

２０ＸＸ年、自律エージェントはさらに進化し、ミッションステートメントと一連のルールのもとで互いに協力しながら仕事をする共同体を形成した。彼らは力を合わせてサービスをつくりあげ、人間や組織を相手にビジネスを実行する。

人間の役目は、彼らに計算能力と資金を与え、仕事ができるように送りだすことだ。あとはエージェントが勝手に人やロボットを雇い、必要に応じて生産設備や専門知識を持つパートナーと手を組みながら、臨機応変に仕事を進めてくれる。

この自律エージェントの共同体は、多数の株主によって支えられている。クラウドファンディングで世界中から多様な人が出資し、意思決定に参加しているのだ。株主たちはまず、ミッションステートメントを決める。たとえば「合法的に利益を上げ、すべてのステークホルダーに対して誠実に対応する」などの基本方針だ。そして株主は必要に応じて経営方針の投票をおこなう。

従来の組織と違うのは、日々の意思決定のほとんどをプログラムにまかせてしまう点だ。もうマネジメント職を置く必要はない。自律エージェントたちは、少なくとも理論上では、指示がなくても自分で適切に判断して行動できる。スマートコントラクトに組み込まれた方針にしたがって動けばいいのだ。だからCEOに多額の報酬を支払う必要はないし、肩書きだけの管理職や無駄な社内手続きも不要になる。もちろん社内政治も存在しない。ソフトウェアは明確な目的に向かって合理的に仕事を進めていく。

人間の従業員やパートナー企業も、スマートコントラクトのもとで仕事をすることになる。給料は月給や週給ではなく、決められた仕事を完了した瞬間に受けとることが可能だ。従業員が人であろうとソフトウェアであろうと本質的な違いはないので、気づいたら自分に指示を出していたのがソフトウェアだったということもあるかもしれない。でもソフトウェアの上司は無茶ぶりをしないし、礼儀正しく接してくれるはずだ。スマートコントラクトのなかにマネジメント科学を組み込み、仕事の割り当てと評価を誰もが納得できる形で実行できれば、人びとは今よりずっと楽しく働けるようになるだろう。

顧客は迅速で公平なサービスを受けられるし、株主はリアルタイム会計のおかげで今より高い頻度で配当を受けとれるようになる。経営は明確なルールのもとで公明正大におこなわれ、まるでオープンソース・ソフトウェアのように見通しのいいビジネスが実現される。

これが自律分散型企業（ＤＡＥ）の世界だ。ブロックチェーン技術と暗号通貨を基盤として多数の自律エージェントが手を結び、まったく新たな企業体を形成していく。

非現実的だろうか？　そう思うのも無理はない。でもブロックチェーンの先駆者たちはすでに、イーサリアムなどを利用して高度なアプリケーションを実装しつつある。暗号通貨は実用化されているし、世界中の人たちが少額から出資できるしくみもすでに実現されている。ＤＡｐｐが自律エージェントへと進化し、協力的なコミュニティをつくり上げる日はそう遠くないだろう。

オープンネットワークがもたらす7つの革新

オープンネットワーク型企業や、その未来形である自律分散型企業は、既存のビジネスモデルを打ち壊して数々の業界を刷新してくれるはずだ。

著者が『ウィキノミクス』[*11]で論じた新たなビジネスモデルも、ブロックチェーンの登場でさらに進化することになるだろう。ここで7つの代表的なビジネスモデルを取り上げ、ブロックチェーンの主要技術がこれらをどう進化させるかを考えてみよう。

1　ピアプロデューサー

ピアプロデューサーとは、世界各地から自発的に生産に参加する人たちのことだ。リナックスなどのオープンソース・ソフトウェアやウィキペディアは、ピアプロデューサーの手でつくられた。大企業が潤沢な予算を投じても実現できなかったことを、ピアプロデューサーたちは実際にやってのけている。

ピアプロダクションに参加する動機はお金ではない。趣味でやっている人もいれば、人脈を広げたくてやっている人もいるし、純粋に価値あるものをつくりたいという気持ちでやっている人もいる。

ただし、自発的なコミュニティを長期的に維持するのは簡単なことではない。成功しているコミュニティのなかには、開発者に報酬を与えているところもある。スティーブ・ウォズニアックが言うように、「情報はタダであるべきだが、君の時間はそうではない」のだ。[*12]

実際、リナックス開発者の多くはＩＢＭやグーグルなどの企業から報酬を得て、企業戦略に必要な機能をリナックスに実装する役目を引き受けている。だからといって、リナックスが企業の持ち物になるわけではない。ヨハイ・ベンクラーは次のように説明する。

「一部の開発者が企業からお金をもらっているとしても、リナックスのガバナンスモデルが変わるわけではありませんし、ソーシャルに開発されているという事実が否定されるわけでもありません」

そこには単なる営利目的のオープンイノベーションを超えるものがある、とベンクラーは言う。

「多くの参加者にはソーシャルな動機がしっかりと存在しています。一種のハイブリッド・モデルとなっているのです[13]」

そうしたピアプロダクションのコミュニティに、あまりよくない参加者が存在するのも事実だ。低品質なものを出してきたり、意図的にコミュニティを妨害する人もいる。面白半分に攻撃的で不正確なメッセージを発信する「荒らし」も少なくない。一貫した評価システムが存在しないので、無責任な行動を防ぐことができないのだ。

評価と報酬のシステムを組み込んだ分散モデルなら、状況は大きく変わるかもしれない。

たとえば、ウィキペディアの編集にブロックチェーンの評価システムを取り入れ、評価に応じて報酬を支払うようにしたらどうだろう。荒らしを防ぐために、記事の執筆や編集には少額のデポジットを課すことにする。デポジットの金額は評価ポイントと連動していて、評価の高い人は少ないデポジットで参加できる一方、評価の低い人はデポジットを多く払う必要がある。

このデポジットや寄付金は報酬のための共有ウォレットにプールされ、コミュニティへの貢献度に応じて参加者に配分される。いい記事には多く報酬が支払われ、悪い記事(差別的な内容や、虚偽の内容を広めようとするなど)を書いた場合は、評価と報酬がマイナスされる。

「正確で誠意ある情報は高く評価され、収入につながる。現実世界では当たり前のことですよね」とスマートウォレット社のディノ・マーク・アンガリティスは言う[14]。

ブロックチェーンはピアプロダクションに適切なインセンティブを与えることで、今までよりもずっと効率的で質の高い価値創造を可能にしてくれる。企業にとってそれは脅威でもあるし、貴重なチャンスでもある。IBMが自社製品にリナックスを採用したように、企業がオープンなコミュニティと手を結べば、これまでになく豊かでユニークな価値創造が実現できるだろう。

2　スマート著作権管理

これまでのインターネットでは、クリエイターに適切な対価が支払われないことが多かった。仲介する組織や企業が、著作権マネジメントなどを口実に対価を横取りし、知的財産の価値をどんどん下げていたせいだ。

ブロックチェーン技術を使えば、クリエイターは自分の作品の対価を正しく受けとることができる。

アスクライブ社では、アーティスト自身がデジタル作品をアップロードし、本物であることを証明する「透かし」をつけて流通させるプラットフォームを提供している。作品はビットコインのようにブロックチェーン上で送信できて、現在の正当な所有者以外は利用できなくなる。これは「二重使用の防止」に目をつけた画期的な解決策だ。知的財産のコピーは大きな問題となっていたけれど、ブロックチェーンがその問題をエレガントに解決するのだ。

いつどこで誰に利用を許可するか、今後はアーティストが自分でコントロールできるようになる。

デジタルアーティストのローネン・Vは言う。「アートは通貨です。アートがデジタル通貨に進化するというのは、未来的ですよね。いい動きだと思います」[*15]

可能性は大きく広がっている。ミュージシャン、写真家、デザイナー、イラストレーターなど、多様なジャンルのアーティストが作品をデジタル化し、一点ものとして販売することが可能になるのだ。作品は確固とした価値を持つ通貨となる。デジタル美術館に展示し、美術館同士で貸し借りをするという使い方もできるだろう。[*16]

モネグラフ社も同様のサービスを提供している。デジタル透かしと暗号技術で作品を保護するシステムだ。ビットコインと同じように公開鍵と秘密鍵を利用し、作品のデジタル権利書を発行する。おもしろいのは、モネグラフがこの権利書をツイッターに投稿する点だ。すべてのツイートは米国議会図書館に保存されるので、[*17]その記録を見れば正当な権利者がすぐに確認できる。作品はブロックチェーンとソーシャルメディアによって二重に保護され、アーティストは安心して作品を公開できる。[*18]

ビットコイン開発者のピーター・トッドがアドバイザーをつとめるヴェリサート社は、もっと思いきったプロジェクトを進めている。ブロックチェーン技術と美術館の管理用メタデータを組み合わせて、世界中のアートの公開データベースをつくろうとしているのだ。[*19]デジタル作品だけでなく、あらゆるアートの来歴がブロックチェーンに記録される。ユーザーはたとえば、ネットオークションで買おうとしているアートが本物かどうかをスマートフォンですぐに確認できる。

「テクノロジーは信頼と流通の手助けができると思います。年間670億ドルがプライベートな取引やオンライン取引で動いている現状では、とくにこの技術が重要になります」と創設者のロバート・ノートンは言う。「分散された世界規模の台帳、それに当事者のプライバシーを守るパワフルな暗号技術は、アートに関わる人間の大きな助けになるでしょう[*20]」

こうしたしくみは、アート以外にも応用できる。たとえば科学者が一部の人に論文を公開し、査読を受けてから一般公開するという使い方も可能だ。そうすれば科学雑誌にすべての権利を渡す必要はなくなる。論文自体は誰でも見られるように公開し、再現実験をしたい研究者のために実験データをスマートコントラクトで配布するのもいいだろう。論文に由来する収入が著作者に入るような設定も可能になる。第9章でさらに詳しく検討しよう。

3 シェアリング・エコノミー

信頼のプロトコルは、人びとの協力関係を後押しする。同じ目的を持つ人が手を結び、共通のニーズを満たすために力を合わせて行動できるようになる。

「Uberをシェアリング・エコノミーと呼ぶのは馬鹿げています」とヨハイ・ベンクラーは言う。「あの会社がやっているのは、モバイル技術を利用して低コストの交通手段を提供すること。それだけですよ[21]」

ビジネス戦略に詳しいデヴィッド・ティコルも同意見だ。

「シェアという言葉はもともと、分け合うことを意味します。金銭のやりとりではありません」

人間本来のシェアというあり方が、一部のビジネスによって貶められているのではないかと彼は危惧する。

「なかには本物のシェア精神を持ったウェブ企業も存在しますが、ほとんどは自分たちの利益のためにシェアという言葉を乱用しています[22]」

シェアリング・エコノミーと呼ばれるビジネスをよく見ると、その実態はサービスの集積であることがわかる。集中型のプラットフォームにサービス提供者を集めてきて、ほしい人に転売しているのだ。その過程で人びとの大事なデータをたっぷり収集し、金儲けのために利用している。

Ａｉｒｂｎｂは部屋の貸し手を集めることでホテル業界に対抗し、Ｕｂｅｒは運転手を集めることでタクシーやリムジン業界に対抗するビジネスだ。もともとローカルで小規模なサービスを提供していた人たちは、大企業に手数料を払って仕事をさせてもらう立場に貶められる。でもブロックチェーンなら、サービス提供者が主体となって新しい働き方をつくっていくことができる。ベンクラーは次のように説明する。

「ブロックチェーンは、共同で働きたい人びとに信頼性の高い記録手段を提供します。権利、資産、証書、拠出金などの記録を、Ｕｂｅｒのような企業のかわりにやってくれるわけです。運転手が集まって自分たちのＵｂｅｒをつくろうと思えば、完全に対等な形で実現できます。ブロックチェーンがそれを可能にするのです[*23]」

ブロックチェーン版のＡｉｒｂｎｂやＵｂｅｒが登場する日は近い。本物のシェアリング・エコノミーが社会に浸透し、その実りは大企業ではなく人びとの手に戻ってくることだろう。

4　メータリング・エコノミー

ブロックチェーン技術の可能性をさらに突きつめれば、シェアリングを超えた**メータリング・エコノミー**の世界が見えてくる。

シェアリング・エコノミーの難しい点は、やりとりに手間がかかる点だ。たとえば電動ドリルや釣り道具をちょっと使いたいときに、わざわざ貸してくれる相手を探して交渉し、品物の受け渡しをするのは骨が折れる。だからたいていの人は、ホームセンターに行って安い道具を買ってくることを選んでしまう。めったに使わない道具を誰もが家に置いているのはそのせいだ。[*24]

「アメリカには電動ドリルが8000万個もあります。1個あたりの平均使用時間はたったの13分です」とAirbnbのブライアン・チェスキーCEOはニューヨーク・タイムズ紙に書いている。「本当にみんな自分のドリルを持つ必要があるのでしょうか？」[*25]

ブロックチェーンを使えば、ほとんど手間をかけずに余ったものをシェアできる。Wi－Fiの電波やコンピューターの処理能力およびストレージ、コンピューター利用で生じた熱、携帯の通話枠、自分の専門知識まで、何の面倒もなく貸し借りすることが可能だ。使用した量は自動的に計測され、マイクロペイメントで自動的に引き落とされる。

旅行で家を空けるときには、自動的にWi－Fiが誰かに貸しだされる。利用は秒単位で計測され、使ったぶんだけ料金が引き落とされるので利用者の負担も少ない。購読しているメディア、物理的な空間、電力など、使っていないものがあれば何でも収入源に変えられる。

スマートコントラクトで使用権を貸しだすので、いつからいつまで誰が何を使えるかという細かい設定も可能だ。ある人だけに排他的に貸しだして、その他の人はアクセスできなくするというやり方もできる。料金設定も使い方に合わせて柔軟に設定すればいい。

物理的なものもメーター単位でシェアできる。たとえば自動運転車だ。ブロックチェーン上に車の利用者情報を記録しておき、ＰＫＩのしくみを使って利用者情報を認証する。認証が通ればスマートロックが自動的に解除され、一定時間その車を使えるようになる。利用規定はスマートコントラクトに記述されていて、ルール違反があれば利用権の剥奪などの措置がとられる。利用時間とエネルギーが細かく測定されているので、料金はそのつど使ったぶんだけ支払えばいい。

5　プラットフォーム・ビルダー

企業が製品やテクノロジーを公開し、外部の個人やコミュニティとのコラボレーションで付加価値を生みだす手法をとることがある。ここで活躍するのが、顧客でありながら同時に生産者でもある**プロシューマー**と呼ばれる人たちだ。[*26] 創出する顧客である彼らは、「ハックする権利」を当然のように活用する。

ブロックチェーンは、プロシューマーの活躍機会を大きく広げることになるだろう。たとえばナイキのランニングシューズにスマートコントラクト型の記録装置を搭載し、顧客が同意すればデータをブロックチェーンに送信するというようなことが可能だ。ナイキは製品開発に役立つ情報を入手できるし、ユーザーは売上の一部を報酬として受けとることができる。さらにシューズのデータを別のウェアラブル装置（心拍数モニターや血糖値モニター）と同期させ、健康管理上の重要な知見を得ることもできるかもしれない。

もっと積極的に、人びとの知恵を活用するためのオープンプラットフォームを創出するという選択肢もある。ブロックチェーン技術を使えば、コラボレーションのプラットフォームを迅速に立ち上げられるし、業界全体に広げていくことも難しくない。

カーシェアリング会社ジップカーの創業者ロビン・チェイスは、ブロックチェーンを活用したオープンプラットフォームに大きな期待を寄せている。

「余剰キャパシティの価値を活かせるかどうかは、プラットフォームの質にかかっています。ブロックチェーンは標準的な共通データベースや標準的な契約手段を提供することができます。安価で扱いやすいプラットフォームが実現できるでしょう」

さらに彼女は、ブロックチェーンの透明性が企業と消費者の関係性を変えるだろうと考えている。

「消費者や下請け企業はこれを利用して、より有利な条件を求めるようになるでしょう。企業のプラットフォームに依存せず、自分たちでプラットフォームをつくることも可能になります[*27]」

オープンな分散ネットワークは**アイデアゴラ**のコンセプトをさらに進化させるだろう。アイデアゴラとは、アイデアや発明品やユニークな才能を世界中から探しだす新たなマーケットのことだ。P&Gなどの有名企業も、アイデアゴラを活用して大幅な業績アップを実現している。世界のどこかに、目の前のクリティカルな課題を解決できる人材がいるはずだ。社内だけに目を向けるより、それより何十倍も大きな人材プールからいま必要な頭脳を探しだすほうが理にかなっている。

アイデアやノウハウを持った人材は、ブロックチェーン上のレジュメ（アイデンティティの拡張バージョン）を企業に公開し、自分のスキルをアピールする。企業はその人と契約すべきかどうかを、正確な情報にもとづいて判断できる。人材情報は企業のデータベースに集められるのではなく、世界中に分散した形で保存され、誰もが自由に使えるようになる。

ＩＴ業界で流行りのハッカソンのように、多様な人材が技術やアイデアを競い合うアイデアゴラ・イベントを開催するのもいいだろう。今後あらゆるビジネスがデジタル化されることを考えれば、ハッカソンはすべての業界で重要になるはずだ。才能と才能のぶつかり合いから、とてつもないイノベーションが生まれてくるかもしれない。

6 ブロックチェーン・メーカー

製造業のプラットフォームも、ブロックチェーンで大きく変わる。調達からデザイン、組み立てまですべての工程が地球規模のエコシステムに分散され、ピアプロダクションは新たなフェーズに突入するだろう。

現代の航空機が「整列して飛んでいる部品の集まり」と言われるように、製造業の多くはばらばらなパーツのネットワークになりつつある。３Ｄプリンターの登場で製造プロセスはユーザー側にも移行され、マスカスタマイゼーションは新たな時代を迎えようとしている。やがてデータや権利の持ち主はあらゆる物質のメタデータをブロックチェーンに記録するようになり、製造業を縛っていた境界は一気に開放されるはずだ。

製造ラインがブロックチェーン化されるということは、各部品の由来がクリアになることを意味する。ユーザーに身近な例でいえば、食品業界はとくに大きな影響を受けるだろう。もちろん今でも、食品の産地は表示されている。「この牛は広い牧場でのびのびと育てられ、安全な飼料だけで育てられました」と書かれているかもしれない。でも、消費者がそれを確認する手立てはない。ハンバーグが上質な肉でつくられている保証がどこにあるだろうか。

ブロックチェーンなら、牛1頭ごとの情報が管理できるだけでなく、スーパーで販売される一切れがどこから来たかということまで正確に追跡できる。DNAに情報をリンクさせておけば、この肉がどこでどう育てられてどのように運ばれてきたかを消費者がすぐに検索できるようになるはずだ。みんな安心して肉を食べられるし、病気などのトラブルが起こったときには確実にその影響範囲を把握し、被害を最小限に留めることができる。

その昔、人びとは顔の見える生産者から肉や野菜を買っていた。「どこの誰が育てた肉」という当たり前の情報を知って食べていたのだ。ところが冷蔵技術と輸送手段の発展によって、僕たちは生産者から切り離されてしまった。口に入れているものが何なのかわからないまま食事をすることが普通になった。

でも今なら、つながりを取りもどすことができる。最先端の技術を活用しながら、ローカルで顔の見える取引をすることが可能になるのだ。誠実なやり方をしている生産者は高く評価され、人びとは信頼できる農場の肉を買うようになるだろう。情報の透明化によって生産者側の意識も高まり、より安全な生産へと向かっていくはずだ。[*28]

7　エンタープライズ・コラボレーション

ヨハイ・ベンクラーは、ブロックチェーンを使った企業内外のコラボレーションに大きな期待を寄せている。

「わくわくしますね。完全に分散化されたメカニズムで会計や企業の活動を管理し、通貨だけでなく社会的関係・交流、そして組織までも含んだあらゆるデジタル資産を扱えるようになるのですから」[*29]

各種コラボレーションツールのおかげで、企業内の知識労働やマネジメントの質は変わりつつある。[*30] Ｊｉｖｅ、ＩＢＭコネクションズ、セールスフォース・チャター、シスコ・クワッド、マイクロソフト・ヤマー、グーグル・アップス・フォー・ワーク、フェイスブック・アット・ワークなど、社内コミュニケーションを促進するツールが次々と登場している。これらのソーシャルなツールは製品開発から人事、マーケティング、カスタマーサービス、営業にいたるまで、あらゆる仕事に欠かせない道具となっていくだろう。

ただし、現在のソーシャルツールには明らかな限界がある。ブロックチェーンはその限界を突破する助けになるはずだ。

たとえば、フェイスブックの企業版をブロックチェーンに移行したらどうなるか考えてみよう。すべてのユーザーには多機能のウォレットが付与され、これが分散オンライン世界へのポータルとなる。ウォレットはポータブルなペルソナまたはアイデンティティを格納できるほか、個人データや仕事上の情報、お金なども収納して一括管理できる。もちろん、情報をどこまで公開するかは個人の自由だ。ウォレットには永続的なデジタルＩＤに紐づく代表ペルソナをひとつ登録する必要があるけれど、ほかにも複数のペルソナを格納できる。場合に応じて自由にペルソナを使い分ければいい。

そこにパブリッシング・システムで発信された情報がシームレスに流れてくる。同僚が書いたコード、クライアントとの打ち合わせ議事録、電話の録音データ（もちろん相手の許可が必要だが）、欠席した会議のツイッターフィード、新製品導入のストリーム動画、イベントでの競合企業ブースの写真、プレゼン資料、新しいツールの紹介ビデオ、特許の出願アシストなど、どんな情報もまとめて確認することが可能だ。

人事部から保険プランのお知らせなど広告的なコンテンツが流れてくることもある。そのメッセージをきちんと確認したら、フェイスブックではなくあなた自身にいくらかの報酬が入る。関心を払ったことに対する報酬システム、いわばアテンション・マーケットだ。広告の閲覧のほか、プレゼンへのフィードバックや書類のアップロードなど、ちょっとした仕事にマイクロペイメントでお礼をすることもできるだろう。

デジタル時代においては、価値のあるものが生き残る。リナックスが商用ＯＳを打ち負かしたように、分散型のソーシャル・プラットフォームは既存のソーシャルメディアを打ち負かすことだろう。ブロックチェーンなら、ユーザーの情報が政府に売られることもない。あなたが何を読み、何に関心を持っているかを国に知らせる必要はないのだ。情報を提供するかしないかを決めるのは自分だし、情報の対価を受けとるのも自分だ。企業に搾取させておく必要はない。

こうしたソーシャル・プラットフォームを活用すれば、企業の内側でも外側でも価値あるコラボレーションが次々と創発されるだろう。企業はよりオープンになり、イノベーションが加速され、株主や顧客、社会のためにより大きな価値を生みだすことができる。

ビジネスモデル・イノベーション

ソフトウェアが会社をマネジメントすると聞いたら、ロナルド・コースはどんな顔をするだろうか。

コースの理論によれば、企業を維持するコストが外部との取引コスト（検索・契約・調整のコスト）を下回っている限りにおいて、企業はその規模を拡大できるのだった。これは裏を返せば、社員を維持するコストが取引コストより安くなるところまで企業の規模を縮小すべきということだ。ブロックチェーンによって外部との取引コストがどんどん安くなれば、大きな企業を維持することはまったく割に合わなくなる。企業は最小限まで縮小し、最後にはソフトウェアと資本だけが残るかもしれない。

考えてみてほしい。

まず検索コストは格段に安くなる。ブロックチェーンの三次元的検索によって、過去から現在にいたる確実な情報を簡単に手に入れられるからだ。人材を検索するコストはほとんどかからないし、それに関連して社内の情報マネジメント担当や人材発掘担当といった数々の役職が不要になる。

次に契約コストは、スマートコントラクトで大幅に削減できる。契約を結び、契約条件が確実に実行されるように監督し、条件が満たされた場合に支払いをする、そのすべてがプログラムで実行できるからだ。膨大な書類にサインする必要はないし、解釈をめぐって面倒な交渉をする必要もない。あらかじめ決められた成果が達成されれば、報酬は自動的に相手のウォレットへと支払われる。

さらに調整コストも、ほとんど無視できる程度まで小さくなる。管理職に高い給料を払うかわりに、管理ソフトウェアの維持費用を払うだけですむからだ。面倒な手続きやヒエラルキーは一掃され、各エージェントが自律的に動くことによってスムーズに価値が生みだされる。

従来は企業の内部で時間をかけて培っていた信頼も、ブロックチェーン上に分散されることになる。契約条件の確実な実行、セキュリティ、情報の透明性といった個々の機能をマス・コラボレーションで保証することにより、漠然とした信頼関係を維持する必要がなくなるのだ。

自律分散型企業をデザインするにあたって、いくつか考えておくべきことがある。以下の7点をあらかじめ明確に定義し、エージェントの行動をきちんと方向づけておこう。

1　信念——世界に対する理解、そして世界をよくするために何をすべきかという確かなビジョン

2　目的——この企業は何のために存在するのか、そもそもの存在理由

3　原則——どのような企業であるべきか、どのように価値を生みだすのか

4　プロセス——リソースの獲得や利益の配分はどのようにおこなうのか

5　仕事の分担――どこまでを人間が実行し、どこからをプログラムにまかせるのか

6　応用可能性――どのように状況の変化を感知し、どうやって適応していくか

7　モラル・ガイドライン――倫理的観点から、やっていいことと悪いことは何か

今すぐに自律分散型企業に移行することはないかもしれない。それでも、未来の方向性を認識しておけば、今やるべきことを正しく決定できるはずだ。これまでの硬直した企業のあり方はついに崩れ、イノベーションや価値創造に特化した新たな形の組織が生まれようとしている。

賢明な企業なら、変化を恐れるよりも、変化をうまく利用する方法を考えたほうがいい。ブロックチェーンは企業のあり方を変え、世界の富の構造までをも大きく書き換えようとしている。さらに言えば、人やソフトウェアだけでなく「モノ」がエージェントになる未来もすぐそこまで迫っている。これについては次章で見ていこう。

第6章 モノの世界が動きだす
――ブロックチェーン・オブ・シングズ

真夏の夜8時、オーストラリアの奥地で1本の電柱が倒れた。

近くに住むマンロー夫妻にとっては、大問題だった。[*1] 夫妻はラバートンという鉱山町から150キロほど離れた牧場で牛を育てて暮らしている。周りは見渡す限り何もない平原だ。すぐそばにはグレートビクトリア砂漠が広がり、夏には気温が40度を超えることも少なくない。家には予備の発電機があるけれど、送水ポンプやエアコンを長く動かしつづけるほどのパワーはない。送電が絶たれてしまうと、夫妻の生活は危機にさらされるのだ。

夜が明けた頃、連絡を受けた電力会社のスタッフが調査に出発した。倒れた電柱を探しだして修理が完了するまでに、丸1日以上がかかった。そのあいだ、停電地域に住む人びとはひどい不便を強いられた。単に困るだけでなく、熱中症で死に至る危険もある。こういうトラブルをなるべく未然に防ぐため、電力会社は定期的にチームを派遣して広大なエリアを巡回し、電柱の状態をひとつひとつ確認している。

もしも電柱がスマートデバイスだったら、もっと安全で、便利で、低コストな電力管理ができるはずだ。電柱の状態が劣化してきたら電柱が自分で連絡を取り、修理や交換を依頼する。落雷で燃えたり倒れたりした場合、リアルタイムで非常事態のアラートを出し、電力会社に詳細状況を報告して適切な修理機材をリクエストする。と同時に、周辺の電柱に状況を報告し、可能であれば迂回経路を確保する。復旧作業は以前よりもずっと迅速になり、点検のコストも大幅に削減できるだろう。

IoTとブロックチェーン

このように、さまざまな「モノ」をインターネットに接続する技術のことを**IoT**（Internet of Things、モノのインターネット）と呼ぶ。送電網など既存のインフラにスマートデバイスを組み込むことで、おたがいコミュニケーションを取りながら供給を調整したり、トラブルに対応したりすることが可能になる。安全で柔軟で安価なネットワークが構築できれば、その応用範囲と影響力はどこまでも広がっていくはずだ。

とくに、コンピューターやデバイスが無線で直接接続され、おたがいに通信しあって自律的なネットワークを形成する技術を**メッシュネットワーク**という。網の目のようなネットワークが全体をカバーしているので、どこかが壊れても別のノードがカバーして柔軟に運用を続けられる。インターネットのインフラを整備することが難しい僻地などでの活用が期待される技術だ。メッシュネットワークは中心を持たないため、アクセスポイントなどに依存するネットワークよりも障害に強く、規制や検閲の影響を受けにくいという特徴がある。[*2]

このメッシュネットワークとブロックチェーンを組み合わせて、複雑なインフラの問題を解決しようという動きがすでに出てきている。フィラメント社というアメリカのスタートアップは、オーストラリア奥地の電柱に「タップ」という装置を取りつける実験を開始した。この装置には無線通信機能がついていて、半径16キロの範囲にあるタップ同士で情報を伝達できる。どこかで電柱が倒れたら、その情報を近くにある別のタップに伝え、そのタップがまた別のタップに伝える。そうやってリレー方式でインターネット回線までたどりつき、そこから電力会社に連絡を取ることができる。

タップの通信にはＢＬＥ（Bluetooth Low Energy）という技術が使われていて、内蔵電池で約20年は動作しつづける。ＢＬＥ対応のスマートフォンやタブレット、ＰＣからも接続可能だ。タップにはセンサーがいくつもついていて、温度や湿度、光、音などを感知しながら異常がないかをモニターできる。このデータが蓄積されれば電柱の異常をあらかじめ予測することも可能になるだろう。各地で計測されたデータを政府や研究者、電柱の製造会社などに共有し、分析と予測に役立てるという使い方も考えられる。

電柱はめったに倒れないので、電力会社がメッシュネットワークの通信を専有することはない。だから普段は通信能力をその他の用途に使いまわすことができる。

「デバイス自体はフィラメント社が所有するので、余ったネットワークのキャパシティを我々が販売することができます」とフィラメント社のエリック・ジェニングズＣＥＯは言う。「たとえば僻地を走るＦｅｄＥｘのトラックが、メッシュネットワークを利用して車両のテレメトリーデータを本社にリアルタイム送信するなどですね。我々のスマートコントラクトリストに

ＦｅｄＥｘを加えるだけで、ＦｅｄＥｘは各デバイスに料金を支払ってデータを送信できるようになります［*3］」

携帯の電波が届かない場所でもドライバーから本社に連絡がとれるし、車両追跡システムで到着予想時間を正確に知ることもできる。故障情報を最寄りの修理工場に送信すれば、あらかじめ必要なパーツを用意してもらうこともできるだろう。

マイクログリッドとリアルタイムの電力マーケットが実現する

電柱にデバイスを取りつけるかわりに、今度は電力網のすべてのノードがＰ２Ｐでつながりあい、おたがいに交信しながら電力の生産と分配を実施するモデルを考えてみよう。

ニューヨーク市では災害に強い街をめざし、ブルックリンの一部にマイクログリッド（小規模なエネルギーネットワーク）を導入する試みを始めている。実用化されればハリケーンなどの災害時でもローカル発電による電力供給が可能になるほか、クリーンな再生可能エネルギーが利用できて、電気料金の低下も期待できる。地域で電力を貯めておき、必要なときに使うという選択肢も可能になる。

大学などで実験的にマイクログリッドが設置されることはあっても、住宅街に設置される例はまだ少ない。ほとんどの家庭や企業では、独占的な大手電力会社から電気を購入しているはずだ。屋根にソーラーパネルを取りつけることもできるけれど、余った電力をシェアするには電力会社にいったん買い取ってもらう必要がある。買い取り価格は安いし、電力会社に送電する過程で無視できない量のロスが出る。すぐ隣に住む人がその電力を使いたくても、いちいち電力会社を経由して高い料金を払わなくてはいけない。おかしな話だ。

「現在の電力供給はトップダウン型で、ひと握りの人が電力をコントロールしています。それに対して、グリッドが自律的に電力を供給できるようなデザインを考えています」

そう語るのは、ニューヨークの電力スタートアップＬＯ３のローレンス・オーシニ社長だ。ＬＯ３はブロックチェーンとスマートコントラクトを利用した分散ネットワーク型のＩｏＴ電力供給に取り組んでいる。[*4]

「グリッドを構成する各要素がすべて電力供給とメンテナンスに関与するので、ネットワークの耐障害性が格段に高まります[*5]」

たとえば巨大ハリケーンに襲われて送電塔が倒れても、グリッドが異常を察知して自動的に送電ルートを調整し、大規模停電を防いでくれる。

災害に強いだけではない。ローカルなエリア内の電力供給が可能になれば、電力のロスを防いで効率的に利用できる。現在のように発電所から長距離送電する場合、長い電線を通るあいだに電力は少しずつ失われる。でもマイクログリッドなら送電距離が短いので、その損失を最小限に抑えられるのだ。

ＬＯ３は電力会社や自治体、スタートアップ各社と協力しながら、近隣の住宅同士で電力を売買するしくみの開発を進めている。オーシニは言う。

「電力会社が買い取って再販売するかわりに、エコ発電している家庭から電力を直接売ってもらうことができるわけです。ローカルで環境にやさしいですし、このほうがずっとフェアだと思いませんか?[*6]」

電力資源の場所を特定して、場所に結びついた価格を割り当てることができれば、リアルタイムの電力マーケットが実現できる。余った電力をオークションにかけることも可能だ。P2Pの取引はコミュニティ全体の電力耐久性を高めることにもなる。もちろん合意されたルール(価格設定や送電の優先順位など)のもとで自動運用できるので、一日中コンピューターの前に座って電力の売買を見張っている必要はない。

将来的にはグリッド・プラットフォームの運用に使われるコンピューターの熱を回収し、その熱を建物の暖房や給湯に利用することも可能になるだろう。無駄をなくしてエネルギー利用の効率を最大限に高めることで、コストが下がるだけでなく、それだけ環境負荷が少なくなる。温暖化による海面上昇や砂漠化の脅威を考えれば、電力供給のイノベーションは最重要課題だ。現在すでに、年間6万平方キロメートルの勢いで砂漠化が進んでいる。もっとも影響が深刻なのはサハラ以南のアフリカだ。そこに住む人びとの暮らしは貧しく、エアコンや送水ポンプさえ手に入らない[*7]。電力を無駄に失い、二酸化炭素を大気中に撒き散らす状況は一刻も早く改善しなくてはいけない。

電力会社は既存インフラへのIoT導入(スマートグリッド)を模索しているが、マイクログリッドを接続すればまったく新たなエネルギーモデルが実現できるはずだ。ローカルなレベルでの新たな発電と送電方法を確立し、それを世界に広げていくために、各方面からの取り組みが期待される。

街に溶け込むコンピューター

電力供給網と違って、コンピューターはこの数十年で大きな進化を遂げてきた。１９５０年代から60年代は巨大なメインフレーム全盛期で、ＩＢＭと「ＢＵＮＣＨ」と呼ばれる5社がしのぎを削っていた。70年代から80年代にはミニコンピューターと呼ばれる、いくらか小さめのコンピューターが台頭した。当時の代表的な企業にはデジタル・イクイップメント（ＤＥＣ）やプライムコンピューター、ワング、データポイントなどがあったが、やがてミニコンの衰退とともに消えていった。１９８１年には、ＩＢＭがマイクロソフトのソフトウェアを搭載したパーソナルコンピューター（ＩＢＭ　ＰＣ）を発売した。アップルのマッキントッシュはまだその足元にも及ばなかった。時代は変わるものだ。

さらにノートパソコンやタブレットへと進化は進んだ。１９９９年にはスマートフォンの元祖であるブラックベリーが登場し、２００７年にはアップルのｉＰｈｏｎｅが発売されて大成功を収めた。コンピューターはどんどん小型化し、人びとの暮らしから切り離せないものになった。

さらに最近になると、身のまわりのモノにコンピューターが組み込まれ、デバイスとして利用されはじめた。環境を感知し（気温の変化や交通渋滞）、それに反応してアクションを起こし（暖房のスイッチを入れる、青信号を長くする）、効果を測定し（温度、車の動き）、位置を特定し（水道管の破裂）、外部に連絡する（修理業者を呼ぶ）などの高度な機能を持ったデバイスが登場してきている。
デバイスには静的なものもあれば（電柱、木、配管）、移動可能なものもある（服、ヘルメット、乗り物、動物）。スマートピルを利用して患者の服薬を記録・監視する技術も開発されている。皮膚に貼るパッチやタトゥーで体の状態（心拍数、食べ物の消化など）を測定し、その情報を病院や介護者に自動で送信する技術も登場した。がん細胞に薬を届けたり、内臓の状態を直接測定するようなデバイスもまもなく出てくるだろう。[*8]
デバイス同士は直接交信したり、クラウドを通じてやりとりしたりできる。テキストや電話で人に連絡を取ることも可能だ。進化しつつある人工知能と大量のデータ蓄積を通じて、データの有意な傾向やパターン、トレンド分析などを届けてくれることも期待できる。[*9]ひとつひとつのモノとデータが結びつくことで、いわゆるビッグデータとは桁違いの巨大なデータ集合が出現するだろう。現在インターネットに接続された機器は100億と言われるが、2020年までには控えめに見積もっても250億に増加する。[*10]ビッグデータを超えた「インフィニット・データ」の時代がやってくるのだ。
今すぐスマートホームに住んでスマートカーに乗りたくなってきただろうか？
残念ながら、まだ大きな課題がいくつも残っている。まず現段階のＩｏＴは、実用的なツールというより大がかりな実験装置にすぎない。火災報知機のアラームを聞きつけてあなたのスマートフォンにメッセージを送るという機能を寝室のライトに搭載する必要が本当にあるだろうか。[*11]
業界の発想も、既存の技術やビジネスに引きずられすぎている。なかには新しい発想でこれまでのマーケットをぶち壊そうという起業家もいるけれど、まだその影響力は限定的だ。

セキュリティ対策もまだ十分ではない。悪意あるハッカーがデバイスを乗っ取ったら、人びとの暮らしは大変なことになってしまう。また、数年で買い換えるコンピューターと違って、スマートデバイスのなかには非常に息の長い耐久財も含まれる。長期的な保証をどうするのか、開発したスタートアップが別の企業に買収されたらどうなるのかといった心配もある。

スケーラビリティの問題もある。IoTの価値を十分に引きだすためには、多数のネットワークを相互接続してひとつのネットワークのように運用できなくてはいけない。それに、集中型データベースの論理では、増えつづけるリアルタイム取引をすべて処理するのに多大なコストがかかってしまう。

こうした問題をすべて解決するのが、ブロックチェーンだ。

ブロックチェーンがIoTに命を吹き込む

ブロックチェーンは確実で安心な分散型データベースを提供し、センサーをトリガーにした自動的なアクションや取引を可能にする。技術者やSF作家が夢見ていた世界、あらゆるものがネットワークに接続され、周囲の変化やできごとを検出してシームレスに協調する世界がついに実現するのだ。

サトシ・ナカモトは、分散ネットワークによってすべての取引の正しさが保証されるクレバーなやり方を設計した。取引相手のことを何も知らなくても安心して取引できるということの性質が、IoTを実用化するうえでの鍵となる。

スマートデバイスにブロックチェーンを導入すれば、間違いや不正を心配することなく、デバイス同士で直接取引することが可能になる。データが消えたり改ざんされたりする恐れはないし、相手の過去の取引履歴もすぐに確認できる。集中型のデータベースや信頼できる第三者に問い合わせたり、取引を保証してもらったりする必要はない。

モノのインターネットにブロックチェーンが不可欠であるという認識は、各業界にも広がってきている。大規模な集中型システムのイメージが強いIBMも、いまやブロックチェーンを無視できなくなったようだ。「デバイス・デモクラシー」と題された報告書のなかで、IBMはブロックチェーンの重要性を強調している。


分散されたIoTという我々のビジョンにおいて、ブロックチェーンはトランザクション処理およびデバイス間インタラクション調整のフレームワークとなる。各デバイスが自分の役割と行動を管理することにより「分散された自律的なモノのインターネット」が実現され、デジタル世界の民主化がやってくる。（中略）各デバイスは自律的に合意や支払い、交換といったデジタル契約を実行する。自らソフトウェア・アップデートを検索し、取引相手の信頼性を検証し、リソースやサービスの交換や売買を実行できるのである。これにより各デバイスは自己メンテナンス式・自給式デバイスとして機能できるようになる。[*12]

このように人の手を離れて機能するデバイスが実現すれば、ひとつひとつのデバイスがマイクロビジネスを営むような新しいビジネスモデルも見えてくる。

たとえば、空き部屋は自分で借り手を探してきてくれるだろう。発明品は勝手に特許を申請してくれるし、メールは勝手にスパムメールから料金を徴収してくれる。ロボットに家やオフィスを管理してもらうこともできるだろう。着るものや道具、工場、乗り物などにスマートデバイスが組み込まれ、交通管理、ゴミ収集、電力や水供給、ヘルスケアなど、あらゆる仕事が自動化される日も遠くない。

ワイスキー社のカルロス・モレイラCEOは、そうしたインダストリアル・ブロックチェーンに大きなビジネスチャンスを見ている。ワイスキー社はアイデンティティ・マネジメントやサイバーセキュリティ、モバイル通信などを手がける会社で、時計などのウェアラブルデバイスにも強みがある。彼らは製造業や半導体業界に働きかけ、認証機能を持った通信型IoTデバイスを大々的に展開しようと目論んでいる。

「モノが信頼を肩代わりしてくれる時代に突入しようとしています。信頼できないモノは、周囲のモノたちから拒絶されます。誰に問い合わせなくてもそれが判定できるのです」とモレイラは言う。「これは非常に大きなパラダイムシフトです。取引の処理は今後大きく変わっていくことになります[*13]」

ブロックチェーンはモノに命を吹き込み、互いにコミュニケーションしながら状況を判断して行動するようなIoTの世界を可能にするだろう。インターネットは人と人とをつなげたが、ブロックチェーンはさらにモノとモノをつなげてくれるのだ。

起業家やビジネスリーダーはこの変化をどんなふうに利用できるだろう。既存のビジネスモデルが通用しなくなったとき、どうやって新しい時代に適応していけばいいのか。新たなデバイスのビジネスモデルに対抗する術はあるのだろうか？

身のまわりを眺めてみれば、効率が悪かったり、サービスが不十分だったり、コストがかかりすぎたり、危険だったり、思ったような成果が得られないことはいくらでも転がっている。ブロックチェーンでそれを変えていくことができるはずだ。

インテルのミシェル・ティンズリーは、ブロックチェーンに大きく投資する理由を次のように説明する。

「パソコンが広く普及し、生産性は桁違いに上昇しました。パソコンをサーバーやデータセンター、あるいはクラウドにつなげることで、お金をかけなくても手軽にコンピューターパワーを活用できるようになりました。そして今、もうひとつの急速な変化がやってこようとしています。新たなビジネスモデルの登場です[*14]」

インテルは積極的にその変化に関与し、何をすればうまくいくのか、どこにチャンスがあるのかという理解を広めていきたいと考えている。

「この技術はイノベーションのまったく新たな一歩となるでしょう。これまで存在しなかったような新たなプレイヤーが参入してきます。テクノロジー業界のリーダーとして、それを見ないふりはできません[*15]」

ブロックチェーンによるＩｏＴは、これまでインターネットに縁がなかったような業界までをも大きく変えることになるだろう。

創造的破壊の12のエリア

モノの世界が生き生きと動きだしたら、いったいどんなことが可能になるだろう？　ブロックチェーンIoTはまだ誕生したばかりで、その可能性を完全に把握することは難しい。メディアでは家庭用のデバイスに注目されがちだが、それ以外にもあらゆる分野に応用の可能性は広がっている。

その用途は多岐にわたり、業種や分野の壁を軽々と超えてしまうので、シンプルに分類するのは簡単ではない。マッキンゼーは「セッティング」という観点から9つに分類することを試みた。[*16]本書では「機能」という観点から12のエリアに分類してみようと思う。各エリア特有のメリットに注目することで、これからやってくる巨大な変化がいくらか見えやすくなるだろう。

1　交通

未来の街では、スマートコントラクトで管理された自動運転車があなたを安全に目的地まで運んでくれる。交通量や工事などの状況を判断して最短経路を算出し、道路が混んでいるときには自動的に「優先車線」を利用するなどの対応をとってくれる。

物流も自動化され、すばやく確実に目的地まで荷物を運ぶことができる。税関などの手続きも自動的に、短時間で終わらせられる。市の道路清掃車に小型カメラやセンサーを搭載し、違法駐車を自動で通報することも可能になるだろう。あるいは自動車の所有者にビットコインのウォレット登録を義務づけて、違法駐車をしたら自動的に罰金が引き落とされるというしくみにしてもいい。違法駐車は減り、渋滞は緩和され、移動はこれまでよりもずっと便利で快適になるはずだ。

2 インフラ管理

スマートデバイスを使ってインフラの状態を監視する技術がいたるところに普及するだろう。道路、鉄道、電柱、電線、水道管、ガス管、滑走路、港など、あらゆるデバイスがネットワークに接続され、位置情報やパフォーマンス、老朽化の状況、不具合情報などをリアルタイムで確認できるようになる。

フィラメント社はこの領域にビジネスチャンスを見いだした。「既存のインフラの9割はネットワークに接続されていません。これをすべて取り去って新品のワイヤレス接続型に交換するのは現実的とは言えないでしょう」[*17]

フィラメント社が提供するデバイスは比較的安価で、後づけが可能だ。今あるインフラに新たな命を吹き込むことになるだろう。

3 エネルギー・水・廃棄物

「ゴミがいっぱいです。収集をお願いします」とゴミ箱が言い、「水漏れしています。修理をお願いします」と水道管が言う。

なんだか子供向けの絵本のような話だが、ＩｏＴの世界ではそれが現実になる。

生産、分配、消費、収集まで、あらゆる活動にスマートデバイスが組み込まれ、人の手を介さずにデバイス同士が状況を判断して管理・取引できるようになる。マイクログリッドの例で見たように、モノ同士のスマートコントラクトを利用した、まったく新たなマーケットが生まれようとしている。

4　農業

家畜もネットワークに接続され、食事や投薬、詳細な健康情報などがブロックチェーンで管理できるようになる。また、スマートコントラクトを利用したシェアシステムで、高価な農業機械やデバイスを多くの人が使えるようになる。購入した人はコストを効率的に回収できるし、小さな農家の作業効率は格段にアップするはずだ。さらに天気や土地のコンディション、作物の状態などを判断して、水やりや収穫などの農作業をすべて自動化できるかもしれない。

農業に関するデータ蓄積も急速に進み、データ分析にもとづくベストプラクティスが広く共有されることになる。また、植物や土壌に埋め込まれたセンサーによって環境への影響をきめ細かく追跡することが可能になり、サステナブルな農業を後押ししてくれるだろう。

5　環境モニタリングと災害予測

服や自動車、家の屋根などに取りつけられた小型スマートデバイスで、世界中の環境情報の収集が可能になる。環境測定の自律エージェントが大気や水質のデータを売買して環境保護に貢献し、一定レベル以上の汚染が検出された場合は人びとにアラートを発信する。山火事などの災害情報をいち早く見つけたり、災害現場で危険物質の有無を調べるのにも役立つだろう。

そうしたデータが大量に蓄積されれば、災害発生にいたるまでの傾向やパターンが解明され、たとえば地震や津波の正確な予測が可能になるかもしれない。

6 医療・ヘルスケア

人びとの健康管理もＩｏＴ化される。医療情報管理や病院の運営にブロックチェーンが活用され、医療記録、設備管理、薬剤や器具の発注と支払いなどがすべて自動化される。現在でも個々の機能は電子化されているけれど、それらを有機的に結びつけてより安全で確実な運用をするためにはブロックチェーンが欠かせない。

モニタリングと健康管理の新たなツールが普及し（スマートピル、ウェアラブルデバイスによる測定とフィードバックなど）、それらと連携した質の高い医療が可能になるだろう。体に埋め込まれた人工関節が匿名データを送信して設計の改善に貢献したり、医師に交換時期を伝えたりすることも可能になる。スマートピルで薬の効果や副作用が正確に測定できるようになり、実験のミスやデータ改ざんの恐れもなくなるだろう。

7 金融・保険

金融の分野でもＩｏＴは活用できる。たとえばＩｏＴで実物資産に名札のようなタグをつけ、トレーサビリティを高めることができるだろう。

暗号通貨によって価値の蓄積・移動が誰でも安全かつ高速にできる時代には、そうしたリスク査定とリスク管理の手段があると安心だ。

さらに、貧困層の収入源としての活用も考えられる。ほんのわずかな資産にもタグづけをしてシェアすることができるので、マイクログリッドの例で見たように、余ったぶんだけシェアしてそこから利益を得ることも可能になる。

高価な宝石や美術品にタグづけして追跡管理すれば、貸し借りや売買が今よりずっと安全かつ確実に実行できる。今いる場所や環境によって契約内容を変えることも可能だ。メトロポリタン美術館での展示中は安い保険を使い、ギリシャに貸しだされるときには自動的に高額の保険をかけるということもできる。

自動車保険も今よりずっと柔軟になり、自動運転車には安い保険を適用するほか、走行する地域をセンサーが感知して自動的に保険を切り替えるといった運用も可能になるだろう。

8　書類や記録の管理

モノに関連する書類はすべて、電子化してブロックチェーンに登録することが可能だ。特許や所有権、保証、検査証明、来歴、保険、交換履歴、承認など、あらゆる情報が確実に保存できる。書類手続きの手間は省けるし、紛失や盗難の心配もなくなる。データを利用して自動的にモノを管理することも可能になる。

たとえば、必要書類が確認できなければ動作しない自動車はどうだろう。免許証や車検の有効期限が過ぎていたら、エンジンがかからないようにするのだ。あるいはスーパーの食品の賞味期限が自動でチェックされ、期限切れ食品はアラートを発するようにしてもいいかもしれない。期限が近づいた食品は自動的に値下げするという使い方も考えられる。

9 ビル管理・不動産管理

ＩｏＴを利用すれば、店舗やオフィススペースを有効活用することもできる。センサーを利用したリアルタイム検索と利用に応じた支払いシステムで不動産利用はもっと流動的になり、たとえばオフィスが無人になる時間だけ別の企業に貸したり、夜間だけ会議室を地域の学校として利用してもらうなどの使い方が可能になる。

オフィスのセキュリティや入室管理にもＩｏＴが活躍する。人の存在を感知して照明や冷暖房をオンオフすれば、電気の無駄遣いを避けてエコなオフィスが実現できる。エレベーターの利用や人の出入りの情報を分析して、利用に合わせた最適な建物設計を考えることもできるだろう。

住居の空き部屋を自動的にリストに登録して、旅行者や学生など必要な人に提供することもできる。あらゆる空間が今より効率的に利用できて、そこから最大限の価値を引きだすことが可能になるのだ。

10 製造・メンテナンス

工場でもブロックチェーンＩｏＴが活躍する。スマートデバイスを使えば、生産管理や在庫管理、品質管理、流通管理などあらゆる工程を効率化することが可能になる。

部品にスマートデバイスを組み込めば、稼働中の製品をリアルタイムで点検できる。電車の部品が自分で異常に気づき、到着予定の駅に対して走りながら修理依頼を出すということも可能になるのだ。あるいは部品が自分で安い交換部品を探し、発注から支払いまで完了させてくれるかもしれない。

すでに自動車から電球、バンドエイドにいたるまで、各種製造業がスマートチップの導入に向けて研究を進めている。自動アップグレードやユーザーのニーズ予測、追加サービスの提案などが可能になり、製造業は継続的なソフトウェアサービスに近づいていくだろう。

11　スマートホーム

なんとなく寂しいときは、家に話しかけよう。家の壁や家具もスマートデバイスになり、リモート監視システムや入室制御、自動温度調整、自動照明、その他あらゆる便利なサービスを提供してくれる。

今はまだ面倒な実験装置の域を出ないスマートホームだが、すでにアップルやサムスン、グーグルがこの分野の洗練された実用化に向けて研究を進めている。BCCリサーチの調査によれば、アメリカのスマートホーム市場は2019年までに100億ドル規模に成長すると見られている。[*18]

12　小売業

街を歩いていると、ほしかった服がすぐ先の店で販売されていることをスマートフォンが教えてくれる。店に入ると、ちょうどいいサイズの服が待っている。試着したところイメージ通りだったので、タグをスキャンして会計完了。そのまま着て帰ってもいいし、先に家に帰ってくれと服に指示して自分は用事をすませてもいい。

店側は業務効率化が期待できるほか、顧客の好みに合わせた製品・サービスのカスタマイズが可能になる。顧客のペルソナが公開している情報（住んでいる地域、年代、サイズ、趣味）に合わせて、満足度の高いショッピング体験を提供できるだろう。

ブロックチェーンIoTは全員を勝者にする

ブロックチェーンを使った分散型ＩｏＴは、世の中のさまざまなレベルに革新を起こす可能性を秘めている。Ｐ２Ｐのネットワークを活用した新たなモデルは、次のように多くのメリットを与えてくれる。

・スピード（自動化された直接取引）
・コスト削減（仲介業者が存在しない）
・効率化と収益増加（余剰資源の再利用）
・処理能力の向上（ヒューマンエラーの余地をなくす）
・不正の防止（信頼を組み込んだプロトコル）
・システム信頼性向上（分散によるボトルネックの解消）
・消費エネルギー削減（ネットワーク運用エネルギー以上の大幅な効率化とフィードバック・ループ）

・プライバシー保護（各アプリケーションはブロックチェーンのプライバシールールに従う）
・インフィニット・データの収集と分析によるパターンの発見とオペレーション改善
・予測能力の向上（嵐、地震、病気、作物の収穫、消費行動など）

IoTのネットワーク自体にメンテナンス機能を備えることができるので、保守切れで使えなくなる心配もない。各種IoTネットワークをつないで、より大きな価値を引きだすことも可能になる。[*19]

こうしたメリットの中核にあるのは、中心に企業や政府を置かない、完全に対等なネットワークだ。権限が分散されているので、もしも誰かが仲介役になって面倒な手続きを入れようとしても、みんなはそれを迂回して取引できる。

「一部の人が自分たちの都合のいいやり方をしようとすると、細分化と集中化が起こります。彼らの短期的な利益のために、その他すべての人の利益が犠牲になります」とエリック・ジェニングズは言う。

「IoTは完全に分散型であるべきです。各デバイスが自律的に動作し、おたがいに出会って安全なコミュニケーションを交わし、直接お金を支払うことも可能になります。すべて機械同士で直接実行できるのです」[*20]

IBMはIoTに関するレポートのなかで、ブロックチェーンIoTが引き起こす変化を「創造的破壊の5つのベクトル」として紹介している。[*21] リアルタイム検索と支払いによるモノの流動化、需要と供給の自動マッチング、リスク評価と信用のネットワーク化、システム利用の自動化、クラウドソーシングやオープンコラボレーションを活用したリアルタイムでパワフルな価値統合プロセス、という5つのベクトルが革命の推進力になると説かれている。

要するに、シンプルで効率的なマーケットが実現できるということだ。より広い資源へのアクセスが可能になり、低リスクで好条件の取引が可能になる。基本的なインフラさえ整えば、参入障壁は高くない（アプリを開発するだけでいい）。維持費用もそれほどかからない（いろいろな業者に手数料を払わなくていい）。送金手数料は劇的に下がり、誰でも銀行口座を持ったり融資を受けたりすることができる。マイクロペイメントで分単位での課金と決済も可能になる。

ブロックチェーンＩｏＴは「分散型資本主義」を生み、再分配ではない富の「分散」を実現するだろう。ビジネスは企業の無法地帯ではなくなり、個人や企業や社会の価値が正しく評価されるマーケットが立ち現れる。再生可能エネルギーの利用や、近隣の資源を優先的に利用するしくみ、契約の確実な実行、プライバシー保護などにインセンティブが付与され、そうした価値がブロックチェーンに組み込まれるのだ。モノの世界は命と個性を持ち、シェアするほどに世界は豊かになるだろう。

マッキンゼー・グローバル・インスティテュートは、ＩｏＴに起因する経済効果が２０２５年までに年間11兆ドルを超えるだろうと予測している。[*22] 世界のＧＤＰを１００兆ドルとすれば、実にその1割にあたる金額をＩｏＴが生みだすのである。

ＩＢＭは先ほどのレポートのなかで、次のように結論づける。

「業種によって数々の異なる影響を受けるだろうが、しかしマクロの視点で見れば、我々全員がＩｏＴの未来の勝者なのである」[*23]

UberからSUberへ

ブロックチェーンIoTを活用した未来を具体的にイメージするために、ひとつのシナリオを考えてみよう。

このところ、UberやLyftといったシェアライドサービスが人気を集めている。アプリで車を呼びだすと、近くにいるドライバーが迎えにきてくれるサービスだ。

Uberを使うためには、まずUberアプリをダウンロードし、アカウントを作成して、Uberにクレジットカード情報を教える必要がある。それからアプリを開き、現在地を入力して、希望する車のタイプを選択する。地図上には近くにいるドライバーの位置と空き状況が表示され、車が到着するのにかかる時間の目安も教えてくれる。車に乗って目的地に着くと、料金は自動的にクレジットカードに請求される。デフォルトでチップの設定が入っているので、その金額に不満がある場合はUberのウェブサイトで設定変更をする必要がある。[*24] 運営企業のウーバー・テクノロジーズは、支払った料金の一定割合を手数料として徴収している。

よくできたサービスで、とくにタクシーが少ない地域などではかなり重宝する。ただし、Uberのサービスには問題点も少なくない。個人情報の流出事件が起こっているし、混んでくると突然値上げされることもある。ドライバーのなかには質が悪い人もいて、セクハラや暴行事件も起こっている。[*25] ユーザーの行動データは収集され、Uberはその一部を行政や研究機関に売り渡している。それに、ドライバーがすばらしいサービスをしても、ドライバーの財布には料金の一部しか入ってこない。

では、Uberをブロックチェーンで分散化したらどうなるだろう？

グーグルを辞めてビットコイン開発者になったマイク・ハーンが、2013年のチューリング・フェスティバルでそのような未来について語っている。[*26] 彼が「トレードネット」と呼ぶネットワークを使えば、ユーザーは自動運転車のタクシーサービスを手軽に呼びだすことができる。

車を所有するのは過去のことになり、ほとんどの人はライドシェアを利用している。たとえばシカゴで、メリッサという女性がSUber（ブロックチェーンを使った「スーパー・ウーバー」）で車をリクエストしたとしよう。近くにいる自動運転車が条件をオファーし、メリッサのノードはあらかじめ登録した条件にもとづいて望ましいオファーをメリッサに見せる。メリッサは到着時間などの情報を考慮しながら、希望する条件を選ぶことができる。

自動運転車はスマートコントラクトで自動的に動き、自分の判断でメリッサにサービスを提供する。もっとも効率的なルートを探し、責任持って目的地まで送り届ける。無事に目的地に着いたら、スマートコントラクトで自動的に精算が完了する。自動運転車は手に入れたお金の一部を使って、必要であれば自分を清掃したりメンテナンスしたりする。

ここには、車が完全な自律エージェントとなる未来が描かれている。自動運転車は自動で運転するだけでなく、手続きやメンテナンスも自動でできるようになるのだ。自分で燃料を買い、修理費を払い、自動車保険に加入し、事故が起こったら過失割合を交渉し、まったく人間の手を借りずに稼働しつづけることができる。

安全で公正なサービスのために、交通規則の遵守や最短ルートの走行をＳＵｂｅｒプロトコルに組み込んでおくこともできるだろう。ドライバーとして新規登録する車には車検や保険などの必要書類を提出させ、必要に応じて確認できるように記録を保存しておく。さらにセンサーで車の状態を常時モニタリングし、不調があればアラートを出して修理店に予約を入れ、必要な部品もあらかじめ発注しておく。人が運転しないので、ドライバーの失礼な言動やセクハラの心配はまったくない。すべてはモノが合理的に進めてくれて、人はただ便利なドライブを楽しむだけでいい。

ビットコインなどの通貨やスマートコントラクトのおかげで、交渉や契約、契約の遵守にかかるコストは大幅に削減される。もちろん支払いはリアルタイムでできるし、手数料はかからない。これが実現すれば、既存のＵｂｅｒはまったく太刀打ちできないはずだ。

もっと想像を広げてみよう。街のインフラにＩｏＴを組み込めば、効率的でスムーズな交通管理ができる（交通量を考慮して柔軟に通行方向や有料レーンや信号の動作を切り替えるなど）。自動車（有人・無人）とインフラの双方に安全対策をプログラムすることも可能だ（車間距離の警告や自動ブレーキ、盗難防止装置、無免許運転や飲酒運転の防止など）。さらにセンサーを使った交通インフラ管理で、公共交通機関の資産管理や鉄道・道路の状態管理、メンテナンス計画と予算見積もり、修理業者の派遣まで自動化することができる。

このモデルが本領を発揮するのは、道路などのインフラと自動車などの車両が協調して動作するときだ。自動運転車にはナビゲーションや安全装置があらかじめ組み込まれていて、インフラ側のシステムとシームレスに連携できる。優先レーンや駐車場の利用と支払い、最短ルートの検出など、インフラ側と情報をやりとりしたほうがずっと効率的だ。人の運転する車が消えるわけではないけれど、使いやすさの面から見ても、価格や信頼性の面から見ても、ＳＵｂｅｒを選ぶ人が多数派になるだろう。

しかもこれを実現するのは、テクノロジー企業や自動車会社だけの仕事ではない。ＳＵｂｅｒはオープンなシェアリング交通プラットフォームとして、いろいろな分野のアプリケーションが協調する形で発展するだろう。起業家や地域のコミュニティ、行政などが少しずつ力を合わせてＳＵｂｅｒのプラットフォームをつくりあげていくのだ。利益のために参入する企業だけでなく、よりよい社会をめざした非営利型の社会起業家も参入してくるだろう。地域の人びとが共同で車両を購入してシェアする場合もあるだろうし、電車やインフラの分野では行政の力も必要になってくる。

ＳＵｂｅｒのアイデアは、すでに空想から現実へと近づいてきている。おそらくあと数年でこうしたアプリケーションが登場し、僕たちの移動手段を大きく変えてくれるはずだ。すでに多くの街で、Ｕｂｅｒは地元のタクシーやリムジンに対抗する移動手段となっている。行政は消費者のニーズとタクシーの法規制との板挟みで苦慮しているところだが、新たなビジネスモデルの勢いを止めることはできないだろう。交通の未来を見据えて、人びとのニーズをもっともよく満たすようなソリューションを設計すれば、街は今よりずっと魅力的になる。

変化をチャンスにつなげるために

この章で見てきたように、ＩｏＴはその圧倒的な影響力で生活のあらゆる側面を変えてしまうだろう。これまでデジタル革命の影響をあまり受けてこなかったような領域ほど、変化は急激なものになるかもしれない。それはとてつもないチャンスであると同時に、既存のビジネスにとっては大きな脅威ともなるだろう。

検討すべき課題

どうすれば脅威を最小限に抑え、チャンスを最大限に生かすことができるか？　現在十分に活用できていない物的資産はあるか？　ＩｏＴのメリットを最大限に生かした製品やサービスはどんなものが考えられるか？　新たに参入してくる企業がイノベーションによってあなたの顧客を奪うとしたら、それはどんな技術によってだろうか？

価値の創造

あなたの持っている物的資産のなかで、企業やコミュニティのためにもっと活用できるものはあるだろうか？　部屋や機械、道具など、モニタリングして自律ネットワークに組み込み、コスト削減や価値の生産に役立てられるものはあるか？　センサーの開発、アップグレード、埋め込みによってより大きなネットワークに貢献できるか？　ＩｏＴネットワークの情報を収集・分析して未来のための知見を得られるか？

ビジネスモデル

ＩｏＴネットワークの情報を活用した新たな製品やサービスには、どんなものが考えられるか？　情報や資産の価値自体を、他人への貸与などで収益につなげられるか？　情報の価値はこれまで以上に見過ごすことのできない大きさになるはずだ。

チャンス

外部のネットワークと接続することで、より価値の高いサプライチェーンや販売ルートを実現できるか？　業界共通の業務プロセスのなかでブロックチェーンによる自動化が可能なところはあるか？　オープンスタンダードな技術による高い相互運用性を生かし、国際的なコラボレーションを取り入れられるか？

脅威

ＩｏＴを駆使した新規参入企業が脅威になるとしたら、彼らはどんな商品やサービスを出してくるだろうか？　商品を売って終わりでなく、その商品を通じて顧客との継続的な関係を維持し、価値を生みだせる分野はあるか？　すでにある知識やスキル、リソース、インフラ、顧客を生かして、新たなＩｏＴベースのビジネスモデルを考案し、新規参入の余地を減らすことはできるか？

投資効果

ＩｏＴベースのビジネスを展開するためのコストとメリットは？　あなたの会社の本当の価値はどこにあるか？　技術を追求するのか、それとも業務上の課題を技術で解決するのか？　主要顧客と協力して概念実証をおこなうことはできるか？

戦略

マッキンゼーによれば、これからのビジネスリーダーは「組織的不整合、技術的相互運用性と分析的ハードル、高まるセキュリティリスク」の３つの課題に立ち向かうことになる。[*27]　これに加えて、プライバシーとインセンティブのプランを組み込むという課題を挙げることができるだろう。ＩｏＴの時代に向けて、ＩＴとビジネスはどう変化する必要があるか？　企業内外のどんな人たちを巻き込んでいくべきだろうか？

第7章
豊かさのパラドックス
——資本主義とインクルージョン

ニカラグアの太平洋岸には、アメリカ大陸のなかでも最高に美しい景色が広がっている。緑豊かな森が澄んだ海と出会い、どこまでも続く海岸線とそれを見下ろす丘陵は世界中の観光客を魅了してやまない。

そんなニカラグアは、中央アメリカでもっとも貧しい国でもある。人口の6割が貧困ライン以下の暮らしをしていて、働き口といえば観光業か、最低限生き延びるための農業や漁業くらいだ。ニカラグアの名目GDPはアメリカ大陸で2番目に低く、GDPの1割は外国送金、つまり外国に住む家族や親戚が送ってくるお金に頼っている。銀行口座を持っているのは人口の19%にすぎず、融資を受けられるのは人口の14%、まともな貯蓄をしている人はわずか8%だ。[*1]その一方で、93%の人は携帯電話を持っている。ほとんどはプリペイドの契約だ。[*2]

ジョイス・キムがニカラグアにやってきて目にしたのはそんな光景だった。キムはステラー・ディベロップメント・ファウンデーションというNPOの役員をしている女性だ。今回ニカラグアの金融機関に呼ばれて、ブロックチェーン技術を使った金融プラットフォームについて説明するために現地にやってきた。

ニカラグアの銀行業はまだまだ未発達だ。そのせいで人びとは貧困に苦しみ、起業をめざす人は資金調達に苦労する。土地や財産の所有権を登録するのも簡単ではないし、多くの人は80年代に政府が没収した土地の権利のことでいまだに争っている。[*3] ステラーのプラットフォームを導入すれば、多くの問題が解決されるはずだ。

キムは現地を視察し、マイクロクレジットが金融サービスの中心的位置を占めていることに驚いた。お金を借りるニーズがあることは理解していたけれど、それよりも安全にお金を預けるしくみのほうが先決だろうと思っていたのだ。ところが、貯蓄について尋ねると、ニカラグア人はこう言うのだった。

「ああ、貯蓄は別にいいんですよ。みんな豚を持ってるから」[*4]

途上国の農村では、財産のほとんどが家畜という状況が珍しくない。銀行が使えず、土地の権利もおぼつかないなかで、家畜がいちばん確実な価値保存手段なのだ。だからニカラグア人は、豚をなるべくたくさん所有しようとする。

「会議が終わって出てくると、豚がそこらじゅうにいるんです」と言ってキムは笑う。[*5]

現代的な金融サービスから締めだされた人びとにとって、家畜は何よりも使い勝手のいい財産だ。子豚や子ヤギ、卵やチーズという形で配当を払うこともできる。ただし、その通貨は狭いコミュニティの内部でしか使えないという問題がある。

「きわめて狭い地域に限定されます。実際に会える距離の相手としか取引できないんです」とキムは説明する。「それに、家畜が逃げたり伝染病になったりすれば、一瞬で財産をすべて失う危険があります[*6]」

マイクロクレジットで融資が受けられるとはいえ、その金額は微々たるものだ。キムがニカラグアの漁師に話を聞いたところ、漁の道具を一式揃えられるほどのお金を借りられる人は一人もいないという。

「だから漁師の人たちはチームを組みます。ある人は網を買うためのお金を借りてきて、別の人は餌を買うお金を借りてくる。さらに舟を買うお金、モーターを買うお金、というふうに少しずつ持ち寄って、ようやく漁に必要なものが揃うわけです」

新しいビジネスモデルを思いついても、資金がないので一人では実現できない。みんなで力を合わせれば生活できなくはないけれど、船頭が多すぎてビジネスの改善まで手が回らないという状況だ。

このような貧しい暮らしをしているのは、ニカラグアの漁師だけではない。世界に20億人いる銀行口座を持たない人びとは、たいてい同じような状況に置かれている[*7]。僕たちが当たり前に手に入れているもの（安全な価値保存手段、土地に縛られない決済手段など）を、あらかじめ奪われているからだ。

経済的インクルージョン（あらゆる立場の人が対等に経済活動に参加し、自立して安定した生活を送れる状態）の実現のためには、基本的な金融サービスへのアクセスが欠かせない。その影響はお金だけにとどまらない。

「金融サービスへのアクセスとインクルージョンが最終ゴールだとは思っていません。教育や医療の改善、女性の機会均等、経済発展へと進むための最初のステップなのです」とキムは言う[*8]。

この章では、貧しい人たちに向けた金融サービスを紹介し、ブロックチェーンが彼らの暮らしを劇的に変える可能性について検討したい。そこには何十億人という潜在的な顧客や起業家が参加のきっかけを今か今かと待っている。

すでに説明したように、ブロックチェーンを使えば、非常に小さな金額の取引を最小のコストで実現できる。だから、ちょっとした才能や資産（刺繍や歌、納屋の道具、卵を生む鶏、データを記録できる携帯電話）でも十分にビジネスの道具になりうる。さらに、お役所がボトルネックになることもない。インターネットにアクセスできる携帯さえあれば、面倒な書類を用意しなくてもすぐに取引に参加できる。

些細なことだと思うかもしれない。でもこれは、ものすごいブレイクスルーだ。うまくいけば、史上最大規模の眠れる人材プールが一気に解き放たれることになる。何十億人という気鋭の働き手や起業家たちが、すごい熱量でグローバル経済になだれ込んでくるのだ。

資本主義はなぜ迷走しているのか

現代はおかしな時代だ。世界経済は成長しているのに、大半の人はその豊かさを享受できていない。

デジタル時代になり、イノベーションや経済発展の可能性は大きく広がった。企業の収益はどんどんふくらんでいる。それなのに、人びとの暮らしはよくなっていない。

近代以降、51％の人びとの暮らしはつねに上昇傾向にあった。景気の浮き沈みはあっても、過半数の人の暮らしは全体的に上向きで推移していたのだ。

ところが、今はそうではない。先進国の生活水準はむしろ低下しつつある。ＯＥＣＤ加盟国の勤労所得は伸び悩み、とくに若者の失業率がかなりの高水準で推移している。[*9] 途上国の状況はさらに深刻だ。

若者の失業は社会全体に悪影響を及ぼす。失業したことのある人なら、それがどんなに自尊心を傷つけ、幸福をむしばむかをよく知っているはずだ。コミュニティから弾きだされた若者は、豊かになるチャンスを奪われ、富と権力を持つ人たちからどんどん引き離されていく。

これが現代における、豊かさのパラドックスだ。

トマ・ピケティは各国でベストセラーとなった大著『21世紀の資本』のなかで、格差拡大の理由を資本収益率と経済成長率との関係で説明し、資本収益率が経済成長率を上回っている限り格差は今後も縮まらないと論じた。要するに、働いて得られる賃金よりも、資本を投資して得られる収益のほうが大きいということだ。もともと資本を持っている人は働かなくても豊かになり、労働者はいくら働いてもそこに追いつけない。ミリオネアやビリオネアが跋扈《ばっこ》する一方、労働者はいつまでも厳しい暮らしを強いられる。

ピケティは解決策として、資産に対する累進課税を提唱している。[*10] でも、この案は目新しいものではない。格差をなくそうという議論は以前からあるけれど、ほとんどは富の再分配の域を出ず、結局は金持ちに課税して貧乏人にお金を配ろうという話になってしまう。

現在の資本主義を擁護する人たちは、途上国（主にアジア）で数億人がひどい貧困を抜けだしたという点を強調する。でも、その恩恵が金持ちに大きく偏っているという点は無視されがちだ。同じ国のなかでも、大金持ちとそうでない人との隔たりはどんどん広がっている。実際、たった1%の人が世界の富の半分を所有する一方で、1日2ドル以下の暮らしをする人が世界に35億人いるというのがリアルな現実なのだ。

ピケティは資本主義を問題にしているけれど、悪いのは資本主義そのものではない。資本主義のしくみは、うまく使えば、富と豊かさを生むためのすばらしい道具になる。問題は、つぎはぎだらけの金融システムのせいで、そのメリットにふれることすらできない人が多すぎるということだ。

解決すべきは、貧しい人が金融や経済から排除されている状況だ。OECD加盟国でも、15%の人は金融機関とのつきあいがない。メキシコなどでは、銀行口座を持たない人が国民の73%にのぼっている。アメリカでさえ、16歳以上の国民の15%、すなわち3700万人が銀行口座を持たずに生活している。[*11]

金融サービスの不均衡は、容易に社会的危機を引き起こす。[*12] 2014年の世界経済フォーラムでも、地球温暖化や戦争や病気などを抑えて、格差がもっとも深刻なグローバルリスクであると指摘された。[*13]

ブロックチェーンなら、この状況を変えられる。金融サービスへのアクセスを大きく広げ、新たな起業の形を可能にすることによって、銀行口座を持たない数十億人の夢やアイデアを現実にできるかもしれない。

金融サービスから取り残された人たち

銀行も一種のビジネスだ。だから利益を上げるために、なるべく金のある顧客を集めたいと思っている。

貧しい地域に支店を開いてサービスを提供しても、そこから得られる利益はたかが知れている。それよりも先進国の金持ち相手に商売したほうが効率がいい。要するに銀行には、ピラミッドの下半分に位置する人を受け入れるためのインセンティブがないということだ。

途上国で銀行口座を持つのがいかに難しいか、ちょっと考えてみよう。

まず、多くの国では、口座を開くために銀行の支店まで本人が直接出向かなければいけない。ニカラグアの場合、銀行の支店の数は10万人あたり7店舗だ。これでもまだいいほうで、アフリカでは10万人あたり2店舗以下という国も少なくない。[*14] 銀行の支店に行くだけでちょっとした小旅行だ。そのうえ、口座開設には国が発行した身分証明書が必要とされる。身分証を持たない人はこの時点でどうしようもなくなってしまう。

アメリカなどの先進国では、さらにいくつかの条件を満たさなくてはいけない。銀行によって条件は違うけれど、普通は１００ドルから５００ドルの最低預入金額が必要になる。マネーロンダリング防止法やＫＹＣ（顧客の本人確認）の規定に対応するため、身元もかなり厳重にチェックされる。[*15]

銀行は顧客よりも規則のほうが大事なので、次々と面倒な書類を要求してくる。まずはソーシャル・セキュリティ・カード。これがなければその時点でアウトだ。次に写真付きの身分証。さらに住所の証明や過去の銀行口座の証明として、同一住所での公共料金の支払い記録が求められることもある。引っ越してきたばかりの人や、自分名義で公共料金を払っていない人、銀行のない地域から来た人は、ここで怪しまれて却下されることが多い。

銀行は完璧な書類を揃えられる人しか顧客にしたくないのだ。あなたがいかに誠実で真面目だろうと、そんなことは関係ない。チェックリストを満たせるかどうかがすべてだ。

これでは困るということで、ニューヨーク市では外国人を含めた全住民に公的身分証明書を発行することにしたのだが、銀行が取り扱いを拒否したために失敗に終わった。[16]

タイラー・ウィンクルボスは、銀行が世界の大半の人を見捨てる現状を憂い、テクノロジーがその解決策になると考えている。

「アフリカの多くの国では固定電話が整備されていませんでしたが、携帯電話がこれを解決しました。一足飛びに携帯の時代になったんです。ブロックチェーンはこれと同じ効果を金融の世界にもたらすでしょう」[17]

ブロックチェーンはモバイル送金サービスやマイクロクレジットを一気に加速させ、これまで銀行すらなかった地域に、オープンでグローバルでリアルタイムな最新の金融サービスを普及させることができるかもしれない。

デジタルIDで個人の評判をグローバル化する

銀行口座を持たない人たちに、ブロックチェーンは新たな道を切り開いてくれる。公的な身分証明書がなくても、そして過去に銀行を使ったことがなくても、金融サービスを利用できるようになるのだ。

従来のＩＤ確認のかわりに使えるのが、恒久的なデジタルＩＤだ。このＩＤにレピュテーション（評判）を結びつけて、各種取引の結果を積み上げていく。知り合いからの評価や、日々の小さな取引の履歴が、目に見える形の信頼へと結実するのだ。

コンセンシスのジョセフ・ルービンは、評判について次のように語る。

「評判というのは、もともと誰でも持っているものです。ただ、現在の社会や経済の成り立ちからいって、利用するのが難しいんですね。あやふやで変わりやすいものですから。評判を証明しようと思ったら、あちこちの断片的な情報をなんとかしてかき集めなくてはいけません。それで伝わればいいのですが、直接の知り合い以外にはまったく受け入れてもらえないこともあります[*18]」

それでは豚や牛を所有するのと変わらない。でも、標準的なしくみさえ整えば、永続的で確実な記録としてデジタルＩＤを世界中で使うことが可能になる。ＩＤに結びついた取引記録や評判が、その人の信用を証明してくれるのだ。

デジタルＩＤの各情報は独立性が高いので、特定の情報だけを選んで公開することができる。

そうして多様な人と取引実績を積み重ねることが、経済的な成功へとつながっていく。暗号学者のデイヴィッド・バーチが言うように、「アイデンティティは新たな通貨」になるのだ。[*19]

銀行の利用が難しい地域に住む人たちは、まずマイクロクレジットの利用から入ることになるだろう。その返済記録がブロックチェーン上に登録され、その人の評判を引き上げていく。「返済を積み重ねることで、もっと大きな金額が借りられるようになり、起業への道が開けていきます」とルービンは言う。[*20]

こうした評判システムがリアルタイムのグローバルな決済プラットフォームと結びつけば、個人や中小企業の可能性は大きく広がるだろう。どんなに小さなビジネスでも、グローバルに展開することが容易になるからだ。

恩恵を受けるのは起業家だけではない。「女性のクレジットスコアに家事の記録を組み込んだら、状況はかなり変わるでしょう」とジョイス・キムは言う。[*21] 家事労働の価値が正しく認められるようになれば、女性の地位は今よりずっと向上するはずだ。

ペルーの経済学者で開発援助の第一人者であるエルナンド・デ・ソトは、貧困層の人たちについて次のように語る。

「彼らがグローバル経済を避けているわけではなく、制度や情報が不十分なために参加できずにいるんです。ブロックチェーンがすばらしいのは、そうした人たちに参加のための普遍的プラットフォームを与えてくれるからです[*22]」

ブロックチェーン上の評判を築き、信頼できる人だということになれば、取引相手はより多くの価値をあなたに預けようという気になる。そうすれば富の再分配ではなく、自分の力で富を手に入れるチャンスが広がってくる。パーソナル・ブラックボックス・カンパニーのハルク・クリンは言う。

「これから起ころうとしているのは、富の再分配ではなく、価値の再分配です。単にお金を配るのではなく、参加できる場を広げるということなのです[*23]」

富の再分配から新たなチャンスの分配へ

起業は経済成長を推し進めるエンジンだ。起業家たちは世の中に新鮮な発想を持ち込み、創造的破壊を通じて経済活動を活性化する。

ところが、起業の数は年々減りつつある。アメリカで創業1年未満の会社の数は1978年から2011年のあいだにほぼ半減している（15％から8％[*24]）。ミレニアル世代は起業精神に富んでいるなどと言われるが、数字を見る限りそんなことはなさそうだ。FRBが最近実施した調査によると、世帯主が30歳以下のアメリカの世帯のうち、会社経営に携わっている割合はわずか3・6％。1989年の10・6％という数字から大きく低下する結果となった[*25]。

途上国の状況はもっとひどい。多くの途上国では、役人の腐敗や厳しすぎる規制のせいで、起業の障壁が非常に高くなっている。OECD加盟国で起業するためのコストが1人当たり所得の3・4％であるのに対し、ラテンアメリカでは31・4％、サハラ以南アフリカでは56・2％というありさまだ。また、アメリカで会社設立にかかる時間は4日、ニュージーランドではたった半日なのに対し、ブラジルでは103日も待機しなくてはいけない[*26]。とてもやっていられないということで、途上国の起業家はインフォーマル経済に流れていく。「欧米では当たり前のこと、たとえば財産の記録などですね、それがグローバル・サウス〔訳注：アフリカ、ラテンアメリカ、アジアなどの発展途上の地域〕にはありません。ですから起業家は、むしろ政府に見つからないことを好みます」

デ・ソトはそう語る。お役所の干渉を逃れるためには地下に潜るのが賢明だが、そうするとビジネスの可能性はかなり狭められる。権利も保証されないし、余った資金を運用できずに寝かせることになってしまう。*27

ブロックチェーンは、そんな現状を変える突破口になる。

ブロックチェーン技術を用いたデジタルな帳簿とスマートコントラクトを活用すれば、会社設立は今よりずっと効率的になり、コストも大幅に下がる。それに、法制度に不安のある国でも、確実な契約を結ぶことができる。三式簿記などのブロックチェーン会計ツールを活用すれば、会社の資産や在庫、債権債務などの管理も手間がかからない。会計士や税理士を雇う必要もないので、事業は今よりずっと身軽になるはずだ。

さらに、資金集めもずいぶん楽になる。ブロックチェーン上で株式や債券を発行すれば世界中から資金を募ることができるし、暗号通貨を使えば為替レートを気にする必要もない。金融サービスの普及によって、今までは投資に縁のなかった人たちのお金もマーケットに流れ込んでくるだろう。株の売買だけでなく、マスコラボレーションによる共同ベンチャー、マイクロレンディング、クラウドファンディングなど、可能性はさまざまに広がっている。

クラウドファンディングの流行は、すでに金融の世界を変えつつある。2012年には世界で27億ドルのお金がクラウドファンディングに出資され、前年比で80％の伸びとなった。ブロックチェーンによるP2Pの直接投資が可能になれば、市場の成長はさらに爆発的に加速するだろう。少額から参加できるクラウドファンディング・キャンペーンで、たとえば100万人から1ドルずつ出資を受けるということも可能になる。

予測市場のオーガーは、すでにブロックチェーンIPOで世界中の数千人から投資を募り、数百万ドルの資金調達を実現した。ブロックチェーンIPOは効率的な資金調達を可能にするだけでなく、株式・債券発行にかかるコストを減らし、そして今までは考えられなかったほど多様な株主の参加を可能にしてくれる。

もちろん、本格的な起業や投資ばかりが豊かになる道ではない。すでに述べたように、ブロックチェーンを使えばあらゆるものを小さな単位で簡単にシェアできる。使っていない部屋や道具、Wi-Fiの電波や太陽光発電の電力、パソコンや携帯電話の処理能力。あるいは自分のデータをシェアするという方法もある。企業は人びとの生活や嗜好のデータを喉から手が出るほどほしがっているからだ。子育てや介護に忙しい人も、企業にデータを提供することで無理なく継続的な収入源を確保できる。

これまで格差解消というと高所得者に課税するという考え方しか存在しなかったが、これからは富を取り上げて配るのではなく、自分の力で豊かになるチャンスを誰もが平等に持てるようになる。

社会の富はもっと公平に、無理なく分配されるようになるだろう。

移民たちを食い物にする送金ビジネス

アナリー・ドミンゴはフィリピンからカナダに移住した女性で、長年ベビーシッターやハウスキーパーとして働いている。[*28] トロントにはフィリピン出身の人が20万人以上住んでいるが、その多くが彼女と同じような問題を抱えているようだ。[*29]

アナリーは若いころにフィリピンを離れ、身ひとつでカナダにやってきた。まともな教育も受けていなかったけれど、持ち前の勤勉さを武器に仕事を見つけ、家族を養ってきた。自分の生活費を払い、こつこつと貯金までしながら、フィリピンの家族への仕送りを欠かしたことはない。

給料日になると、アナリーは給料の小切手を持って近くの銀行に歩いていく。窓口に並び、小切手の金額を口座に入れて、そのうち200カナダドルの現金を引きだす。その紙幣を持って1ブロック先のバス停まで歩き、家とは反対方向のバスに乗って、治安の悪い地域で降りる。あやしげな通りをさらに4ブロック歩き、やってきたのは古びた建物の1階にある送金会社のカウンターだ。もう何百回も書いたことのある申込用紙をいつものように記入し、現金を手渡す。10ドルの手数料を払って、ようやく200ドルの送金が完了する（フィリピンに住む母親に届くまでには、あと3日か4日はかかる）。アナリーはまたバス停まで歩き、バスと地下鉄と別のバスを乗り継いで、1時間後にようやく我が家にたどり着く。

200ドルの送金で手数料が10ドルだから、5％が送金のためだけに失われている。そのうえ、為替のスプレッドが1～2％はある。トータルで7％のコストだとすると、世界平均の7・68％よりは少しだけ安い値段だ。[*30] ただし、見えないコストのことも忘れてはいけない。送金会社へ行くための往復2時間を時給換算すれば40ドル。また、送金のために仕事を早めに切り上げている（暗くなってから歩ける界隈ではない）ので、本来なら稼げたはずの給料も犠牲になっている。

これだけのコストを何百回も払っているのだから、その総額は数千ドル単位になる。とんでもない金額だし、フィリピンでそれだけのお金があればかなりの贅沢ができるはずだ。アナリーと同じような境遇の人たちが支払う手数料を合わせると、世界で年間380億ドル程度が送金のためだけに消えている計算になる。[*31]

外国で働く人からの送金は、途上国の経済を動かす重要な資金源だ。たとえばハイチでは、外国からの個人送金がGDPの2割を占めている。フィリピンの場合は毎年240億ドル程度、GDPのおよそ1割だ。[*32] 労働者による自国への送金は、対外援助による資金流入の3倍から4倍になると言われている。[*33]

IMFの調査によると、受けとったお金の使い道は主に衣食住などの生活必需品だ。「膨大な数の人びとが貧困を抜けだす助けとなり、そうでなければ到達できなかったレベルの消費を可能にしている」とIMFは言う。[*34] それほど人びとの暮らしを改善しているというのに、送金手数料を安くしようという動きはあまり見られない。国によっては、送金するためだけに20％の手数料を取られる場合もある。[*35]

カナダは途上国への送金がとくに多い国だ。もっとも経済規模の大きいオンタリオ州では、360万人が外国の出身で、毎年何十億ドルものお金が国の家族に送金されている。[*36] カナダにはアナリーのような人がいくらでもいるのだ。

トロントのダフリンモールは楽しそうな買い物客でにぎわう巨大なショッピングモールだが、金曜の5時になると様子が一変する。外国出身のカナダ人たちが給料の小切手を握りしめて、モール内の銀行や両替所に殺到するからだ。外国送金の需要に対応するため、コンビニやバー、レストランの一角にも小さな両替所や送金窓口が出現している。

窓口は長蛇の列だ。みんな仕事で疲れた様子で、子ども連れの人も多い。最近ではほとんどの人がスマートフォンをのぞき込み、メッセージをやりとりしたり、ゲームをやったり、動画を見たりしている。ようやく順番が来て送金手続きをしても、国に届くのは1週間先ということも多い。受けとる側の人も同様に、銀行に出向いて長い列に並ばなくてはいけない。

考えてみたら、おかしな話だ。そもそも列に並んでいる人たちは、スマートフォンという最新機器を手にしている。カナダ人の73%、トロントではそれ以上の割合の人がスマートフォンを所有し、日常的に使っているのだ。それなのに、みんな長い列に並んで紙の書類に記入し、現金を持ち運んでお金を送っている。そんなことをする必要がどこにあるのだろう？

ブロックチェーンなら、手もとのスマートフォンを使って、あっという間にお金を送ることができる。わざわざ1時間かけて送金会社に行き、窓口の長い列に並ぶ必要はない。治安の悪い地域で現金を持ち歩く必要もない。

これまで外国送金の市場はウエスタンユニオンやマネーグラム、アイレミットなどの大手送金会社が仕切っていて、どこも申し合わせたように高い手数料をとっていた。だが彼らは今、ビットコインを使った安い送金サービスの出現に恐々としている。デロイトのエリック・ピシーニは言う。

「ブロックチェーンが普及すれば、これまでのビジネスモデルは崩壊するでしょう。送金会社はかなりナーバスになっていますね[*37]」

スマートフォンをATMに変える技術

ブロックチェーンの送金システムを世界の貧困地域に届けるためには、2つの課題を乗り越える必要がある。ひとつは、世の中が現金主体で動いているという事実だ。送金する側の多くは給料を現金で受けとっているし、受けとる側の国も圧倒的に現金社会であることが多い。

もうひとつは、ブロックチェーンの知識やツールが普及していないということだ。普通に生活費を送金したい人にとって、暗号通貨の購入やウォレット管理はまだまだ敷居が高い。もっと直感的に、現金を送る感覚で使えるツールはないだろうか?

アブラ社はこの現状を打破するため、誰でも使えるビットコインベースの送金サービスを開始した。スマートフォンさえあれば、ネットワーク上の誰にでも現金を送れるシステムだ。このシステムなら、アナリーの苦労が解消されるかもしれない。

僕たちはアナリーに頼んで、アブラの送金サービスを試してもらうことにした。まずはアナリーと母親の双方が、スマートフォンにアプリをダウンロードする。アナリーのウォレットには、カナダドルのお金が入っている。ボタンをクリックして、これをフィリピンの母親に送金する。お金は一瞬で、フィリピンペソになって母親のもとに届く。母親はペソの残高をスマートフォンに貯めておいてもいいし、アブラの決済システムが使える店で買い物をしてもいい。アブラ対応の店は各国に広がってきている。

すごいのは、その先だ。母親は家賃や食費を払うため、現金を必要としている。日常の買い物はすべて現金決済だ。そこで母親はアプリを立ち上げ、現金との交換をやっているユーザー（テラーと呼ばれる）を検索する。近隣のマップ上にテラーのアイコンが現れ、現金に換えるための手数料がそれぞれ提示される。手数料はテラーが自分で決めるので、3％の人もいれば、1・5％の人もいる。母親は場所や評判を考慮して、2％で交換してくれるテラーと取引することに決める。待ち合わせ場所で相手と会い、アブラのペソを現金の紙幣に交換してもらう。相手にはアブラの残高が入り、母親は紙幣を受けとって、無事に取引成立だ。アブラ社にはシステム手数料として0・25％を払うだけでいい。

トロントで送金してから、母親の手に物理的な紙幣が届くまで、全部で1時間もかからなかった。「これはいいわ。すごく助かります」とアナリーは顔をほころばせる。[*38]

アブラのサービスが使える国は、今のところまだ限られている。グローバルに展開するためには、さらに2つの課題を乗り越えなくてはいけない。まず、十分な数の参加者を確保すること。現金とデジタルとの橋渡しをするテラーが近くにいなければ、アブラの魅力は半減する。だからアブラはサービス開始前の国でもテラーを事前募集し、万全の体制を整えているところだ。

もうひとつの問題として、テラーとのやりとりはデジタル化できないという点があるだろう。約束通りに現金化されるかどうかは、テラーの誠意にかかっている。とはいえ、ＡｉｒｂｎｂやＵｂｅｒなどのサービスを見ればわかるように、ネットで知り合った人が信用できないという考え方はすでに時代遅れになりつつある。アブラのビル・バーハイトＣＥＯも、その点については心配していない。「人びとは企業を信用するよりも、ユーザー同士のほうが信頼できると考えているのです[*39]」

アブラはスマートフォンをＡＴＭに変えようとしている。スマートフォンで空き部屋を貸したり、車をシェアしたりできる時代なのだから、お金を引きだすことだってできていいはずだ、とバーハイトは言う。

「シェアリング・エコノミーのモデルは予想以上の成功をおさめています。そこに送金サービスが加わるのも時間の問題です[*40]」

アブラはブロックチェーンの分散ネットワークとスマートフォン技術、そして人のつながりという3つの一見ばらばらな要素をひとつに結びつけ、単なる送金アプリではないグローバルな価値交換プラットフォームを実現しようとしている。そのあかつきには、ウエスタンユニオンなどの送金サービスだけでなく、Ｖｉｓａなどのクレジットカード会社にも対抗していくつもりだ。

「アブラの取引では、個人間送金と商取引のあいだに違いはありません。国内でも国外でも、個人間でも個人対企業でも、すべて同じように使える初のソリューションなのです[*41]」

アブラはやがて、世界のお金の流れを大きく変えてしまうかもしれない。まずは外国送金という厄介な問題へのエレガントな解決策として、今後に期待したいところだ。年々拡大する外国送金市場には、とてつもない可能性が広がっている。

ブロックチェーンによる対外援助と災害復興

ブロックチェーンを利用した外国送金は、政府およびＮＧＯによる援助や寄付のあり方を大きく変えることになるかもしれない。

現在、年間何千億ドルという資金が対外援助として途上国に流れているけれど、その効果は必ずしも明確ではない。[*42] 現地の役人や有力者が途中でかなりの金額を着服しているからだ。しかも、国際経済ジャーナル（Journal of International Economics）によると、「政府の収入が増えると公共財の供給が減る場合がある」。先進国の人間はお金を送ればいいと考えがちだが、「大金が転がり込んでも、人びとの生活が向上するとは限らない」と同誌は結論づけている。[*43] 肥大化した組織、役人や担当者の腐敗、多くの無駄と広がる格差。政府の対外援助だけでなく、ＮＧＯの支援でも同様の問題があるという。

２０１０年のハイチ地震のとき、赤十字には5億ドルを超える募金が集まった。ところがその後の調査で、募金のほとんどは現地に届く前に浪費され、支援活動に使われていないことが明らかになった。赤十字は現地に13万軒の家を建てると約束していたのに、実際建てられたのはわずか6軒というありさまだ。[*44]

ハイチ地震は過去１００年間で最悪レベルの人道危機だった。[*45] 現地政府はまともに機能せず、被害は拡大するばかり。なんとかしようと立ち上がったのが、インターネット上の有志たちだった。被災者たちの携帯から発信された必要物資の情報を集め、これをビジュアル化して公開し、現地の物資の配分を助けた。こうした有志の動きはだんだん組織化され、支援活動はさらに効果的になっていった。なかでも大きな影響力を発揮したのは、クライシス・コモンズというグループだ。クライシス・コモンズはインターネットを活用して世界中の人びとが人道的な課題に立ち向かうという、グローバルなソリューション・ネットワークのあり方を見事に体現した。デジタル時代の底力を見せつけるできごとだった。

ブロックチェーンの登場で、ソリューション・ネットワークの可能性はさらに大きく広がった。情報だけでなく、価値を直接やりとりできるからだ。

ブロックチェーンを使えば、募金を取りまとめて送金するための仲介機関が不要になる。だから、お金が不確かな用途に消えてしまうことはないし、途中で盗まれる心配もない。さらに、お金の移動が改変不可能な記録として残るので、政府や支援団体は約束を守らざるをえない。支援活動以外のところにお金が流れたら、ブロックチェーンの記録ですぐにばれるからだ。

もちろん、災害などの支援金を個人から個人へ直接送るのは現実的ではない。指揮をとる機関は今後も必要になってくるだろう。でもブロックチェーンなら、赤十字などの団体の活動を監視し、お金の使い道を確認することが可能になる。ワクチン注射や学校の教科書配布など、ひとつひとつの「取引」はタイムスタンプつきでブロックチェーンに記録される。自分の寄付した1ドルがどこで誰のためにどう使われたか、すべてが可視化されるのだ。

さらに、スマートコントラクトを使えば、目的以外の利用ができない契約にすることも可能だ。家を建てるなどの大きなプロジェクトなら、土地の確保や原料の調達といったマイルストーンを決めておき、それを達成するごとにお金が支払われる設定にしておけばいい。プロジェクトの進捗が目に見えるようになれば、達成率も確実に上がるだろう。

必要な人にきちんとお金が届くようになれば、災害の被害を最小限に食い止め、貧困を効果的に改善することができる。まだ実現に向けた課題は残っているけれど、ブロックチェーン支援の可能性を試してみる価値は十分にあるはずだ。

マイクロファイナンスの現状と未来

マイクロファイナンスは、金融サービスと途上国支援の両方を変える力を秘めた業界だ。ばらまき型の支援と違い、現地の人びとに貯金や投資、起業のチャンスを提供できる。
運営方法としては、地域の人びとが少しずつ資金を出しあい、お金が必要になった人に短期的に貸しだすというのが一般的だ。うまく使えば、マイクロファイナンスは人びとの暮らしを劇的に改善できる。急な出費があっても生活に困らないし、少しずつでも貯金や投資ができるようになる。女性の社会進出にも大きく役立っている。[*46]
ただし、現状のマイクロファイナンスには課題も残っている。たとえば、現地の監督が行き届かず、高すぎる利率や無理な取り立てが横行する場合がある。そのせいで、現地政府がマイクロファイナンス自体を禁止したり厳しく規制する事例も出ている。借金トラブルが相次いだインドでは、2010年にマイクロファイナンス機関を厳しく規制する法案が成立し、マイクロファイナンス機関の撤退を引き起こした。[*47]

さらに、資金の分配がうまくいかない場合もある。もっともお金を必要としている人が借りられないケースがあるということだ。そもそも地域密着型のサービスなので、集められる金額には限界があるし、投資や貯蓄のチャンスも限られてしまう。

こうした課題を解決するために、ブロックチェーンが注目されている。ブロックチェーンなら、マイクロファイナンスをさらに便利で有益なものに変えられるからだ。

ブロックチェーンのメリットとしては、まず透明性が挙げられる。企業経営の透明性と同じく、NGOやマイクロファイナンス機関の業務もブロックチェーンで透明化できる。お金がどこにどう使われているかが一目瞭然だし、何か問題が起こったときにはその記録を確実にたどることが可能になる。

次に、立場の弱い人を保護できるというメリットがある。スマートコントラクトを使えば、たとえば女性だけの資金口座をつくり、食費や生活必需品を買うために活用することが可能になる。あらかじめ許可された人しか資金にアクセスできないので、男性が勝手に金を引きだして酒やギャンブルに使い込んでしまうのを防ぐことができる。

さらに、資金源や運用先は世界中に広がる。マイクロファイナンスは狭いコミュニティの中で運用されることが多いけれど、ブロックチェーンならインターネット上で複数の貸し手を比較し、利率や評判にもとづいて最適な取引相手を選ぶことができる。

そしてもうひとつ、ブロックチェーンを用いた決済手段であるビットコインなどの暗号通貨は、最初から少額決済を念頭に置いてつくられている。だからほんのわずかな支払いでも、安い手数料で無駄なくやりとりできる。途上国の貧しい人たちも、無理なくお金を借りたり、少しずつ返済したり、小銭を貯金したりすることが可能になるのだ。

役人の不正をブロックチェーンで解決する

土地の登記は、非市場の取引だ。地元の役所に行って書類を提出し、土地の権利を登録する。登記自体に値段はついていないけれど、そこには多くのコストが隠れている。たとえば長い待ち時間や書類の記入および処理、お役所特有の面倒な手続き、意見の相違の解消、役人や担当者への賄賂などだ。[*48] 制度が不十分で、役人の意識が低い途上国では、とりわけこうしたコストが高くつく。典型的な例がホンジュラスだ。

ホンジュラスは中央アメリカで2番目に貧しい国で、ひどい所得格差を抱えている。2008年の経済危機で先進国からの援助が停滞し、翌年の軍事クーデターではマヌエル・セラヤ大統領が追放されて軍の支配が始まった。このクーデターを裏で支えていたのは、ある地元の有力地主だ。賄賂をばらまいて役人を味方につけ、政府による農地没収を利用して巨額の利益を手に入れていた。[*49]

1990年代半ば以降、世界銀行や国際的なNGOが力を合わせ、[*50] ホンジュラスの土地管理・開発プロジェクトを推進するために1億2530万ドルの支援と技術援助を進めてきた。[*51] プロジェクトの目標には、土地や自然資源の所有・利用、天候や自然災害、社会経済学的状況をすべて盛り込んだデータベースをつくることなどが盛り込まれていた。土地開発と気候・災害のデータベースを統合し、国・地方レベルで活用していく予定だった。[*52] かなり意欲的な取り組みだ。

ところが、ホンジュラスの現状はそう甘くなかった。業者も裁判官も役人も汚職まみれだ。アメリカ通商代表部の報告書でも、ホンジュラスの土地登記システムがまったく信頼できないと指摘されている。[*53] 世界銀行の権限は都市部でしか認められず、田舎の集落は意図的に土地管理の対象から外された。農民たちは土地管理の恩恵を受けられず、彼らの暮らしは1998年以降まったく改善されていない。もしもホンジュラスが大きな災害に襲われたら、土地の所有者がわからず復興活動は難航するだろう。

「ブロックチェーンは取引を扱うのに非常に便利な道具です。ほかのシステムではそうはいかないでしょう」とデ・ソトは言う。「貧しい国には汚職がつきものですから、安全で確実な取引台帳が重要になってきます。効率やコストやスピードの面だけでなく、権利を守るという意味で貧しい人たちに不可欠なものなのです[*54]」

ブロックチェーンはオープンな分散型台帳なので、役人のオフィスだけでなく、現場の担当者の端末にも、人びとの携帯の中にも同じように記録される。データは誰のものでもなく、P2Pネットワーク上に分散されて、望めば誰でもアクセスできる。ホンジュラスのように政治が不安定で人びとの権利が不確かな場所でも、ブロックチェーンを使えば人びとの信頼と評判を取りもどすことができるはずだ。

テキサスのファクトムという会社が、すでにホンジュラスの状況を改善するための取り組みを始めている。ファクトムのピーター・カービー社長は言う。

「ホンジュラスのデータベースは基本的にハックされていると考えてください。役人がデータベースを書き換えてビーチフロントの土地をまんまと手に入れることもできるわけです」

ファクトムは土地の権利データをブロックチェーンで管理するためのシステム構築を進めている。まだ正式な許可は下りていないが、実現すれば世界最先端の取り組みになる。先進国が使っているような管理システムを一足飛びに超えて、新たな時代の土地管理を実現するのだ。ゆくゆくは安全なモーゲージや鉱業権管理にもつながっていくだろう。[55] マッキンゼーのコージック・ラジゴパルは言う。

「所有権の登録は、特許のようなものから不動産まで、もっぱら紙ベースで実施されています。でも紙にこだわる理由はないんです。ただの慣習です。権利とタイミングが関わってくる取引はすべてブロックチェーン化できると考えています」[56]

ホンジュラス政府がブロックチェーン化を正式に受け入れるかどうかは、まだわからない。効率的で確実な所有権管理を実現するために、もっと情報を広め、政治を動かしていく必要がある。国レベルで取り組めば、土地の登録にかかる手続きのほとんどを省略できるはずだ。22日間かかっていた手続きは10分に短縮され、コストはゼロに近づく。[57] そうなれば農民の土地は守られ、地元の役人・有力者による横領や、大企業による乱開発を抑止できるかもしれない。

誰もが希望を持てる未来のために

ブロックチェーンは経済の万能薬ではない。結局のところ、豊かさをつくるのはテクノロジーではなく、人間だ。そのためには、いくつか乗り越えなくてはならない課題がある。
ひとつの課題は、技術的なものだ。国際電気通信連合（ＩＴＵ）のデータによると、世界のインターネット環境にはいまだに大きな隔たりがある。その理由はインフラ整備の遅れや、高すぎる料金設定だ。[*58]
次に、リテラシーの問題がある。スマートフォンを使ってオンラインで取引をするためには、基本的なリテラシーが不可欠だ。アメリカでは、16歳以上の国民の18％が小学校５年生レベルの読み書き能力に達しておらず、30％が算数の能力に問題を抱えている。[*59] こうしたリテラシーの低い人たちの43％が貧困に苦しんでいるというデータもある。[*60] 途上国ではさらに状況は深刻だ。アフリカの多くの国では文字の読めない人が半数近く存在し、とくに女性で教育を受けていない人が多い。男女の識字率に20％以上の開きがあることも珍しくない。[*61]
もうひとつ、リーダーシップの問題がある。ブロックチェーンは強力なツールだが、どんな技術も使い方が悪ければ役に立たない。ＮＰＯや市民社会組織、起業、政府がリーダーシップを発揮し、正しい方向に導いていく必要がある。そしてもちろん、ネットワークに参加する一人ひとりのユーザーの意識も問われてくる。
これらの課題が解決されれば、ブロックチェーンはそのポテンシャルを十分に発揮し、世界中の人たちに豊かさとチャンスをもたらしてくれるだろう。

第8章 民主主義はまだ死んでいない

——選挙、法律、政治

エストニアはバルト海に面した小国で、南はラトビア、東はロシアと国境を接している。人口はわずか130万人、さほど大きくない都市と変わらない程度だ。[*1]

1991年に旧ソ連から独立を回復したとき、エストニアは政治のあり方をゼロから考え直す機会を得た。政府はどんな役割を負い、どのように機能し、何のサービスを市民に提供するのか。そしてインターネットをどうやって政治に活用していくか。

現在、エストニアは世界でも最先端のIT国家として名を馳せている。個人の権利や政治の公正さを測る社会進歩指数では、オーストラリアやイギリスと並んで世界第2位に選ばれた。[*2]「我々がなしとげたことを誇りに思っています」とトーマス・イルヴェス大統領は言う。「ほかの国々も、エストニアの成功から学ぶことができると思います」[*3]

エストニアの電子政府は、分散および相互接続性、オープン性、サイバーセキュリティを軸に設計されている。すべての国民はオンラインで情報やサービスにアクセスでき、デジタルIDを使って事業を営んだり、役所への届け出をしたりできる。

「eエストニア」と総称されるこの電子国家モデルの核にあるのが、デジタルIDだ。2012年時点で、デジタルIDカードの普及率は90％。国民はデジタルIDを利用して行政サービスを受けたり、EU内を旅行したりしている。[*4] カードに埋め込まれたチップには、所有者の基本情報にくわえて、2種類の証明書（認証用と署名用）と、自分で選択した暗証番号が登録されている。

このカードはオンラインの投票や納税、社会保障の給付申請に使えるほか、銀行や公共交通機関の利用にも対応している。キャッシュカードや乗車カードを持たなくても、IDカード1枚ですべて事足りるのだ。物理的なカードを持ちたくない場合は、携帯に登録したモバイルIDでも同じことができる。2013年時点でエストニア人の95％以上がオンラインで税金を納め、98％がオンラインバンキングを使いこなしている。

学校教育にも活用されていて、宿題やカリキュラムの記録、成績管理、教師との連絡などがIDカードでおこなわれている。また医療の場面でも、健康診断や各病院の受診記録などをひとつに統合して個人IDに結びつけ、本人しかアクセスできない形でネットワークに保存している。家族や医師に公開するかどうかを個別で設定することも可能だ。[*5]

選挙の電子投票は2005年から実施されている。IDカードやモバイルIDを使ってログインし、世界のどこからでも投票できるシステムだ。2011年の国会議員選挙では、オンライン投票が全体の4分の1を占めた。2014年の欧州議会議員選挙のときにはオンライン投票が全体の3分の1に増え、世界98か国から有権者たちが票を投じた。議会の手続きもペーパーレス化され、すべての法案はオンラインで閲覧できる。閣議にかかる時間は週あたり5時間だったのが、90分未満にまで削減された[*6]。

不動産登記も電子化され、土地の譲渡にかかる期間は3か月から1週間へと短縮された[*7]。さらに最近では電子居住制度が登場し、世界中の誰でもエストニアのIDカードを取得できるようになった。これを使えば世界のどこに住んでいても、わずか20分でエストニアに会社が設立できる。このプロジェクトによって、エストニアは電子国家としてのイメージを世界中に広めた[*8]。

こうしたシステムが実現できたのは、堅牢なサイバーセキュリティあってのことだ。ガードタイム社のマイク・ゴールトCEOは次のように説明する。

「サイバースペースにおける最重要課題は、いかに不正を防ぐかということです。エストニアは10年前からこのことを認識し、人間の誠実さに頼らずとも正しさが保たれるようなネットワークを構築しました。政府が国民に嘘をつくことは、システム上不可能なのです[*9]」

エストニアは強固なセキュリティを実現するため、キーレス署名基盤（KSI）というしくみを導入した。これはブロックチェーン上で数学的にデータの真正性を保証するしくみで、管理者を必要としない署名システムとして注目を集めている。鍵の管理や更新などの手続きが不要なため、安価に運用できるのが魅力だ。

KSIは誰がいつ何の情報にアクセスしたかという情報を可視化してくれるので、政府の記録の正しさやコンプライアンスが保証される。また、人びとは自分が提出する情報の正しさを、第三者の助けなしに証明できる。エストニア政府のウェブサイトにはこう書かれている。「KSIなら、歴史が細工されることはありません[*10]」

このように、ブロックチェーンの活躍の場はビジネスだけでなく、政治や公共サービスにも広がっているようだ。どのような可能性があるか、順に見ていこう。

ブロックチェーンは政治への信頼を取りもどせるか

エイブラハム・リンカーン大統領が「人民の、人民による、人民のための政治」という目標を掲げたのは1863年のゲティスバーグ演説のときだった。

それから120年後の1981年、ロナルド・レーガン大統領は就任演説で「政府が問題を解決するどころか、政府こそが問題なのだ」と述べた。ブロックチェーン界隈の人たちも、これに賛同しているようだ。2013年の調査では、ビットコインユーザーの44％が「自由主義あるいは無政府資本主義者であり、政府の撤廃を望んでいる」という結果が出ている。[*11]

リバタリアン〔訳注：政府による規制や介入を強く拒み、個人の政治的・経済的自由を追求する立場。自由至上主義とも訳される〕はおおむねビットコインに好意的だ。なんといっても分散型で政府の支配を受けにくいし、匿名なので課税されにくい。価格は誰にもコントロールされず、純粋な市場原理で動いている。大統領選の資金集めにいち早くビットコインを取り入れたのが、保守派で知られる共和党のランド・ポールだったのもうなずける話だ。

リベラル派〔訳注：自己と他者の自由を尊重し、社会的不公正を是正するためには政府の介入が必要だと考える立場〕の人たちは、リバタリアンのこうした動きに眉をひそめる。ビジネス・インサイダーUK誌の創刊者ジム・エドワードは、政府や法律や税金に縛られないリバタリアン的パラダイスを「ビットコイニスタン」と呼び、「悪夢以外の何者でもない」と評した。「混乱とカオスが広がり、犯罪者が幅を利かせて気に入らない人間を殺す世界だ。富は一箇所に集中し、今のアメリカの富を握る1％よりもさらに少数の人たちが世界の富のほとんどを所有するだろう[*12]」

だが、いずれの立場の人も、世界が危機に直面しているという点では意見が一致している。人権団体ヒューマン・ライツ・ウォッチのケネス・ロス代表は次のように述べる。「世界がこれほどの混乱を目にするのは数十年ぶりのことです。あれほど歓迎されたアラブの春は、紛争と抑圧に姿を変えてしまいました」

暴動を恐れる各国政府はインターネットで市民を監視し、ドローンで民間人の家に爆弾を落とし、オリンピックなどの大規模イベント中に抗議者たちを投獄するなどの暴挙に出ている。[*13]

開発経済学者のエルナンド・デ・ソトは、そうした各国政府の対応に異を唱える。「アラブの春は起業家精神あふれる革命でした。それは現在でも変わっていません。彼らは体制に対して全力でノーを突きつけたのです[*14]」

アラブの人たちはつねに人権を踏みにじられてきた。政府に財産を取り上げられるのは日常茶飯事だった。人びとは政府や選挙を信用していないので、別の手段を求めようとする。制度に従っていても現状は変えられないからだ。

人びとを抑圧したところで、政治への不信をさらに高める結果にしかならない。過去20年間、先進国の投票率は軒並み低下してきた。とくに若い人は選挙に希望を見いだせず、別のやり方でシステムを変えたいと望んでいる。アメリカ人のほとんどは議会など腐りきっていると思っているし、それは間違いではない。諸国の例に漏れず、アメリカの政治家も大口の献金者や利益団体の言いなりだし、かなりの数の議員がロビイストに身を転じているからだ。

典型的なのが銃規制問題だ。アメリカ人の92％は銃の購入者の身元調査を望んでいるのに、潤沢な資金を持つ全米ライフル協会がそうした規制法案をすべて握りつぶしている。「人民の、人民による、人民のための政治」はどこに消えてしまったのだろう。

政治社会学者のシーモア・M・リプセットは、政治システムが権威と影響力を持つためには「既存の政治制度が社会にとって最適なものであると人びとに納得させること」が必要だと説く。[*15]でも見たところ、今の若者たちは既存のやり方が最適だとは思っていないようだ。選挙や民主主義さえも不信の目で見ている。彼らの車には「投票するな！　やつらに力を与えるだけだ」というステッカーが貼られている。

政治への信頼が薄れれば、リバタリアンが台頭してくる。ただし、政府をなくしたからといって、世の中がよくなるわけではない。

今の難しい世の中に必要なのは、もっとハイパフォーマンスで、効率的で、市民への責任を果たす力を持った政府ではないだろうか。ブロックチェーンなら、その手助けができるかもしれない。

効率的で高品質な行政サービスの実現

「大きな政府」に対する批判には、的を射ている部分もある。効率という点に関して言えば、政府の仕事はあまりにお粗末だからだ。

各部署が自分たちの殻にこもっているので情報は共有されないし、面倒な手続きばかりが多くてなかなか仕事が進まない。お役所に手続きに行って、いくつもの部署をたらい回しにされた経験がある人も多いだろう。ニュースを見れば、貴重な税金をおかしな目的に浪費している例がいくらでも出てくる。

ブロックチェーンはこうした無駄をなくし、政府の仕事を効率化して質の高いサービスへと変えていくことができる。とくに途上国では、その変化が決定的な意味を持つはずだ。政治は透明で風通しのいいものになり、煩雑な手続きばかりだった業務は簡素化されてこれまでとは桁違いの成果を上げられるだろう。

ここで、政治のブロックチェーン化による3つの大きなメリットを確認しておこう。情報連携による業務効率化、公共サービスにおけるＩｏＴの活用、そしてグローバル行政サービスだ。

情報連携による業務効率化

エストニアのデジタルＩＤカードは、社会保障から公共交通機関まで、実に幅広いサービスに対応している。これを技術的に支えるのが、ブロックチェーンを利用した「Ｘ－ｒｏａｄ」というデータ連携システムだ。Ｘ－ｒｏａｄは複数のプログラムやデータベース間をスムーズに連携させ、行政と民間サービスとの相互接続を可能にする。

カナダやイギリス、オーストラリアなどでは、全員に番号を振るというやり方が国民の同意を得られず、否決された経緯がある。拒否感の理由はプライバシーが侵害されるという不安や、国の権限（アイデンティティの付与・剥奪など）が広がりすぎることへの懸念だ。

エストニアは、やり方次第でそういう不安が払拭できることを実証してくれた。エストニアのＩＤシステムは、国の集中管理ではなく、分散型だからだ。公的な文書（パスポート、出生証明書、運転免許、投票者ＩＤなど）はすべて推測不可能なハッシュ値に変換され、ブロックチェーン上で分散管理される。プライバシーは堅牢なセキュリティで守られているし、データの正しさは確実に保たれる。さらにデータの閲覧・変更履歴が確認できるので、誰が自分の情報にアクセスしたかは一目瞭然だ。

政府の情報管理にブロックチェーンを取り入れれば、情報の透明性と信頼性は大きく高まる。紙ベースの文書を管理するのに、どれだけの人手がかかっているかを考えてみてほしい。ブロックチェーンなら情報の正確さが保証されるだけでなく、多くの業務をセルフサービス化してコスト削減することが可能になる。文書の正当性はネットワークによって検証されるので、面倒な登録手続きは不要だ。文書の発行をパーソナライズして、関連情報へのアクセス権や情報の利用履歴を自動的に付与することもできるだろう。

イギリス政府はすでに、ブロックチェーンを用いた公文書管理について検討を始めている。イギリス政府デジタルサービス部署でテクニカル・アーキテクトを務めるポール・ダウニーは、ブロックチェーンによって文書の正当性が保たれることに期待を寄せる。公文書管理には「情報が改ざん不可能であること」、「変更履歴がすべて正確に残されること」、そして「個別の調査に対して開かれていること」が重要であると彼は言う。[*16]

複数のブロックチェーン同士をつなぐことによって、国や地方の行政をスムーズに連携させられるのも大きな魅力だ。管轄ごとに分かれていたデータが統合されれば、業務は効率化され、行政サービスはより便利でスピーディーになるだろう。たとえばアメリカの場合、運転免許は州ごとに管理されているが、これを国全体のデータベースへと拡張することが可能になる。またブロックチェーン専門家のメラニー・スワンは、医療情報連携の可能性に期待している。

「患者、保険会社、医師、政府の支払い担当者というふうに、関係者すべてを含んだ取引記録をひとつの帳簿で管理し、誰でも確認できるように公開したらどうでしょう。情報の透明性は劇的に高まり、医療の効率は大きく改善されます[*17]」

公共サービスにおけるIoTの活用

ＩｏＴの行政への応用としては、すでに紹介したような公共交通機関への利用のほか、スマートデバイスを利用して建物やオフィス、会議スペース、車両、コンピューターなどの資産を管理することが考えられる。各備品にスマートチップを装着しておけば、その来歴や所属がすぐにわかるし、発注から支払い、リース更新、アップグレードなどの処理を自動化することも可能になる。ｂＡｉｒｂｎｂのようなリアルタイムのマッチングを導入して、効率化とコスト削減を図ることもできるだろう。

電気や水道のようなインフラもＩｏＴ化できるし、廃棄物処理や環境モニタリング、救急・消防、教育、医療などのサービスも改善できるはずだ。単に効率を上げるだけでなく、正確・迅速な管理で人びとの安全と健康を守り、交通渋滞やゴミ問題を解決するなど、よりよいサービスの実現が期待できる。

グローバル行政サービス

エストニア政府は民間部門などのステークホルダーとうまく連携することで、公共サービスの可能性を押し広げ、人びとの暮らしを大きく改善することに成功した。ただ便利になっただけでなく、各国からのビジネスや投資を引き寄せ、エストニア経済の国際競争力を高める結果にもなっている。

エストニア政府が提供する電子居住サービスは、これまで公的なＩＤを持たなかった人たちにも起業の可能性を広げることになった。世界のどこに住んでいてもエストニアのＩＤを取得し、エストニアで起業できるのだ。とくにオンラインのビジネスなら、何の不便もなく国外から事業を運営できるだろう。

エストニアは他国がやろうとしないサービスをあえて引き受け、大きな成功を収めた。今はまだサービスの幅は限られているけれど、これを見習って各国がデジタル化を広げていけば、かなりおもしろいことになるはずだ。たとえば図書館を電子化して地元住民には無料で公開し、非居住者や各国の研究者には少々の料金を課して利用許可を出すというやり方もいいだろう。デジタル化できるサービスであれば、あらゆる分野で同様のことができる。

国境を越えた行政サービスの提供には、まだ法規上の問題も残っている。それでも、グローバル化で国を隔てる壁は低くなっているし、国際的な協力体制の必要性は広く認知されつつある。

世界の難題に立ち向かうためには、自分の狭い管轄に縛られない新たな問題解決の枠組みが不可欠だ。もっと風通しのいい国境を実現し、ブロックチェーンやＩｏＴを活用すれば、人びとを悩ませてきた諸問題に新たな突破口が見つかるのではないだろうか。

個人やコミュニティによる自主的な予算管理

ブロックチェーンを利用したネットワークは、行政サービスの堅牢性と信頼性を高めてくれる。各種手続きをセルフサービス化することで、行政の仕事はかなり改善されるだろう。業務にかかる時間が短縮され、汚職などの人的リスクは大きく減る。オンラインで職業訓練を実施するなど、効率化されたサービスで人びとの力をいっそう引きだすことができるはずだ。

スマートコントラクトを使えば、役所の手続きを省略して、結婚などの社会的契約を個人間で完結させることもできるかもしれない。メラニー・スワンは次のように説明する。

「ブロックチェーンはアイデンティティや各種取引記録、資産の記録などを安全に収容できます。これは結婚などの重要なイベントで役立ちます。銀行口座や育児の契約、土地の権利など、重要な各種情報を結婚という契約に結びつけることができるからです。そうすることで安心して二人の生活を始められます[*18]」

2014年8月には、フロリダのウォルト・ディズニー・ワールドで世界初のブロックチェーン結婚式がおこなわれた。婚前契約をブロックチェーンに書き込む例も出てきている。

人びとが行政に参加し、力を合わせて共通の目標に向かう新たなモデルも模索されている。たとえばお金の管理にしても、国や地方が管理すべき予算もあれば、個人やグループの裁量で動かせる部分もあるはずだ。ブロックチェーンを通じて、その新たなバランスを実現しようという動きがある。一部の自治体では、個人（行政サービスの受益者）、コミュニティ（狭い地域）あるいは住民全体（都市単位）がみずから予算を管理するという新たなモデルの検討が進められているところだ。

たとえば、社会保障をシンプル化し、自分で管理させるという方法が考えられる。各種社会保障制度にひとつひとつ申請してそれぞれ別の基準（収入、資産、扶養家族、住居の種類、学歴など）で審査するかわりに、ＩＤと過去の記録にもとづいて各個人に最適な予算を割り当てるというやり方だ。ブロックチェーン上の記録を使って生産や消費のパターンを分析し、住んでいる地域や学歴、タバコやアルコールの消費量といったリスクを見定めて、その人が受けとるべき金額を決めていく。割り当てられたお金をどう使うかは個人の自由なので、状況に応じて最適な使い方を選択できる。子どもに冬のコートを買わなくてはならないという事情を役人に説明しなくても、自分の判断で購入すればいい。

個人の責任と裁量は大きく増えるだろう。同じことは地域単位でもできるし（公園やコミュニティセンターなど）、複数の行政機関をまたがるプロジェクトにも応用できる。

すでにいくつかの団体が、自主性を重んじた支援の試みを進めている。[*19] ブロックチェーンによって、この流れはさらに加速するはずだ。国民の納めた税金がどこでどう使われ、それを人びとがどう活用し、その結果どのような成果が得られたのか（収入や教育、住宅状況など）、すべてが明確に見えるようになる。複雑なモニタリングや分厚い報告書はもう必要ない。

データの可視性と追跡可能性が高まるというと、ディストピア的監視社会を思い浮かべる人もいるかもしれない。でも現実は真逆だ。データは中央の権力者や匿名の官僚の手中にあるのではなく、個人やコミュニティが活用できる形で公開されるからだ。さらにブロックチェーンは、公的資金の使い道も可視化してくれる。こうして社会は、2つの相反する目標を同時に達成できるだろう。情報や意思決定を個人やコミュニティに委ねつつ、より豊かな行政サービスを実現するのだ。

ラディカルな情報公開

アメリカでデジタルコマース審議会（Chamber of Digital Commerce）を立ち上げたペリアンヌ・ボーリングは、ブロックチェーンが政治を良い方向に変えると信じている。

「ブロックチェーンはすべての人に証明可能な事実を提供し、ラディカルな透明性をもたらしてくれます。ブロックチェーン上で起こった取引はすべてオープンな記録に残るからです」[*20]

政府の情報公開は容易になり、行政や民間の行動に役立てることができる。これまでは情報公開といっても、市民が情報閲覧許可を申請するという形でしかなかった。でもこれからは、生のデータをそのまま開放することが可能になる。交通パターンや医療モニタリングから、環境測定データ、国家の資産、エネルギーの利用状況、国家予算・支出、経費の詳細まで、あらゆるデータが市民の手の届くものになるのだ。

個人や企業、NGO、研究機関などがデータを利用したい場合、生データをアプリケーションに入れて自由に分析することができる。バスの運行状況をその場で調べるという気軽な使い方から、消費トレンドや健康パターン分析のような応用までいろいろな使い方が考えられる。

2015年8月時点で、アメリカ政府はオープンガバメントのウェブサイト上に

16万5000件のデータを公開している。[*21]「政府のデータはパブリックなデータである」という政府の方針により、これまでにないレベルの情報公開が進められてきた。各国政府もこれに追いつこうとしているところだ。たとえばイギリス政府は、2015年8月時点で2万2000件のデータをオンラインで公開している。[*22]

データ公開にP2Pネットワークとブロックチェーンを利用すればその効率は大幅に上がり、高い一貫性、有用性、信頼性が得られるだろう。公開されることで、正確なデータに対するインセンティブも高まる。データに間違いや改ざんの跡があれば、人びとはすぐに気づいて報告するからだ。

必要な作業は、ブロックチェーンのネットワークにデータセット一式を登録するだけだ。あとはネットワークが変更履歴や不正アクセスのログを記録してくれる。管理者がつねに見張っている必要はない。政府が各種プログラムのデータをもっと増やしていけば、民間の組織や研究者がプログラムを深く分析し、理解する助けになるだろう。

成果報酬型の公共プロジェクト

信頼性の高い情報が増えれば、人びとやコミュニティが自分たちの暮らしを改善できるようになり、経済的・社会的にポジティブな効果が期待できる。ブロックチェーンとP2Pを通じた情報公開は、公共サービスのあり方を考えなおすきっかけにもなりそうだ。

国が生データを公表すれば、このデータをプラットフォームとして人びとや企業、団体が自発的に公共サービスをつくっていくことができる。実際に、成果報酬型モデルで社会問題の解決を民間に求める試みもいくつか出てきている。たとえばアメリカの労働省は、前科のある人を雇うことで再犯防止を図るプロジェクトに出資した。シカゴ市でも、成果報酬型プログラムで貧困家庭の未就学児に対する教育レベルを向上させる試みを進めてきた。[*23]

こうした成果報酬型モデルは、イノベーションを促進し、望ましい成果に対して高いインセンティブを与えることができる。たとえば、持続可能なエネルギーをめざして活動している小規模な非営利団体に、継続的なマイクロペイメントを実施するのはどうだろう。つまり一定の成果が測定されるごとに、国から報酬が支払われる契約にするのだ。そうすれば面倒な書類手続きが削減できるし、国の後ろ盾を得ることで各方面からの資金調達もスムーズに進められる可能性がある。

スマート・ソーシャル・コントラクト

組織の行動を変えるうえで、透明性は欠くことのできない要素だ。政治家に価値観や行動を押しつけることはできないけれど、スマートコントラクトで彼らの意思決定や行動に制限を加えることはできる。代表者としての役割と責任を明確に規定し、そこから外れた行動ができないような契約をブロックチェーンに記録するのだ。

すでに述べたように、スマートコントラクトは自動的に実行される契約だ。人間が恣意的に変えられる部分がないので、結果に対する不安がない。スマートコントラクトは政府のさまざまな仕事に導入できるほか（サプライチェーン、外部の法的サービス、成果報酬型プロジェクト）、政府や個々の政治家の役割を規定するためにも使える。たとえば政党や政治家の行動を追跡し、公約を守っているかどうかチェックすることが可能だ。すでにこうした監視ネットワークを公式・非公式につくっている人たちもいる。

政治家のあらゆる行動を逐一見張るのは非現実的だとしても、重要な行動や公約を監視することはできるし、やがてノウハウが積み重なって監視の方法が洗練されれば、より確実で信頼できる判断が可能になるはずだ。これは遠い未来の話ではない。ロンドンでは2016年の市長選立候補者が、政治家の行動をチェックするためのブロックチェーン導入を呼びかけている。[*24]

さらに国の規制当局も、監督している業界の動きをリアルタイムで追跡することが可能になる。環境基準や安全基準などの目標を満たしていない企業があれば、すぐに発見して業務改善をうながすことができる。ウェブサイト上の情報公開は増えてきたが、ブロックチェーンならリアルタイムの情報を自動的に、正確さが保証された状態で確認できるというメリットがある。

このようにデータ追跡することが一般的になれば、誰が誠実に行動しているかを世の中がつねに意識するようになってくるだろう。投票に行っているか。約束をきちんと守るか。誰があの候補者に寄付したのか。スマートコントラクトの契約を破ったのは誰か。

さらに有権者は、自分たちの要求が適切で現実的であるかどうかを今まで以上に意識するようになるだろう。結果が見えにくいとき、有権者は得てして無理な主張をする。行政サービスを充実させて税金を下げろとか、物価を下げて賃金を上げろといった要求だ。オープンデータによってトレードオフに対する理解が深まれば、有権者も現実を見据えた要求を出せるようになる。

テクノロジーとデモクラシーの気まずい関係

テクノロジーはデモクラシーをどう変えてきたのだろう？

その答えは、けっして美しいものではない。テレビは民主的な議論のレベルを低下させ、アル・ゴアの言う「アイデアの広場」を一方的なおしゃべりに変貌させてしまった。[*25] 候補者たちの討論はただ相手をこき下ろすだけのケンカと化し、派手に相手をけなしたほうが注目を集めるという品のない事態になっている。

そしてインターネットも、今のところ民主主義をよい方向へ進めることはできていない。監視社会とプライバシーの侵害を引き起こし、民主主義だったはずの国を全体主義の支配者に変えてしまった。

早急に解決すべき課題は、次の3つだ。

1　意見の分裂と対話の消滅

アル・ゴアはデジタル時代の到来に期待を抱いていた。社会の基本的制度をむしばむ悲観主義の波を、テクノロジーの力で押し返すことができると思っていたのだ。

「インターネットは身近で活気に満ちたアイデアの広場を復活させるための最大の希望である」と彼は述べている。[*26] このように期待していたのは彼だけではない。ウェブは確かな情報へのアクセスを可能にし、パブリックな対話の質を高めてくれると思われていた。

ところが、現実はむしろ逆だった。人びとの意見は断裂し、新たなツールを駆使してイデオロギーを広める集団が力を伸ばした。誰もがコンテンツをつくれる時代になり、情報や意見が大量に発信されるようになった結果、人びとは似たような意見を持つ人で徒党を組み、異なる意見に耳をふさいでいる。

コミュニケーションとデータ分析の新たなツールは、一部の集団がイデオロギーを広める道具と化してしまった。リベラルも保守も、自分の声を増幅することしか考えていない。歩み寄りや合意の道は固く閉ざされてしまったかに見える。

2 でたらめや陰謀論の流布

インターネット上で人間と犬の区別がつかないのと同様、真実と嘘を見分けることも難しい。陰謀論者の流す嘘はまたたく間に世の中に広まり、人びとの心をつかんでいる。[*27] マレーシア航空MH370便が失踪した事件では、数々の陰謀説がまことしやかにささやかれた。また、アメリカ人の10人に3人までが、人間はこの世の初めからつねに存在していたと信じているらしい。[*28] ウェブ上の陰謀論者や否認主義者は、科学的・合理的な人よりも強い影響力を手に入れているようだ。

イランや北朝鮮などの抑圧的な国家では、インターネットが国によってコントロールされている。お上が認めた情報しか見られない閉鎖的なインターネットは、イデオロギーで真実を隠蔽するための格好の道具となってしまった。

3　政策の複雑化

デジタル時代以前には、政策の策定と実行はそれほど複雑な問題ではなかった。政策の専門家や政権のアドバイザーが確実に手腕を発揮していたからだ。ところが、いまや専門家たちは解決策を見つけだすどころか、問題の把握すら満足にできない状態だ。あまりの惨状を嘆いたオバマ大統領は、２０１０年に「平易な文章法」という法律を成立させ、公的文書にシンプルな文章を使うことを義務づけた。[*29]

現代は予想もしなかったことが起こる時代だ。どの政権も、あらゆる問題を確実に把握しているわけではない。政府の専門家たちがカバーできていない問題はいくらでもある。世論調査を実施したところで、調査をつくる側が問題の本質を把握できていないことも珍しくない。

ブロックチェーン民主主義

こうした問題から見えてくるのは、人びとの対話および政治参加を中心とした新たな民主主義モデルが求められているという事実だ。

政治参加といっても、すべての政策を国民投票で決めようというのではない。ほとんどの人はそんなに暇ではないし、あらゆる政策を判断するだけの知識も関心も持ち合わせていない。

必要なのは全員のあやふやな意見ではなく、少数でもきちんと考え抜かれた意見だ。問題を深く議論し、よりよい解決策を見つけだすためには、やはり議会という存在が必要になってくる。

ただし、人びとがもっと政治に参加できるような、コラボレーション促進モデルは必要になってくるだろう。ちょうどブロックチェーンのマイニングのように、参加することで報酬が得られる制度をつくれば、人びとはもっと社会の諸問題に関心を持つはずだ。そして人びとの意見を反映させれば、より力強く説得力のある政策が可能になる。政治家のスキャンダルにうんざりする世の中ではなく、民主主義のプロセスにわくわくする世界がやってくるのだ。

なぜ今までそれができなかったのか？　理由は技術的なものではない。政治家たちがみんな選挙に勝つことしか考えていなかったからだ。

まずは基本的なところから始めよう。議会制民主主義の根底にあるプロセスは、選挙だ。投票は国民の基本的な権利である（ベルギーなど一部の国では、義務でもある）。ところが、多くの国の選挙制度は欠陥を抱えている。役人が裏で手を回したり結果を書き換えたりするケースは少なくないし、投票のハードルを上げたり、金や脅しを使って人びとの投票を操作する人もいる。票の操作は何らかの形で、世界中でおこなわれていると言っていい。

これだけテクノロジーが発達した現代にあって、多くの国の投票システムは数百年前からほとんど変わっていない。投票所に行って本人確認をし、紙に投票内容を記入して物理的な箱に入れる。それを人間がひとつひとつ開票して数えるというやり方だ。

電子投票も少しずつ増えてきたけれど、その多くは紙と同じくらい信頼性の低いシステムだ。現在の電子投票システムは、大きく３つの問題を抱えている。ソフトウェアおよびハードウェアの脆弱性、集計プログラムの不具合、そして操作する人のヒューマンエラーだ。２００４年にノースカロライナ州で実施された電子投票では、投票結果が３０００件しか保存できないという致命的な不具合で、4438件の投票が無効になった。[*30]

ブロックチェーンは選挙をどう変えるか

ブロックチェーンは透明で信頼性の高い、新たな時代の投票システムを可能にしてくれる。暗号通貨の二重使用ができないのと同じように、ブロックチェーンなら二重投票やなりすましを防いで正確な投票システムを実現できる。スペインのアゴラ・ボーティング社は政府の協力のもと、ブロックチェーン技術を活用した投票システムの開発に取り組んできた。エドゥアルド・ロブレス・エルビラCTOは言う。

「セキュアな分散システムをつくるのは非常に難しいのですが、ブロックチェーンならこれを実現できます。ただ分散させるだけでなく、安全に分散させるのです。これは電子投票をはじめとして、多くの分野に応用できます[*31]」

スペインの左翼政党ポデモスは、実際の予備選挙でアゴラの電子投票システムを利用している。大衆のための透明性の高い政治という彼らの思想に、ブロックチェーンがうまく一致したのだ。

ほかにも世界各地で、新たな電子投票への動きが進められている。最新のイノベーティブな動きをいくつか紹介しよう。

E2E検証可能投票システム

2015年、アテネ大学の研究チームがDEMOSという新たな投票システムの概要を発表した。エンド・ツー・エンド(E2E)でデータの正しさを検証できる電子投票システムだ。[*32]ブロックチェーンと同じように、分散的な検証システムで不正のない電子投票を実現する。

これまでにも、投票結果の改ざんを防ぐためのE2E検証可能投票システムは開発されていた。ただし、DEMOS以前のシステムには、ランダムオラクル仮定という一定の条件のもとでしか信頼性を証明できないという問題があった。これに対し、DEMOSは数学的に信頼できる計算を利用して、データの正しさを確実に保証することを可能にした。[*33]

投票する人は2つのランダムな数字を受けとり、これを鍵として投票をおこなう。一方の数字は投票者に対応し、もう一方は投票先に対応している。この鍵を利用することで、中心となるサーバーがなくてもデータの正しさを証明することが可能になる。

DEMOSの登場で、E2E検証可能投票システムは今後一気に広まることになるかもしれない。

ニュートラル投票連合

オーストラリアで、NVB(ニュートラル投票連合)という団体がブロックチェーン投票を実施し、民主主義のあり方を大きく変えようとしている。彼らの主張はシンプルで前向きだ。

「政治を変えるには、自分たちで参加するしかない」[*34]

創設者のマックス・ケイはNVBを「政治アプリ」と表現する。そこでは普通の人たちが、興味のある政策に対してブロックチェーンで「投票」することができる。投票期間が終わると、最終結果にもとづいて、実際の議会でどう投票すべきかという指示が議員に送られる。

なぜブロックチェーンを利用しようと思ったのか、という問いに、ケイは次のように答える。

「さまざまな政党に働きかけるわけですから、強く反発する党も当然出てきます。そのなかで情報の正しさと信頼を保つためには、結果を検証できる必要があると考えたんです。各党が自分で、結果の正しさと票の記録をたどれるようにするということです」

検閲に強いしくみや、データの不変性も重要な要素だった。

「僕の知る限り、それを満足に実現できるのはビットコインのネットワークだけです。もちろんそれ以外にもブロックチェーンはありますが、ハッシュレート（計算量）を考慮するとビットコイン一択でした[*35]」

「投票を守れ」運動

ときには暴力的な形で、票が操作されることもある。

ジンバブエでは、ロバート・ムガベ大統領の支持者による激しい妨害工作のせいで、野党が選挙への出馬をとりやめてしまった。形だけの選挙が実施され、もちろんムガベが勝った。

テクノロジーがいつも正義のために使われるとは限らない。でもブロックチェーンをうまく使えば、こうした選挙の不正が防げるかもしれない。

２０１４年7月、インドネシアで大統領選挙がおこなわれ、庶民派で知られるジョコウィが僅差で勝利した。この選挙を支えたのが、７００人の匿名ハッカーによる「投票を守れ」運動だった。彼らは対立候補による票の改ざんを防ぐため、各投票所の開票結果をインターネット上で公開し、透明な選挙を実現した。テクノロジーで不正を防ぎ、古い体制を打ち破ったのだ。[*36]「投票を守れ」運動はインターネットと人的リソースを利用した活動だったが、ここにブロックチェーンが加われば、開票結果の公開をリアルタイムで自動的に、より信頼性の高い形で実現できる。今後の動きが期待されるところだ。

民主主義の新たな形を考える

ブロックチェーンは効率的で民主的な選挙を可能にするだけでなく、政治のプロセス自体を変貌させるかもしれない。

次世代の政治のあり方として、「リキッド・デモクラシー（流動的民主主義）」というシステムをめざしている人たちがいる。リキッド・デモクラシーとは、古代ギリシャのような直接民主制と現在の議会制民主主義の利点を掛けあわせたシステムだ。

リキッド・デモクラシーでは、政治への関わり方を人びとが自分で選択できる。政策の是非を問う国民投票が頻繁に実施されるけれど、すべてに自分で投票する必要はない。「あらゆる政策に正しい答えが出せる人はいない」というのがリキッド・デモクラシーの基本的な考え方だ。だから有権者は自分で投票してもいいし、それぞれの分野の専門家に票を委ねてもいい。[*37]幅広い分野の専門家が国民のかわりに妥当な判断をしてくれる。

ブロックチェーンによる電子投票なら、確実で透明性の高いリキッド・デモクラシーが実現できる。技術がこれだけ進歩したのだから、従来の議会制民主主義にこだわる理由はないはずだ。新しい政治の可能性をもっと考えてみたほうがいい。

ランダム投票権で不正を防止

ブロックチェーン時代の選挙でもうひとつ考えられるモデルが、無作為標本選挙だ。有権者の中からランダムで選ばれた人に投票用メールが送られ、ウェブサイトを通じて投票する。その他の人も投票権をリクエストすることはできるけれど、送られるのはただのダミーで、票がカウントされるわけではない。

有効な投票権とダミーとは見た目で区別できないので、金で票を買おうとしても、自分の買った票がはたして有効なのかどうかを知ることができない。もちろん有効な票を売る人よりダミーの票を売る人のほうが多いわけだから、票を買うという行動自体にあまり意味がなくなる。したがって現在の投票制度よりも精度の高い結果が得られるはずだ、と考案者のデヴィッド・ショームは述べている。[38]

価値に投票し、意見に賭ける

オーガー社はブロックチェーンを使って未来予測市場を運営し、これまでにない未来予測モデルを築いている。これをうまく応用すれば、集合知を使った民主主義が実現できるかもしれない。政府は予測市場を利用して国民の未来に対する理解を深め、より賢明な政策を選択できるようになる。

イーサリアムのヴィタリック・ブテリンは、予測政治（futarchy）という新たな政治の形に言及している。[*39] これは経済学者のロビン・ハンソンが考案したシステムで、ひとことで言えば「価値に投票し、意見に賭ける」というやり方だ。

予測政治の投票は2段階に分かれている。まず最初に、何をもって成功とするかという基準を選定する（識字率向上、失業率低下など）。そして次に、予測市場を使って、その成功を達成できる可能性がもっとも高い政策を決定する。

オーガーなどの予測市場システムは日々の小さな投票を通じて政策の議論を活発化させ、ゆくゆくは民主主義の未来を形づくることになるかもしれない。

ブロックチェーン裁判

ブロックチェーンが司法制度を変えていく可能性もある。

透明性、クラウドソーシング、オンライン参加というブロックチェーンのコンセプトを組み合わせれば、古代ギリシャのような市民による司法制度を現代に復活させることができる。[*40]

クラウドジュライというシステムはまさにそれをめざしている。[*41] クラウドソーシングとブロックチェーンを利用し、起訴から証拠収集、陪審員の選定、オンライン裁判の実行、評決まですべてをオンラインで完結できるシステムだ。法廷に行く必要がないので、裁判にかかる時間とコストが大幅に削減される。

クラウドジュライの裁判は次のようなプロセスで進んでいく。[*42] まず容疑をオンラインで登録する（例：ある官僚が賄賂を受けとっている疑い）。そして証人候補に証拠の提出を依頼し、情報をまとめる。届け出や証拠はすべて暗号化されてブロックチェーンに保存されるので、誰かが勝手に消したり改ざんしたりすることはできない。

訴えの登録が終わると、必要な知識やジャンルにもとづいて志願者を募集し、比較的少数（9～12人程度）の陪審グループを編成する。裁判には2種類の進み方が考えられる。まず、この段階で容疑者が容疑を認めて、うまく和解するケース。もうひとつは、大規模な陪審団によるオンライン裁判へと移行するケースだ。古代ギリシャでは30歳以上の男性なら誰でも陪審員に志願できる制度がとられていたが、それと同様に市民から大規模に志願者を募り、そのなかからコンピューターがランダムに陪審員を選出する（古代ギリシャのクレロテリオンという制度でも、ランダム抽出で陪審員が選ばれていた）[*43]。こうしてバイアスのない大規模な陪審団ができあがる。裁判の様子はオンラインで公開されるので、誰でも自由に傍聴できるし、質問することも許されている。ただし、有罪か無罪かを投票できるのは、あらかじめ選ばれた陪審員だけだ。

まずはソーシャルネットワークなどで発生する少額の争いを、オンラインコミュニティで解決するところから始めるといいだろう。イギリスの民事裁判評議会も、世界各地のオンラインモデルを調査して最適なやり方を探っているところだ[*44]。ほとんどのモデルでは、裁判官や司法の専門家にオンラインで参加してもらう形をとっている。一部には、ユーザー同士で問題を調査し、判決を下す試みもある。ウェブサイトでの暴言やオンラインゲームでの不正をユーザーが通報すると、別のユーザーたちが判決を下すというやり方だ。

たとえばオンラインゲーム「カウンターストライク」シリーズで知られるバルブ社では、認定されたユーザーたちがゲーム内の紛争を審査し、必要に応じてアカウント停止などの措置を取る「オーバーウォッチ」システムを導入している。[*45]

このように、集団の知恵を利用すれば、より効率的な裁判プロセスで最適な結果を導くことができる。何十万人という陪審員が審議に参加する「クラウド裁判」の時代がやってくるかもしれない。[*46]

21世紀型民主主義を実現するツール

ブロックチェーン技術の可能性はまだまだ広がっている。民主主義を促進する各種のツールが登場し、人びとの意識を大きく変えていくかもしれない。ブロックチェーンの特徴を生かした新たな可能性をいくつか考えてみよう。

デジタル・ブレインストーミング

世の中のニーズや新たな政策の可能性を探るために、政治家と市民がリアルタイムで意見を出し合えるオンライン会議を開催。一人一票のトークン投票制によって、妨害や荒らし行為を防止する。

賞金つきチャレンジ

市民参加型の賞金つきチャレンジで、イノベーティブな解決策を募集。ドン・タプスコットが『ウィキノミクス』で紹介した「ゴールドコープ・チャレンジ」のように、人びとの意見を広く募ることで画期的な解決策が出てくる可能性がある。

オンライン陪審

ランダムに選ばれた市民が、陪審員やアドバイザーとして裁判に参加する。参加者の経歴や評判はブロックチェーン上の確実な情報によって知ることができる。オンラインで情報公開、質疑応答、討議、証言がおこなわれ、やりとりはすべてブロックチェーンに記録される。

審議型世論調査

単なる世論調査ではなく、十分な情報と討議にもとづいて意見を決めるような形の世論調査をオンラインで実施。ランダムに抽出された参加者同士で議論し、専門的な資料を読んだうえで、熟慮の結果としての判断を投票する。

シナリオ・プランニング

ソフトウェアを用いたシミュレーションとモデリングで、未来の政治についてのシナリオを作成。ある政策を実行した場合の結果を予測したり、長期的なニーズの変化を見積もるために利用できる。

つか？

予測市場

オーガーの例で見たように、予測市場の使い道は多岐にわたる。人びとの集合的な知恵を政策決定に利用することも可能だ。ニュージーランドの予測市場では、次のような予測が実際に出てきている。橋の建設はいつ終わるか？　1年後の失業率は何％か？　次の選挙で与党が勝つか？

ブロックチェーンを使えば、こうしたツールを安全かつプライバシーに配慮した形で実現することができる。匿名型なので、政府による検閲や取り締まりは不可能だ。自分のプライバシーを犠牲にしなくていいので、より多くの人が参加してくれるだろう。

さらに、ブロックチェーン上の評判システムを利用することで、より責任感のある話し合いが可能になる。冗談半分の参加者や、妨害目的でおかしな発言をする参加者は、評判が下がって自分が損をするだけだ。

賞金型のシステムでは、より便利でスピーディーな支払いが可能になる。また、スマートコントラクトで参加者の役割を明確に定義しておけば、プロジェクトの方向性が定まって生産的な話し合いが促進されるだろう。

ブロックチェーン専門家のメラニー・スワンは、ブロックチェーンによって市民の政治参加のあり方が大きく変わるだろうと期待する。

「文化や情報に比べると、政治や経済の分野で集中型の管理を手放すのは困難に感じるかもしれません。ですが、社会の成熟という意味ではどちらも同じことですし、できないと決めつける理由はありません」[*47]

オバマ大統領は2008年の大統領選で「マイバラクオバマ・ドットコム」というサイトを立ち上げた。このサイトは支持者たちをひとつにまとめるプラットフォームとして機能し、多額の献金が集まっただけでなく、チームへの参加意識を持ってもらうことにも成功した。実に1300万人のサポーターが集まり、同じ興味を持つ人たちによる3万5000のグループが結成された。「イエス・ウィー・キャン（私たちならできる）」のスローガンはただの希望や願望ではなく、自分たちの力を確認する言葉だったのだ。

ところが2012年の大統領選では、オバマ大統領のキャンペーン戦略が市民参加からビッグデータへと移行してしまった。「私たちならできる」のスローガンは、「君たちのことなら知っている」に変質した。データ分析によるターゲット戦略で選挙資金はうまく集まり、オバマは無事に当選した。しかし、人びとの気持ちはどこか冷めているように見えた。支持者たちはもはや参加者ではなく、操作される存在になってしまったのだ。

政治家に期待しても、どうせ裏切られるのだろうか？

だったら、僕たちが変えればいい。

ブロックチェーンを使って政治と民主主義を変えるためにできることはいくらでもある。政治の効率化、オンライン投票、オンライン裁判、電子納税、公共サービス。裁判、警察、議会などの透明性を向上させ、国や自治体の資産を追跡することも可能になるだろう。

あなたがまだ若いなら、民主主義をあきらめないでほしい。今は壊れているかもしれないけれど、きっと修復できる。少しずつでも、ブロックチェーン化の流れは確実に進んでいくはずだ。

変化には困難がつきものだ。でも人びとが力を合わせれば、きっとうまくいく。ブロックチェーンは数々の問題を解決し、世界をもっといい場所に変えてくれるだろう。

第9章 僕らの音楽を取りもどせ

——アート、教育、ジャーナリズム

それはちょっと見たこともないような、1歳の誕生日パーティーだった。

会場はロンドン屈指のライブ会場「ラウンドハウス」。円形の巨大な会場を彩るのは、音に反応して光るLEDのツリー、お城をかたどったバルーン遊具、そして食べつくせないほどの豪華なビュッフェ。

人びとの顔ぶれも多彩だ。クリスタルボールを自在に操るコンタクトジャグラーに、数十人の乳幼児、その親や近所の友人、ミュージシャンたち。そのなかに、ブロックチェーン関係者の姿もちらほら見える。

たとえば、カリスマエンジニアのヴィネイ・グプタ。彼は身近な材料でつくれる簡易シェルター「ヘクサユルト」の考案者として知られるが、現在はブロックチェーンの伝道師として活躍している。それから、イギリスのアーティスト団体FACのCEOを務めるポール・パシフィコ。彼は金融業界から音楽業界へと転向し、現在はアーティストの権利を守るために活動している。

そうそうたるメンバーの中心にいるのが、パーティーの主催者であるイモージェン・ヒープだ。ヒープは電子音とアコースティックの融合した美しいサウンドが印象的なミュージシャン。2015年にはミュージック・ウィーク誌の「インスピレーショナル・アーティスト・オブ・ザ・イヤー」にも選ばれた。[*1] そして彼女の1歳になる娘スカウトが、この豪華すぎる誕生日パーティーの主役である。

「自分のつくっているものが、いつかこの子の役に立つと思いたいんです」

本書のインタビューに応えて、ヒープは音楽業界への思いを語った。

「ビジネス的な面でいえば、かなりネガティブな見方が広がっています。わけがわからない状況ですよ。音楽をつくるアーティストが、食物連鎖のいちばん下に追いやられているんですから。それっておかしいですよね。音楽はいつでも私たちを取り巻いています。携帯の中にも、タクシーの車内にも、どこにでもある。それなのに、アーティストが受けとるものは年々少なくなっているんです[*2]」

ミュージシャンをはじめ、アーティストたちはジレンマに直面している。

インターネットは、アーティストの創作と表現の場を大きく広げた。ウェブはアーティストたちを結びつけ、すばらしいアイデアやコラボレーションを可能にしてくれた。販売のツールが不足しているわけでもない。デジタルダウンロードやストリーミング配信が可能になり、レコード会社は新たな収益源をつねに開拓してきた。

問題は、新たなメディアが登場するたびに、アーティストの取り分と発言力がどんどん小さくなっていることだ。トーキング・ヘッズのデヴィッド・バーンも、ガーディアン紙に次のような意見を寄稿している。

「今のやり方のままでは、クリエイティブな仕事はつぶれていくだろう。音楽だけじゃなく、あらゆる創作が危機に瀕している。このままインターネットが世界中のコンテンツを吸い込みつづけたら、そのうち世界は空っぽになってしまう」*3

この章では、ブロックチェーンを使ってアーティスト中心のビジネスを実現する方法について検討したい。必要なのは、自由に表現できるだけでなく、表現の対価を十分に受けとれること。言いかえれば、当然の権利を取りもどすことだ。

巨大な業界に搾取され、政府の検閲につぶされる時代はそろそろ終わりにしよう。

音楽業界とフェアトレード

「娘のスカウトが将来ミュージシャンになったとして、どうやって生計を立てればいいんでしょう？」

娘の将来を考えると、既存のビジネスモデルに乗っかっているわけにはいかない。その認識がイモージェン・ヒープの行動を駆り立てる。

「とにかくシンプルでコアなしくみが必要なんです。もっと信頼できて、音楽で生きていけるんだと思えるようなやり方です」*4

ポール・パシフィコもこれに同意する。

「文化、技術、社会、それにビジネスという点で、音楽業界はもっと時代を反映しなくてはいけません。クリエイターと消費者の双方にとって、持続可能で実りのある未来をつくっていくべきです」[*5]

ヒープはポール・パシフィコやヴィネイ・グプタと組んで、音楽業界の新たなエコシステムをつくることにした。

イノベーションの予測市場があったなら、ヒープに賭けたほうがいい。2009年のアルバム「エリプス」で、彼女はグラミー賞の最優秀エンジニア・アルバム賞を受賞した。女性アーティストでは初の快挙だった。ヒープはこの喜びをツイッターのフォロワーたちと共有するため、特製の「ツイッタードレス」を着て授賞式にのぞんだ。大きな襟にLEDを配置し、ツイッターのフィードをリアルタイムで流すというユニークなアイデアだ。

2013年にはMi．MuというNPOを立ち上げ、手袋型のウェアラブル音楽デバイスを開発した。両手の動きをセンサーでモニタリングし、ジェスチャーだけでコンピューターを操作して音楽を奏でることができるワイヤレスグローブだ。このデバイスは2015年のベルリン・ウェアラブルIT／ファッションテック・アワードで最優秀賞に輝いた。今をときめくポップスターのアリアナ・グランデも、このグローブを装着してヒープの「ハイド・アンド・シーク」のカバーを演奏し、その動画をユーチューブに投稿している。

「初めてのワールドツアーでMiMuグローブを使うことができて、すごくうれしい。あこがれの人、イモージェン・ヒープ（@imogenheap）のおかげです」[*6]

ヒープの先駆的な取り組みは、まわりの人間を惹きつけてやまないようだ。

「ミュージシャンだって馬鹿じゃないんです」とヒープは言う。「部屋でマリファナ吸って音楽やってるだけの気楽な集団じゃありません。私たちは、真剣に働いている起業家なんです」[*7]

ヒープはブロックチェーンがクリエイターの知的財産権を守り、適切な対価を保証するための新たなプラットフォームになると考えている。なかでもスマートコントラクトは音楽業界の面倒な構造を打ち壊し、レーベルの役目をもっとシンプルでミッションクリティカルなものに変えてくれるはずだ。

肥大化したビジネスと搾取の構造

「さて、こいつをどうしたもんかな?」とトーキング・ヘッズは歌う。[*8]

まずは基本的な問題から解決していこう。

アーティストたちは、アナログレコード時代と同じような契約書に署名している。音楽を届ける手段が物理的なレコードくらいしかなく、流通と販売に大きなコストがかかった時代のなごりだ。ヒープは自分の印税の数字を次のように教えてくれた。

「初めてレーベルを見つけたときは、15%くらい自分に入る契約だったと思います。最近出したアルバムでは、たしか19%です。運がよければもう少しもらえるかもしれませんけど」[*9]

なかにはレーベルとの契約を、著作権の有効期間が切れるまでの終身契約にしているアーティストもいる。アメリカの著作権は本人の死後70年間有効だ。そのあいだに時代はすっかり変わり、予想もしなかったイノベーションが登場することだろう。その契約書で本当にアーティストとその子孫にフェアな対価を払えるのだろうか?

その昔、レコードレーベルの存在は今ほど大きくなかった。いちばん偉いのはラジオで、その下にレコードストアがあり、アーティスト自身が新たな才能の発掘や育成にたずさわっていた。それから、無数に存在していた小規模レーベルが徐々に合併を繰り返し、3つの巨大レーベルへと進化した。ソニー・ミュージックエンタテインメント、ユニバーサル・ミュージック、ワーナー・ミュージック・グループの3強が世界に君臨し、下のほうに小さなインディーズ・レーベルが散在している状況だ。

この3つの巨大レーベルが、スポティファイ（世界最大のストリーミング配信サービス）の株式の15％を保有している。[*10] スポティファイがIPOを果たした暁には、これらの大企業に儲けが転がり込むわけだ。その他の大手プレイヤーとしては、アップルが世界最大の音楽ストアであるiTunesストアを持っているほか、音楽イベントの分野ではライブ・ネイションが世界中のフェスやツアーを仕切っている。

このように、音楽業界の権利はひと握りの大企業に牛耳られている。さらにレーベルやイベントプロモーション会社は、アーティストとの「360度契約」を結ぶことが多くなった。これは楽曲の著作権、ライブ、グッズ販売、ストリーミングなどのあらゆる権利を包括的に含んだ契約で、何らかの売上があれば必ずレーベルやイベントプロモーション会社に金が入るというしくみだ。

それぞれのコングロマリットは独自の会計システムと独自の契約方式を持っているため、各社の数字を比較することは難しい。

「それぞれ別のプラットフォームで動いているので、本当に頭が痛くなります」とヒープは言う。[*11] 各社のシステムには独自のノウハウが詰めこまれているが、新たなやり方が出てきても古いやり方がすぐに廃れるわけではないので、複数のフォーマットや流通方式に対応する複雑なシステムを各社がメンテナンスしなくてはいけない。物理的なCDとデジタル音楽ファイルの共存はそのわかりやすい例だ。

さらに事態をややこしくしているのが、音楽業界の複雑なサプライチェーンだ。版権と興行権の管理者とは別に、放送や商業施設などでの音楽利用を監視して著作権料を徴収する団体が存在する。アメリカでいえばASCAPやBMI、SESACと呼ばれる団体だ。それだけでなく、プロデューサー、スタジオ、ライブ会場、ツアーオーガナイザー、プロモーター、ホールセラー、ディストリビューター、エージェントなど、数多くの利害関係者が存在し、それぞれに別個の契約を結んでいる。会計や報告書の方式も当然ばらばらだ。

各組織は売上から自分の取り分をとって、その残りをアーティストのマネジャーやエージェントに渡す。その中から、契約に基づいた一定割合の金額がアーティストに支払われる。お金の流れでいえば、アーティストは最後の最後、いちばん末端に置かれているのだ。だからアルバムを出しても、なかなかお金が入ってこない。リリースのタイミングやレーベルの支払いサイクルにもよるけれど、初回の印税が入るまでに半年から1年半ほどかかることもある。

この入り組んだサプライチェーンのなかに、最近また新たな層の仲介役が参入してきた。スポティファイやユーチューブなどのIT企業だ。おかげでアーティストの取り分はさらに小さく薄くなっている。

ストリーミング配信では、再生数に応じて配信業者から権利者（レーベルなど）に使用料が支払われる。スポティファイの場合、1回の再生で0・006ドル〜0・0084ドル程度だ。[*12]サイトの説明には、広告およびサブスクリプション収入の70％を権利者に支払うと書かれている。ここまでは実にシンプルで、わかりにくいところは何もない。ところがスポティファイとソニー・ミュージックエンタテインメント（米国）のあいだの契約には、別のことが書かれている。[*13]

「デジタル・オーディオ／ビデオ配信協定」という41ページにわたる書類を見てみると、約4億2500万ドルの払い戻し不可能なアドバンスについての記述が出てくる。スポティファイがこの金額をソニーに前払いするわけだが、このお金の行き先がまったくわからない。そもそも書類の冒頭に秘密保持の規約があるのだから、確信犯的だ。スポティファイ側もソニー側も、このお金が誰のものになるのかを知られたくないらしい。

インディーズ業界団体A2IMのリッチ・ベングロフ理事長は、直接の使用料以外のお金がアーティストに還元されることは経験上ほとんどないと述べている。また、音楽業界アナリストのマーク・マリガンは次のように分析する。

「今後4〜5年はアーティストにとって苦しい時期になるでしょう。iTunesのサービス開始から4〜5年もちょうど同じ状況でした[*14]」

それにしても、レーベルはどんな仕事をしているのだろう？

ひとつは、著作権関連の管理業務だ。海賊版を取り締まり、法的権利を行使する。ユニバーサル・ミュージック・パブリッシング・グループでは、全人員の3分の1が著作権と使用料の管理にあたっている。[*15]同社は最近アーティスト向けのポータルサイトを開設し、自分のロイヤルティの確認や前払いの請求がオンラインでできるようになった。さらにスポティファイの利用状況についても「楽曲の再生回数、再生ユーザーの傾向、再生ユーザーのプレイリストにどんなアーティストが登録されているか、特定の曲がどのようにオーディエンスの共感を呼んでいるか」が確認できるという。ユニバーサルはスタッフ16人をポータルサイト担当に任命し、サイト更新とデータ作成に当たらせている[*16]。

同社は弁護士やロビイストも大量に抱えている。新人をグローバルに売りだす手腕にも長けている。世界中で所定の契約を結び、各国のメディアを通じてマーケティングを展開し、音源の流通を管理し、各国の音楽出版社とライセンス契約を結び、ツアーをサポートし、全体の収益を管理することができる。業界の複雑化にともなって、不正利用を取り締まるコストも大きく増えてきた。このコストは税金のようにじわじわと、アーティストたちの収入を削っている。

だが、そもそもこんな複雑な業務がなぜ必要なのだろう？

ブロックチェーンのスマートコントラクトを使えば、著作権の管理や不正利用の取り締まりに人手を煩わす必要はない。煩雑な管理はシンプルに自動化され、レーベルはミッションクリティカルな業務に集中できるはずだ。イモージェン・ヒープは言う。

「コンピューターのプログラムだったら、こういう問題は全部なくなります。大半はただの計算なんですよ。誰々の取り分がいくらで、という。自動化してしまえば一瞬で終わります[*17]」

新たな音楽エコシステムをデザインする

ブロックチェーンのプラットフォームとスマートコントラクトを使えば、アーティストやコラボレーターたちの新たなエコシステムを実現できるかもしれない。

「音楽をどのようにシェアしてどんな体験を届けるか、それが自分で決められたらいいですよね」とヒープは言う。「たとえば楽曲と、それに関連する素材をインターネット上に全部アップロードして、それを自由に使えるようにしておくんです」

楽曲を使いたい人（レーベル、音楽出版社、ツアープロモーター、CMソングを探している企業、サントラを探しているテレビ局、着信音の製作会社、二次創作に使いたいファンなど）は、利用規約を読んで同意するだけでいい。規約に応じて、スマートコントラクトで自動的に権利が処理される。

「創り手の存在が身近に、リアルタイムで感じられるようなやり方ができたら素敵じゃないですか」とヒープは言う。「今日は私の誕生日だから、全曲無料で聴き放題とか。15歳以下と60歳以上の人は私のおごりね、とか。スマートコントラクトの内容をちょっと変えるだけで、たとえば自分に入る分のお金を募金に回すことも簡単にできます[*18]」

めざすべきは、レーベル中心型ではなく、アーティスト中心型のビジネスモデルだ。アーティストは自分の作品の対価を正しく受けとり、ファンは公正な価格を支払って音楽を聴いたり、シェアしたり、リミックスに利用したりできる。レーベルやスポティファイなどの配信業者は、今のような絶対的な立ち位置ではなく、アーティストと対等な立場で仕事をすることになるだろう。

これは夢物語ではない。2015年10月、ヒープは新たなビジネスモデルの実験を開始した。新曲「タイニー・ヒューマン」の音源と関連データ（インストバージョン、7つのステレオステム、カバーイメージ、ミュージックビデオ、ライナーノーツ、クレジット、歌詞、謝辞、参考リンク、曲ができるまでのストーリー）を、誰でもダウンロードできる形でインターネット上にリリースしたのだ。[*19]

ヒープは音楽業界の新たなエコシステムへの第一歩として、この曲を無料で各種プラットフォームにアップロードするようファンやサービス運営者に呼びかけた。この曲の利用によって収益が発生する場合は、その課金モデルやパーセンテージ、売上金額をヒープに知らせる。売上の一部を支払う必要はないが、ビットコインのドネーションは受けつけている。集まったコインの50％は、新たな音楽エコシステム「マイセリア」に投資される。今回の楽曲利用データと参加行動を分析し、ブロックチェーン上のプラットフォーム構築をさらに上のレベルへ進化させるつもりだ。

ヒープの思想に共鳴し、さまざまな企業が新たなプラットフォーム構築に参入しつつある。この新たなエコシステムは、これまでの音楽業界にはなかった数々の特徴を備えている。

バリュー・テンプレート

不透明でアンフェアな紙の契約を廃止し、起業家であるアーティストを正当にリスペクトするため、フェアな取引のためのバリュー・テンプレートを作成する。「著作権料のパーセンテージに泣かされることはもうありません」とヒープは言う。

公平な利益配分

創作のプロセスにおける貢献度に応じて、参加者全員に利益が分配される。作詞作曲者や歌い手だけでなく、すべての参加アーティストとエンジニアが売上に応じた利益を受けとれるようにする。曲がヒットした場合、曲作りに関わった全員にその利益が還元される。

お金の流れを透明化する

お金の出入りはブロックチェーンで公開されるので、楽曲がどれだけの価値を生み、それがいつ誰に支払われているかがクリアになる。行き先が不明なお金はなくなり、会計、監査、税務が簡素化される。

リアルタイムのマイクロペイメント

音楽がストリーミングで聴けるのと同様に、音楽の売上もストリーミングで入ってくる。再生1回ごとのマイクロペイメントが可能なので、四半期ごとの集計や精算の業務はなくなり、入金はリアルタイム化される。リリースから何か月も無収入でいる必要はないのだ。

アンドレアス・アントノプロスがおもしろい例を挙げている。

「アルゼンチンのストリーミウムという動画サービスでは、非常に細かい計測と課金が可能になっています。たとえば再生時間200ミリ秒ごとに0・001セント課金することも可能です。非常に正確に、使ったぶんだけ支払えばいいし、支払ったぶんだけ利用できるというしくみです[*20]」

データ連携のスムーズ化

データベースの連携がスムーズになり、楽曲データと関連データ（ライナーノーツ、アートワークなど）、メタデータ（ライセンス条項や連絡先など）をまとめて扱うことができる。必要なデータはつねに揃っているし、権利確認に奔走する必要はない。

音楽利用データの活用

楽曲の利用データが透明化され、アーティスト自身が状況を直接確認できる。データ分析を通じて最適なスポンサーやツアープロモーターを見極められるし、プロモーションやクラウドファンディング、ほかのアーティストとのコラボレーションを企画するのにも役立つだろう。

「今はとにかくデータが足りないですね」とヒープは言う。

「ファンの地理的分布、年齢層、興味などの情報がわかれば、それに合わせてツアーを企画できます。ブランドとタイアップを組むとか、関連アーティストや製品のプロモーションにも使えますよね。別に個人情報を集める必要はないんです。全体的な傾向がわかるだけでも十分役に立ちます。いろんなバンドのデータを比較すれば、ファンとアーティストの双方にとっておもしろいことができると思います[*21]」

デジタル著作権管理（DRM）

できないことを増やすだけのDRMではなく、利用者とアーティスト双方にとっての価値を最大化するようなデジタル著作権管理が可能になる。スマートコントラクトを使えば、アーティストが主体になって、各種権利を柔軟に管理できる。

たとえば、広告収入がほしいなら広告を入れる設定にすればいいし、広告に音楽体験を邪魔されたくないなら広告を禁止にすればいい。特定の国での流通に関してだけ大企業に管理を委ねることもできる。また、契約の終了条件を設定しておくことも可能だ。ある期間の収益が一定のレベルに達しない場合、その業者の使用権を自動的に打ち切ることができる。権利マネジメントはプログラムが自動的にやってくれる。曲を使用するためにはアーティストの設定した契約条項に同意しなくてはならないし、違反があればすぐに判明する。もうアーティストの知らないところで無断利用されることはない。

動的な価格管理

曲の価格を動的に設定することができる。期間限定のプロモーションなどに使えるほか、曲の需要に応じて自動的に権利価格を変更することも可能だ。たとえばダウンロード数が急に増えた場合、広告掲載料を自動的に引き上げるなどの使い方が考えられる。

利用者相互の評価システム

ビットコイン取引やソーシャルメディアの活動をもとにした各ユーザーの評価スコアを参照できる。アーティスト自身の信頼性をアピールするのにも使えるし、コラボレーターや契約相手を検討するときにも参考になるだろう。評判の悪い業者や、支払いが滞った記録のある相手とは取引をしないほうがいい。

これらの特徴から見えてくるのは、アーティスト中心型の音楽エコシステムだ。アーティストが真ん中に位置し、そこからさまざまな役目の人たちへと、やわらかなつながりの糸が広がっていく。

「そこにはスポティファイやユーチューブのための場所もあります。キュレーションや、ファンのつくったコンテンツも入ってくるでしょう」とヒープは言う。「レコード会社もエコシステムの一部です。世界中の何億再生時間、何十億曲という膨大な音楽を取捨選択する役目は必要ですから[*22]」

レーベルや配信サービス、その他の業者は、生まれ変わった音楽エコシステムのなかで新たな居場所を見つけることになるだろう。

ブロックチェーンがビジネスモデルを書き換える

カナダ人アーティストのゾーイ・キーティングは、イモージェン・ヒープの親しい友人だ。キーティングはチェロとラップトップで独自の音楽を奏でるコンテンポラリー・アーティスト。どこのレーベルにも属さず、すべての音源や著作権を自分で管理している。マーケティング、営業、ライセンスやディストリビューションの戦略もすべて自分で考える。複雑怪奇な音楽業界でこれをやってのけるのは並大抵のことではないだろう。

「私みたいなアーティストは、テクノロジーがなければ存在できません。自宅の地下室でレコーディングして、そのままインターネットでリリースするんです」とキーティングはガーディアン紙に語っている。インターネットは独立系アーティストたちに、音楽を広めるチャンスを与えてくれた。ただし、オンラインの音楽配信業者と仕事をするのは、巨大なレーベルと仕事をするのと大差ない世界だった。

「過去の支払いスキームに縛られる必要はないはずです。無力な人につけ込んでいい理由はありません」とキーティングは言う。「企業は株主に対してだけでなく、世界に対して責任があります。アーティストとも誠実に向き合うべきです」[*23]

彼女はグーグル傘下のユーチューブが提示してきた新たな契約条件についても、それとなく言及している。

この数年間、彼女はユーチューブで音楽を公開し、あまりに一方的なものだった。秘密保持契約で武装したその契約は、コンテントIDはユーチューブ上のデータを自動的に第三者によるアップロードも活用してきた。コンテントIDシステムを利用して照合するシステムで、自分のコンテンツがアップロードされていた場合にブロックしたり、あるいは収益化や統計情報の収集に利用することができる。キーティングは他人がアップロードしたコンテンツを取り締まるつもりはない。新たなオーディエンスに曲を届けるきっかけになるし、有益な統計情報が得られるからだ。彼女にとって、オンライン配信はひとつのプロモーションツールである。収益の大半はそこではなく、数十ドル払ってアルバムを買ってくれるコアなファン層から来ている。

新曲ができると、キーティングはまずバンドキャンプ（独立系アーティストの音楽配信サービス）でリリースし、一定期間を置いてからｉＴｕｎｅｓでリリース。その後ユーチューブやスポティファイ、パンドラなどに広げていく。特定プラットフォームの独占配信期間を設けつつ徐々にチャンネルを広げるという戦略は、彼女のマーケティングスタイルにうまく一致した。コア層のファンに感謝を示しつつ、徐々に新たなリスナーにもアピールできるからだ。

ところがユーチューブは最近、月額制のユーチューブ・ミュージック・キーというサービスを開始した。これまでどおりユーチューブで収益を得ようと思ったら、ユーチューブ側が提示する条件をのまなくてはならない。条件には全曲アップロードや、他社の配信サービス利用禁止などが含まれていた。全面的にユーチューブに依存するか、ユーチューブから出て行くかの二択だ。

インディーズ系のレーベルはもちろん反感を示した。主に金銭的な面で、不利になるからだ。でもキーティングは、お金のことよりも自分の音楽を委ねてしまうことがいやだった。彼女は自分の音楽を、自分の手でコントロールしたかった。

そこでキーティングは、ブロックチェーンに目をつけた。ブロックチェーンなら、自分の音楽を自分で管理し、透明性の高い形で収益を受けとることができるからだ。

「目に見えるということが大事なんです」と彼女はフォーブズ誌に語っている。「お金の流れがきちんと見えなければ、未来のエコシステムを設計することはできません」[*24]

たとえば、ユーチューブ上には、彼女の音楽を二次利用したコンテンツ（ダンス、映画、テレビ、アート、ゲームなど）が1万5千本ほどアップロードされている。それらの利用データはアーティストにとって貴重な情報になるはずだが、ユーチューブ側は正確な情報を公開していない。ランキング情報には載らないリアルなデータを知る手段が存在しないのだ。

キーティングはイモージェン・ヒープと同じく、権利関係のデータをブロックチェーンに登録するやり方を考えている。そうすれば曲を使いたい人たちが簡単に権利を確認できるからだ。さらにそこから、二次利用の作品をブロックチェーンで追跡できるようにしておく。作品のメタデータに原作者の情報も含めてブロックチェーンに登録すれば、データを追跡することは簡単だ。利用状況や各作品のつながり、動的プライシングによる各曲の実質価値をビジュアルで確認できるしくみや、ASCAPやBMIなどの著作権管理団体を通さずにコラボレーターや投資家にリアルタイム支払いができるようなシステムも構想している。[25]

レーベルやストリーミング配信業者が不要だと言っているわけではない。P2Pの直売がすべてになるとも思わない。そうではなく、アーティストが主導権を握って曲の利用方針や販売戦略を決定し、創作物の対価を正当に受けとれるようにしようという当たり前の話をしているのだ。

ブロックチェーンはビジネスモデルを縛るものではなく、アーティストのニーズや考え方に合わせた柔軟なソリューションを可能にするものだ。曲を無料で配ろうと、あらゆる場面で収益化しようと、それはどちらでもかまわない。肝心なのは、レーベルや配信業者ではなく、アーティスト自身がそれを決定できることだ。

ミュージシャンたちの新たな挑戦

ブロックチェーン上の著作権登録

音楽著作権には、大きく分けて2種類ある。

ひとつは、著作物（曲と歌詞）に対する権利だ。これは世界共通の権利で、通常は作詞・作曲者に帰属する。曲と詞の権利を別々に分けることもできる。誰かがその曲をレコーディング・演奏したり、楽譜を買ったり、翻訳したり、アンソロジーに収録したりすると、そのたびに作詞・作曲者に対する使用料が発生する。

もうひとつは、録音物（CD、音楽ファイル、ミュージックビデオなど）に対する世界的な権利だ。この権利は通常、歌手やバンドに帰属する。誰かがその録音物をテレビやインターネットで流したり、ドラマやCM、ゲームなどのBGMに使ったり、ストリーミング、ダウンロード、CDやDVDで販売した場合に使用料が発生する。

ゾーイ・キーティングの姿勢に感化され、カナダのインダストリアル・ロックバンド、22Hertzもブロックチェーンの利用を始めた。

カナダの著作権局に著作物を登録するためには、1曲あたり50ドルの登録料がかかる。しかし採算はとれるのだろうか。実際にトラブルが起きた場合、著作権局は助けてくれないだろう、と22Hertzのラルフ・ムラーは言う。そこで彼は、ブロックチェーンで作品を守ることにした。曲データをハッシュ化して、ビットコイン・ブロックチェーンの任意データ部分（OP_RETURNと呼ばれる）に記録しておく。誰かが歌詞や曲を無断で利用した場合、このデータを利用して自分の著作物であることを証明することができる。同じ曲であれば、ハッシュ化したデータが一致するからだ。

「ブロックチェーンに登録しておけば、確実な形で記録が残ります。勝手に書き換えられることもない。これはすごいと思いましたね」

ムラーはすっかりブロックチェーンに夢中だ。22Hertzのオンラインストアにもビットコイン決済機能を追加し、ビットコインでの支払いに割引価格を適用している。なぜテクノロジーに目覚めたのか、と聞かれると、ムラーは真剣な目で言った。

「現状に甘んじる気はないですから」[*26]

権利マネジメントのプラットフォーム

イスラエルのブロックチェーン企業コルーも彼らと同じ意見だ。

コルーはビットコインのブロックチェーンを利用して、デジタルコンテンツ管理プラットフォームを提供するスタートアップ。著作権管理、イベントチケット管理、ギフトカードなど、分散型の音楽マネジメントに必要な各種ツールをつくっている。

コルーは最近、音楽テクノロジー業界の旗手であるレベレーター社と組んで、音楽著作権マネジメントのAPI開発に着手した。このAPIは音楽著作物の権利・デジタル配信・利用データを透明化するもので、イモージェン・ヒープやゾーイ・キーティングのビジョンと同じ方向を向いている。また既存の業界プレイヤーたちにとっても、業務効率化とオープン化の有用なツールになるはずだ。

「音楽の権利マネジメントはかなりシンプルになるでしょう。まずは作詞・作曲家からですね」とレベレーターのブルーノ・グーズCEOは言う。「コルーは複雑なブロックチェーン技術を、我々にもアクセス可能なものにしてくれました。クライアントへのサービスをどのように改善していけるか、広く探っていくつもりです[*27]」

新人をサポートするコミュニティの育成

クリエイティブな業界でもうひとつ欠くことのできない仕事が、新たな才能の発掘と育成だ。ブロックチェーンは新人ミュージシャンの発掘と各種マネジメントを、アルゴリズムの面からサポートする。

ピアトラックス（peertracks.com）は、ブロックチェーンを活用して新人ミュージシャンをサポートする音楽プラットフォームだ。ピアトラックスではアーティストがアップロードしたすべての曲にスマートコントラクトを適用し、作詞、作曲、演奏などの各担当者に契約に応じて自動で収益を割り当てる。アーティスト独自のトークンをつくることも可能だ。アーティストの名前がついたトークンは一種のコレクターズ・アイテムになる。アーティストがブレイクすれば、その価値は大きく跳ね上がるだろう[*28]。

リスナーはピアトラックス上の全曲を無料で、しかも広告フリーで視聴できる。曲やプレイリストをダウンロードしてオフライン再生することも可能だ。リスナーたちは音楽を楽しみ、自分の好きなアーティストを見つけたらトークンを買って応援する。アーティストを応援することで、VIP待遇や無料グッズなどの特典も受けられる。そして何より、応援するアーティストがブレイクすれば、トークンの価値が上がって大きな利益が得られる。

こうしたしくみによって、スポティファイのようにただ音楽を聴くだけではなく、積極的にミュージシャンを応援するファン層ができあがるのだ。

ピアトラックスはダウンロードやグッズ販売による利益の大部分（95%）をアーティストに還元し、その支払いはブロックチェーンでリアルタイムに実行する。ダウンロード価格や物販の価格はアーティスト自身が自由に決定できる。

「大勢のスカウト担当者やキュレーターたちが、利益を求めて新たな才能に群がってくるだろう」とピアトラックスのランディングページには書かれている。新たなスターを見つければファンも業界も得をするし、そして何よりアーティスト自身が大きな利益を得られるはずだ。[*29]

アーティストとパトロンをつなぐコミュニティ

音楽だけでなく、アート業界もかなり閉鎖的な世界だ。少数のアーティストやコレクターが権力を握り、新人の参入する余地はあまりにも小さい。

そんなアート業界を変えていこうという動きが出てきている。アートラリー（artlery.com）は、ブロックチェーンを活用してアート界のお金の流れを民主化する試みだ。[*30]

アートラリーはアート作品の売買利益を公正に分配するなどの方法で、マーケットのあらゆる側面（アーティスト、パトロン、キュレーター、ギャラリー、美術館、スタジオ、展示会）に健全なインセンティブを導入し、不公平なお金の流れを是正しようとしている。将来的にはアートの価値を裏付けとする独自通貨を流通させるつもりだ。

アートラリーはブロックチェーンを随所に利用している。まず、ビットコイン系のスタートアップであるアスクライブ（ascribe.io）とサービス連携し、作品の来歴をメタデータに記録している。また、支払い表をアップロードし、すべてのステークホルダーに対する支払いの迅速化と透明化を図っている。情報は関係者全員が確認できるように公開されているが、取引データにビットコインのスクリプトを組み込むなど、今後さらに安全なやり方を取り入れていく。

アーティストの評判を上げて支援者を見つけやすくするために、アートラリーではアート作品のIPOを実施している。アーティストたちは自分の作品をアートラリーのアプリでデジタル化し、ジグソーパズルのように細切れの部品（シェア）にして配布することができる。

IPOで手に入れたシェアには配当がつき、作品の価値が出資者に還元される。物理的作品がオークションなどで売れると、シェアに応じてアーティスト、パトロン、ギャラリーに利益が分配されるしくみだ。さらに、アーティストが設定した上限に応じて利息を受けとることもできる。やがてプラットフォームが成熟したら、利息分の売買もできるようになる予定だ。アーティストに出資することはアーティストのためだけでなく、パトロン自身の利益に直結している。

配当には、パトロンの貢献度に応じてボーナスが加算される。たとえばアーティストと積極的に交流したり、SNSで作品と作家の情報を広めたり、その他プロモーションに役立つ活動をした人は、ただシェアを持っているだけの人よりも多くの利益を受けとれる。ポジティブな情報で作品やアーティストの世間的評判を高めれば、それが作品の価値向上につながるからだ。

今はまだ売買の利益を分配することが中心だが、将来のリリースでは作品の所有権を直接購入することも可能になるだろう。作品の利用によって生じるロイヤリティを受けとったり、著作権の一部を保持することもできるかもしれない。

このようにパトロンを巻き込んでコミュニティを形成すれば、アーティストは一人きりで戦う必要がなくなる。売買価格や契約条件に不安があるときは、利害を共有しているパトロンたちに交渉を手伝ってもらえばいい。

アートラリーの試みは、これまで苦戦していたアーティストたちに新たな出会いと収入源を与えてくれるだろう。将来的にはビジュアルアートだけでなく、音楽や小説、映画などのコンテンツにもこの動きが広がっていくかもしれない。

ブロックチェーンで発言の自由を取りもどす

オープンで文化的な社会の実現には、個人のプライバシー、発言の自由、そして報道の自由が不可欠だ。

個人は誰にも知られず匿名のコミュニケーションが取れるべきだし、同時に誰にも抑圧されることなく堂々と意見を表明できなくてはいけない。インターネットの検閲やハッキング、そしてエドワード・スノーデンが暴露した監視社会の実態を知るにつれ、人びとは匿名性と暗号技術をかねそなえた通信をこれまで以上に求めはじめた。許可された人以外に盗み見られることのない、匿名の通信手段の必要性が高まっているのだ。

けれども困ったことに、暗号技術が切実に必要な国に限って、暗号技術の個人利用が認められなかったり、容易に手に入らなかったりする。多くの技術先進国が参加するワッセナー・アレンジメントという協定では、軍事利用可能な技術の輸出を制限している。これは北朝鮮やリビアのような独裁国家に武器をつくらせないための協定だ。しかしそのせいで、ＰＫＩのような暗号技術に国民がアクセスすることもできなくなってしまった。

現在、ロシアや中国では、国の許可がなければそうした暗号技術を利用できない。また、暗号技術の利用が可能な国でも、企業のデータベースにバックドア（通常のパスワードなどによる認証手続きを回避してアクセスできる裏口）を用意するように指示していたりする。オバマ政権でさえ例外ではない。

ビッグ・ブラザーよりもはるかにわかりにくい形で、国民の監視はひそかに進められている。[*31] ビッグ・ブラザーは少なくとも「あなたを見ている」と公言していた。でも現代のＩＴ企業は、バックドアがあるという事実をユーザーから隠している。そんなことを言えば、悪意あるハッカーたちが情報を盗もうと群がってくるだろう。

「オンラインのセキュリティとプライバシーに関する懸念は非常に深まっています」と国連特別報告者のデヴィッド・ケイは言う。「警察やテロ対策当局は暗号化された匿名の通信手段を気に入らないでしょうし、監視活動は厄介になるでしょう。しかし適切な目標を達成するためには、多少の不便は仕方ないという事実を忘れてはいけません[*32]」

中国やロシアなどの国では、裁判所の命令なしにウェブサイトをブロックすることが当然のようにおこなわれている。国はＶＰＮ（訳注：仮想プライベートネットワーク。第三者に侵入されない通信環境をインターネット上に実現する技術）を阻害する方法まで見つけだし、インターネットの取り締まりを強化してきた。[*33] 国境なき記者団の報告によると、ロシアではプーチン政権下でインターネット検閲がどんどん強化され、ウィキペディアへのアクセスさえ奪われている。[*34] 中国では特定のデータを見えなくする技術が洗練され、たとえば香港の「セントラルを占拠せよ」運動や天安門事件25周年記念集会についての言及が中国版ツイッターからきれいに消されてしまった。グーグルについても、検索結果の9割近くをブロックしている。

政府にとって不都合な情報をインターネットに投稿した人は、刑務所行きになることも珍しくない。中国株の暴落が起こったときには、ソーシャルメディア上の発言が「パニックを引き起こし、世論をミスリードし、株式市場および社会の機能停止を招いた」として100人以上が逮捕された。[*35]

このように人びとの声を抑圧しようとする政府にとって、ブロックチェーンは大きな脅威になるだろう。ブロックチェーンを使えば暗号化された情報を匿名で流し、政府の検閲を逃れることができるからだ。また、政府がジャーナリストの資金源をつぶすこともできなくなる。ブロックチェーン上で資金を直接集められるからだ。そして何より、ブロックチェーンに記録された情報はどんな権力を使っても消したり書き換えたりすることができない。

ジャーナリストがブロックチェーン上でクラウドファンディングできれば、もう国の言いなりにならなくてすむ。政治について本当に自由な意見を発表できるようになるだろう。ブロックチェーン上のクラウドファンディング・プラットフォームを使えば、インターネットよりも安全に資金を集められる。また、ビットコインを利用してメッセージを保護および収益化できる「GetGems」のような無料アプリも登場している。[*36]

政府の検閲に対抗するため、ファクトムのような記録プラットフォームに永続的な記事を残すという方法もある。ファクトムでは事前にコンテンツを調査して登録を防ぐことはできないし、一旦登録された情報を消したり書き換えたりすることもできない。政府が「有害」な情報を書き換えたい場合、新しいエントリーを登録するしかないのだ。もちろん、そうやって記事が書き換えられた事実は、公開されて万人の知るところとなる。

特定のサーバーに依存しない分散型マイクロブログサービスの登場も期待される。ビットペイのスティーブン・ペアCEOは、ツイッターやフェイスブックのブロックチェーン版について次のように説明する。

「フェイスブックのような一企業に頼るのではなく、複数の企業がブロックチェーンという共通データベースを利用して独自のユーザーエクスペリエンスを実現するのです。マネタイズのためにいくらかの情報を要求する場合もあると思いますが、情報を提供するかどうかは完全にユーザーの裁量です*[37]」

2013年にはリオ・デ・ジャネイロ・カトリック大学の研究員ミゲル・フレータスが「ツイスター」というマイクロブログサービスを公開した。ビットコインやビットトレント（P2Pファイル転送サービス）を利用した分散型のサービスで、メッセージは暗号化されるため政府に盗み見られる心配がない*[38]。

このような、自由のためのソリューションは今後どんどん増えてくるはずだ。

MITメディアラボと教育業界の新たな試み

伊藤穰一は、ビル・ゲイツやスティーブ・ジョブズ、マーク・ザッカーバーグらと同じく、大学を中退してコンピューターの世界にイノベーションを起こした実業家だ。[*39] 物事を深く追究してニュアンスを理解するために（伊藤が好む言い方だ）、起業精神あふれる人は学校の枠組みを飛びだしてビジネスの世界へ飛び込むらしい。ヘンリー・フォードやウォルト・ディズニーも大学を出ていない。

だからマサチューセッツ工科大学がMITメディアラボの所長に伊藤を起用したのは、ある意味で逆説的なできごとだった。

「メディアラボ以前から、電子通貨にはずっと関心があったんです」と伊藤は言う。「90年代にはすでに、デジキャッシュという初期の電子決済システムのテストサーバーを動かしていました。僕が初めて書いた本も『デジタル・キャッシュ』というもので、これは日本銀行の人間と共著で出しました。ですからこのエリアはかなり長いあいだ追究していまして、ほかのテーマより付き合いは長いですね[*40]」

メディアラボ所長に就任したとき、ビットコインを研究している学者はまだほとんどいなかった。コンセンサスモデルや暗号学、セキュリティ、分散システム、経済学などの専門分野と関連づけてビットコインを語る人はいたけれど、ビットコイン自体にフォーカスした研究は見当たらない。MITの学生たちからは「MITビットコイン・プロジェクト」などのおもしろい動きが出てきていたけれど、教授たちはまだその重要性に気づいていないようだった。

早急にビットコインの研究体制を整えなくては、と伊藤は思った。法律・技術・クリエイティブなどの専門家で力を合わせ、本格的な研究を進める必要がある。ビットコインはインターネットよりも速いスピードで進んでいるのに、学問の世界がそこに追いついていないのだ。

２０１５年、伊藤はＭＩＴメディアラボにデジタル通貨イニシアティブを立ち上げ、学際的なビットコイン研究プロジェクトを開始した。米国政府の元アドバイザーという経歴を持つブライアン・フォードを代表に置き、ビットコインのコア開発者をメンバーに迎えて開発に専念できる環境を提供した。大学の垣根を越えたネットワークづくりも進めているところだ。「電子通貨を学べるコースの創設や、研究体制の整備を進めていますが、まだこれからですね」と伊藤は言う。「ようやく主要な資金を確保して、今は教員や学生の関心を引きだそうとしているところです」

伊藤はさらに、自分のようなタイプの学生がドロップアウトしない教育体制をつくりたいと考えている。ＭＩＴメディアラボのような型にはまらない組織なら、才能ある学生に多様な価値を提供できるはずだ。大学のあり方をここから変えていくことができるかもしれない。[*41]

教育の未来については、ブロックチェーン専門家のメラニー・スワンも明確なビジョンを持っている。ブロックチェーンについての教育は、従来の大学ではなく、ブロックチェーン上で実現されるべきと彼女は考える。

「あらゆることが変わっていく転換点なんです。ブロックチェーンのような新しいものを研究するのに、大学という場所はふさわしくありません」

たとえば、学術雑誌に論文を投稿して６か月〜８か月も審査を待つかわりに、サトシ・ナカモトがやったような形でまずは小規模な読者に論文を公開してしまえばいい。そこでリアルタイムのフィードバックを受けながらブラッシュアップし、十分なレベルに達したら一般の読者に公開する。論文自体は無料で公開し、さらに詳しい分析や議論を読みたい人は有料版に登録するというやり方もできるだろう。実験に使ったデータはブロックチェーン上で公開してもいいし、スマートコントラクトで研究者たちにシェアしてもいい。研究から派生する商業的な利益についても、あらかじめ権利を確保しておくことが可能だ。研究に貢献した人にうまく利益配分されるような契約を組み込んでおくこともできる。

スワンはこうしたビジョンのもとで、ブロックチェーン研究所を立ち上げた。

「ブロックチェーン関連技術の研究をサポートするための、教育インフラに発展させたいと考えています」と彼女は言う。「戦略コンサルや会計コンサルはどこもブロックチェーン対応を進めていますし、ブロックチェーン大学のような機関も登場してきています[*42]」

彼女は学生自身が興味・関心に応じて適切なコースを選び取れるような、柔軟な教育システムを構想している。

「マッシブ・オープン・オンライン・コース（MOOC）の目的は、教育の分散化です。スタンフォードで機械学習のトップレベルの授業を受けながら、MITで別のトップレベルの授業を受けるということも可能になります」

授業はオンラインで受講できるので、世界中のどこからでも正式な大学卒業資格を取得できる。スワンは現在、MOOCの成績認定制度の構築と、ブロックチェーンを利用した学生ローンの実現に向けて取り組んでいるところだ。ブロックチェーンなら授業の履修履歴や成績を確実に記録できるし、学生ローンや授業料の支払いをシンプルに実現できる。

「学生のためのマイクロファイナンスがあってもいいですよね。Kiva（訳注：インターネットを介して途上国の起業家に融資できるマイクロファイナンス・プラットフォーム」のようにオンラインで融資を募り、学生に貸しだすんです」とスワンは説明する。特定の個人に対して、学業の目標レベルを達成するための金額を融資し、その達成度に応じて報酬が返ってくるようにしてもいい。

「たとえばケニアの子どもに、読み書きを身につけるための資金を貸しだすとします。その子に学習記録を毎週提出してもらうか、あるいはオンライン試験で自動的にブロックチェーン登録という形になるかと思いますが、そうしてきちんと学習していることが確認されれば翌週の学費が振り込まれるという契約にするんです。その子の学費専用のスマートウォレットを利用することで、ほかの用途に使いまわされるのを防ぐことができます[*43]」

豊かな文化が豊かな世界をつくる

2つの世界大戦を経て、政治や経済の合意だけでは長期的な平和が保たれないという事実を人類は思い知った。各国の関係は頻繁に、ときには劇的に変化する。持続的な平和を望むなら、もっと深く普遍的なもの、人びとの倫理観や物の見方に働きかけていく必要がある。

1945年、世界44か国が集まり、教育・科学・文化の発展を推進するための国連機関UNESCOが設立された。UNESCOは平和的な精神を育むため、「文化の多様性の保護および文明間対話の促進」をめざしている[*44]。

ブロックチェーン技術を通じて、ミュージシャンやアーティスト、ジャーナリスト、教育者らは自分たちの活動が脅かされず、きちんと対価が支払われる世界の姿を描きはじめている。これはすべての人に関わる問題だ。人は本能ではなく思想によって生きている。アート業界が栄え、クリエイティブな人たちが豊かに暮らせるとき、僕たちみんなが豊かになるのだ。

アート業界はまた、経済全体を先導する役目も負っている。ミュージシャンたちはいつだって新たなイノベーションを積極的に取り入れ、ときには痛みを引き受けながら、人びとの未来を切り開いてきた。各種業界や政治のリーダーは、彼らの活動からデジタル時代の未来を学ぶことができるだろう。

PART3

ブロックチェーンの光と闇

PROMISE AND PERIL

第10章 革命に立ちはだかる高い壁

レフ・セルゲーエヴィチ・テルミンは、音楽の才能に恵まれながら物理学の道を選んだ科学者だ。

19世紀末にロシアの裕福な家庭に生まれ、ロシア革命では赤軍に参加して戦った。若いころは心理学や結晶学、催眠など幅広いジャンルの研究に携わり、各種気体の誘電率を測定するための高周波発振器などを開発した[*1]。

彼は発振器のアイデアをさらに発展させ、画期的な発明をいくつも成功させた。なかでも有名なのが、世界初の電子楽器「テルミン」だ。

気体の誘電率を測定していたレフ・テルミンは、あるとき計器にヘッドフォンを接続してみた。すると、気体の圧力や温度変化に応じて、ヘッドフォンから聴こえる音の高さが変化することがわかった。

まるで楽器みたいだ、と彼は思った。

彼は実際に楽器をつくることにした。２つの高周波発振器に、音を調節するためのアンテナをつける。そのあいだの何もない空間で手を動かすと、空間の静電容量が変化して発振回路の周波数がぶつかりあい、不思議な音が発生する。手の位置によって、正確に音程を調整できることもわかった。

何もない空間から、彼は音楽を取りだしてみせたのだ。

彼はウラジーミル・レーニンの前でテルミン演奏を実演した。レーニンはこの風変わりな電子楽器をいたく気に入り、自分でも熱心に演奏したという。レーニンはまた、テルミンの技術を応用した電子警報装置も購入し、政府の金庫室にさっそく設置させた。ソ連は優美な楽器と、最強の監視装置を同時に手に入れたのだ。

画期的な技術が生まれれば、すぐにダークサイドからも利用される。レーニンはテルミンをソ連の進歩的な力の象徴として絶賛し、「共産主義とはソ連のパワーと電子技術の融合である」というプロパガンダを推し進めた。[*2] ところがスターリン政権になると、レフ・テルミンは政治犯として投獄され、特殊収容所に入れられて盗聴装置など軍事技術の開発に従事させられた。

テルミンは世界に光と闇の両方をもたらしたと言えるだろう。

話を現代に戻そう。ブロックチェーンという新たな技術は、人びとに大きな衝撃を与えた。まるで救世主のように持ち上げる人もいれば、危険なものとして必要以上に遠ざける人もいる。でも実際は、ほかのあらゆる技術と同じように、ブロックチェーンには長所もあれば短所もある。ここまでの章ではブロックチェーンの明るい可能性を見てきたけれど、このあたりでネガティブな面にも目を向けておこうと思う。

これから紹介するのは、ブロックチェーンが直面する10の課題だ。これを見て「だからブロックチェーンは駄目なんだ」と考える人もいれば、「どうすればこれを乗り越えられるか?」

と考える人もいるだろう。本書ではもちろん、後者の立場を取りたい。これはインターネットを新たな次元に進化させるための、クリエイティブなチャレンジだ。

この章では乗り越えるべき10の課題と、その解決策について論じていく。続く最終章では、ブロックチェーンの豊かな可能性を現実にするために、僕たちが何をすべきかについて考えてみたい。

課題1　未成熟な技術

この本を書いている時点で、ビットコインがどういうものかを正確に理解している人は多くない。一部の先進的な人をのぞいて、ブロックチェーンという言葉すら聞いたことのない人が大半だろう。ビットコインのことをねずみ講やマネーロンダリングの仲間だと思っている人もいる。

まだ技術が十分に普及していない段階で、おかしなイメージばかりが先走りしているようだ。SF作家のウィリアム・ギブスン風に言うなら、未来はすでにここにある。ただ、インフラが行きわたっていないのだ。

大量アクセスに対するキャパシティ不足

ギリシャの経済危機のときに国民がビットコインのことを知っていたなら、人びとがいっせいにビットコインを買おうとして大混乱になっていたことだろう。コンピューター科学者のニック・サボや情報セキュリティ専門家のアンドレアス・アントノプロスは、危機に備えたインフラ整備の重要性を強調する。経済危機の時点で、ギリシャのブロックチェーンインフラはまだ整っておらず、人びとの需要に応えるだけの流動性も存在しなかった。

状況は現在もあまり変わっていない。国レベルで人びとが通貨をビットコインに変えはじめたら、今のネットワークでは対応できないはずだ。

「1000万人の要求に対応するだけのキャパシティがないのです。一夜にしてユーザーが10倍になったら、処理しきれません」とアントノプロスは言う[*3]。

とつぜん大量のユーザーがなだれ込んできたら、処理がパンクして予期せぬエラーが起こったり、不慣れなユーザーがおかしな操作をしてお金を失ったりしてしまうかもしれない。そういう事態を避けるための対策が必要だ。

洗練されたツールの必要性

もうひとつの問題は、一般ユーザーがすぐに使えるようなツールが整っていないことだ。

一般のユーザーに対するサポートやインターフェースはまだ十分ではない。難解な専門用語や、数字とアルファベットの羅列を見て、普通の人はやる気をなくしてしまうだろう。ビットコインのアドレスは26〜35文字の英数字で表わされることが多く、メールアドレスのように覚えやすい代替手段がない。タイラー・ウィンクルボスは次のように指摘する。

「グーグルを使うのに、いちいち長い数字やＩＰアドレスを入力したりしないでしょう。覚えやすいユーザー名を普通は使いますよね。ビットコインも同じようになるべきなんです。英数字の羅列を一般ユーザーに使わせるのは無理があります。そういう小さな違いが大事だと思いますよ」[*4]

長期的な流動性に対する懸念

ビットコインの発行量は最大2100万と決められていて、西暦2140年頃には新規発行が停止する。それまでの期間は、新規発行量が徐々に減少するようにプログラムされている。裁量ベースの場当たり的な金融政策によるインフレを防ぐために、あらかじめルールベースの金融政策を組み込んでいるのだ。サトシは次のように述べる。

「言うなれば貴金属のようなものだ。価値を一定に保つために供給を変化させるのではなく、事前に決定された供給量に応じて価値が変化するのである。ユーザー数が増えれば、1コインあたりの価値は上昇する。ここには正のフィードバック・ループが期待できる。ユーザーの増加に応じてコインの価値が上がり、価値の上昇によってユーザー数がさらに増えるというサイクルだ[*5]」

ちなみにウォレットをなくしたり、コインを送信した先の人が秘密鍵を忘れてしまったりした場合、そのコインは二度と取りもどせない。誰にも使われないままブロックチェーンの片隅で眠りつづけることになる。だから実際の流通量は、2100万コインよりもいくらか少ない量になる。また、初期ユーザーのなかには将来的な値上がりを期待してコインを長期的に保管する人も多く、コインが市場に出回らないという指摘もある。インフレによる価値減少の心配がないので、すぐに使うよりも長く保有するモチベーションが促進されるのだ。

コインの流通量を増やすためには、まず信頼できるビットコイン交換所の普及が必要だろう。ビットコインへのアクセスが簡単になれば、ビットコインの利用は増えてくるからだ。さらに決済手段としてビットコインを使える場面が増えれば、じっと保有していた人たちも使ってみようかということになる。ビットコイン版のギフトカードなども登場して、より広い層に知ってもらえるかもしれない。そうやってビットコインが市場に広く出回るようになれば、使わずにじっと持っておく理由はあまりなくなる。

また、通貨の全体量が限られているとはいえ、ビットコインは小数点以下8桁まで分割できる。つまり、非常に小さな単位で多くのものが買えるようになる可能性があるということだ。今後ビットコインの需要が増えれば、さらに小さな単位まで分割可能になるかもしれない。あるいは、迷子になったビットコインを一定期間後にふたたび採掘可能にするというやり方も考えられる。

処理時間の問題

ビットコインの取引が検証されて確定されるまでには、平均で10分の時間がかかる。既存の決済手段に比べれば格段に速いけれど、ＩｏＴのような場面ではこの遅れが問題になってくる。大量のデバイス同士がリアルタイムで取引する必要があるからだ。

元ビットコインコア開発者のギャビン・アンドリーセンによれば、1兆個のデバイスがつながりあうためには「ビットコインとは異なる設計空間」が必要だという。ビットコインよりも不正の可能性が少なく、処理の速さがクリティカルな問題になる世界を前提に置かなければならないということだ。そうなると、ビットコインとは根本的に異なる処理方法を選択する必要があるかもしれない。

また、金融取引の場でも10分は長すぎる場合がある。マーケット・タイミングを利用して儲けようとしているトレーダーにとって、10分の差は大きな問題だ。[*6]

手っ取り早い解決策としては、ビットコインのブロックチェーンから分岐（フォーク）して新たなコインをつくってしまうという方法がある。ソースコードに修正を加えて、速度を重視した処理に書き換えるのだ。代表的な例としてライトコインというものがあり、これは平均2・5分で取引が確定される。またリップルなどのアルトコインでは、取引承認のしくみを根本的に変更し、わずか数秒で取引を完了させることに成功している。

ユーザーの過失をどう防ぐか

人びとは銀行やクレジットカード会社に頼ることに慣れきっている。パスワードを忘れたら再発行してもらえばいいし、クレジットカードをなくしても利用停止して新しいカードをつくってもらえばいい。外部のデバイスにアカウント情報をバックアップしている人は、現時点ではあまりいないだろう。

でもビットコインなどの暗号通貨では、バックアップの癖がないと困ることになる。ブロックチェーンでは、高度なプライバシーやセキュリティが手に入るかわりに、何かが起こったときの責任を自分ですべて負わなくてはいけない。自分でバックアップを保管するのが不安な人は、第三者のストレージを利用するのもひとつの手だ。

社会との関わり

お金が価値を持つのは、社会がその価値を認めているからだ。お金のやりとりは人と人との関係から出てくるものであり、社会のニーズに合わせてそのあり方は変化していく。

「お金から社会的側面を取りのぞくことは不可能です」とフィナンシャル・タイムズ紙のイザベラ・カミンスカは言う。「絶対主義的なアプローチで社会と無関係なシステムをつくろうとした試みもありますが、それでは世の中のあり方が反映できません」

たとえばユーロは、ひとつの尺度ですべての国の経済に対応しようとしているが、そこにはどうしても綻びが出てきている。[*7]

「お金の世界では、記録を消去することもひとつの伝統です。なぜなら、人は10年以上も前の行動で責められつづけるべきではないからです。人生はやり直しがきくものでなくてはいけません。ですから、記録が永遠に消えないシステムというのはどこか異常な感じもするのです」[*8]

法的トラブルの可能性

やり直しがきかないという問題は、スマートコントラクトの窮屈さという問題にもつながってくる。法学者のプリマヴェラ・デ・フィリッピとアーロン・ライトは、スマートコントラクトの不可逆性を次のように説明する。

「人びとは特定のルールに従うかどうかを決定する自由を持ちますが、いったん決定がなされると、そこから抜けだすことは不可能です。スマートコントラクトでは契約者双方の意思に関係なく、プログラムがその約束を遂行するからです[9]」

スマートコントラクトは所有権を規定し・管理するものだが、権利の譲渡は前提としていないし、人の判断で権利を差し押さえたり所有者を移動したりすることもできない。たとえば、役人が間違った人の名義で土地を登録してしまった場合、後から本当の持ち主が出てきても登録を取り消すことはできない。

これほどまでに高い確実性を持った取引や契約は、これまで社会に存在しなかった。契約が強制力を持てば、社会はより効率的に機能するだろう。でもその一方で、人の裁量や妥協の余地がまったくなくなってしまう。一方はスマートコントラクトの契約どおりに遂行したと主張し、もう一方はその結果に不満があるというようなすれ違いも出てくるかもしれない。ワシントン&リー大学法科大学院のジョシュ・フェアフィールドは言う。

「混乱が減るどころかむしろ増えるでしょう。『こんなのリノベーションとは呼べない、だから金を返せ』というような争いが起こると思います。技術のせいではありませんが、いざこざは増えますね[10]」

さらにアンドレアス・アントノプロスは、人のアイデンティティが脅かされるのではないかと指摘する。

「デジタル・アイデンティティというものに僕は脅威を感じているんです。なぜならショートカットが可能だからです。もしもアイデンティティを融通のきかないデジタル世界に移してしまったら、アイデンティティの性質は現在の社会的なものとはかなり異なるものになるでしょう。ファシスト的な恐ろしいものになるはずです[11]」

人びとのアイデンティティと社会のルールが厳密にコード化されたら、機械が人びとを支配するディストピアが出現するのではないか。デ・フィリッピとライトも、その点を危惧している。

「法的な安全装置が存在しない状態で、分散化された組織の高度なネットワークが人の行動を規定するのです」

課題2　エネルギーの過剰な消費

今のところ、ビットコインの信頼性を確保するためには、第2章で説明したプルーフ・オブ・ワークのしくみが欠かせない。プルーフ・オブ・ワークは、不正を防いでデータの正しさを保証するための非常に巧妙なしくみだ。ただし、エネルギーの面から言うと、非常にサステナビリティが低いやり方であることも否めない。

プルーフ・オブ・ワークでは、パズルの答えを見つけるためにハッシュ計算を大量に繰り返す必要がある。ビットコイン・ネットワーク全体の電力消費量は、低く見積もってもアメリカの家庭700世帯分、場合によってはキプロス島全体の電力消費量に匹敵するとも言われている。[*12] 44億キロワット時を超えるエネルギーがハッシュ計算のために使われているということだ。[*13]

それだけの無駄が意図的にシステムに組み込まれ、セキュリティを保つために利用されている。

ニュー・リパブリック誌は、ビットコイン・ネットワークで使われる処理能力が世界最高のスーパーコンピューター500個分よりも大きいと指摘する。

「30億ドル以上に相当するビットコインを処理し、安全に流通させるために、年間1億ドル以上の電気が使われ、二酸化炭素が排出されています。がんの治療法を見つけたり、宇宙を探検することに使えたかもしれない処理能力が、ビットコインを処理するためだけに浪費されているのです[*14]」

計算のためだけでなく、計算によって生じた熱を冷やすためにもエネルギーは必要だ。概算によると、1ドル分の電力を消費するごとに、その半分の50セント近い冷却費用がかかっている[*15]。電力ではなく大量の水を使用した水冷システムを備えているマイニング施設もあるが、水不足の地域のことを考えるともったいない話だ。

ビットコインの価値が上がれば、新たなビットコインを獲得するためのマイニング競争も激化する。競争が激化すればプルーフ・オブ・ワークの難度が引き上げられ、必要とされる計算量はますます増える。

「ブロックの報酬がどれだけ多かろうと、ハッシュ計算のコストはそのぶん高くなります。それがプルーフ・オブ・ワークの経済なんです」とアンドリーセンは言う[*16]。

ビットコイン・ネットワークのハッシュレートはここ2年ほどで大きく跳ね上がっている。今後も消費エネルギー量はますます増えていくだろう。

エネルギーを消費するのは仕方ないという見方もある。シェイプシフト社のエリック・ボーヒーズに言わせれば、ビットコインのエネルギー消費を批判するのはまったくの的外れだ。

「目的があって消費しているわけですよ。現実にサービスが動いていて、決済がおこなわれているんですから[*17]」

現在の金融システムを維持するのに使われているエネルギー量と比べてみればいい、と彼は指摘する。銀行の仰々しい建物や、巨大な金庫、明るく照らされたロビー全体を冷蔵庫のように冷やす空調設備。街中に配置された支店と、いたるところで24時間稼働しているＡＴＭ。「どんな形のお金も、エネルギーと無縁ではありません。金《きん》が希少なのも、その原子を形成するのに膨大なエネルギーが費やされるからです」とビットペイのスティーブン・ペアＣＥＯは指摘する[18]。実際、人工的に金を生成しようとするには核融合レベルのエネルギーが必要になる。だから金は限られていて、高価なのだ。

一方、エネルギー消費を減らすためにハードウェアの改良に取り組んでいる企業もある。大手マイニング企業のビットフューリーは、ビットコインのマイニングに特化したＡＳＩＣ（特定用途向け集積回路）を開発し、エネルギー効率がよく処理性能の高いマイニングマシンを生みだした。同社のバレリー・バビロフＣＥＯは、今後マイニングにおける再生可能エネルギーの利用や、寒冷な気候を利用した自然冷却が広まるだろうと考えている。

ビットフューリーは現在アイスランドとジョージア（グルジア）にデータセンターを保有し、さらに北米センターの建設を計画中だ。また、香港のアライド・コントロール社を買収して最新の浸漬《しんし》式冷却技術を活用するなど、エコなビットコインを先導する動きを進めている[19]。

たとえ省エネルギー化が劇的に進んだとしても、コンピューターをどんどんアップグレードしなくてはならないという問題が残っている。マイニング競争に勝つためには、短いスパンでシステムを改良し、新たなマシンを導入しなくてはいけない。ひとつのマイニング装置が競争力を保てるのは３～６か月とも言われている[20]。アメリカのゴールドラッシュではショベル売りがいちばん儲かったという話があるが、ビットコインのマイニングも似たようなものだ。[*21]

ビットコインのコア開発者たちも、エネルギー問題の重要性に気づいていないわけではない。「ビットコインが全世界に広がっていくなら、プルーフ・オブ・ワーク以外のやり方へ少しずつシフトすることも必要だと思います」とアンドリーセンは言う。「将来的には別のやり方でセキュリティを確保する必要があるでしょう」[*22]

そうした危機感から、プルーフ・オブ・ステークなどの新たな合意アルゴリズムを採用するアルトコイン（ビットコイン以外の仮想通貨）も出てきた。

イーサリアムのヴィタリック・ブテリンによれば、安全な合意形成のための判断基準は3つに分類される。コンピューターの処理能力（プルーフ・オブ・ワーク）、コインの保有量（プルーフ・オブ・ステーク）、社会的なつながり（ソーシャルネットワークによる承認制）の3つだ。[*23]

プルーフ・オブ・ワークではセキュリティを保つためにコンピューターの処理能力を使う必要があるけれど、それ以外の方法なら電力の浪費やコンピューターの拡張競争は避けられる。イーサリアムは今後のバージョンアップでプルーフ・オブ・ステークへの移行を予定しているし、リップルは許可制の承認者グループによる承認制で運用されている。[*24]

エネルギー消費は深刻な問題だが、悲観的になる必要はない。今もエネルギー問題の解決に向けて一流の技術者たちが知恵を出しあい、再生エネルギーの利用やデバイスの省エネ化に取り組んでいる。コンピューターがもっと賢くなれば、コンピューター自身がすばらしいソリューションを見つけだすかもしれない。「ビットコイン・ジーザス」として知られるビットコイン投資家のロジャー・ヴァーは次のようにコメントしている。

「人間のIQは最高でも200程度ですが、人工知能は250や500、あるいは500万というレベルになりますよ。我々が望めば、解決策は必ず見つかります[*25]」

課題3　政府による規制や妨害

「どんな暗号も政治の問題を解決することはできないだろう」とサトシ・ナカモトは言う[*26]。分散ネットワークはたしかに規制や検閲に強く、政府にコントロールされにくい性質を持っている。でも、政府が全力でつぶしにかかってきた場合、ビットコインのブロックチェーンは果たして持ちこたえられるのだろうか？

その答えはまだわからない。

「ビットコインがガチガチに規制されて、そのかわりにもっと閉鎖的で匿名性の高いネットワークが出てきたら、みんなそちらに乗り換える可能性はあります」とビットペイのスティーブン・ペアは言う[*27]。

中国では、すでにビットコインを規制する動きがひそかに始まっている。

「典型的な中国政府のやり方ですね。今のところ違法ではありませんが、いつそうなるかわかりません。みんなそれに気づいています」とコインセンター（ビットコイン政策シンクタンク）のジェリー・ブリトは言う[*28]。

中国には本格的なマイニングコミュニティができあがっていて、ビットコインの方向性にも強い影響力を持っている。もしも中国でとつぜんマイニングが禁止されたら、ビットコインのマイナー数は激減し、セキュリティの隙が生まれるかもしれない。

一方で、ビットコインを税収に組み込む国も出てきた。たとえばアメリカ国税庁（IRS）は、ビットコインの定義を通貨ではなく資産として規定している。ビットコインの価値が上がって利益が出ると、株式のように課税されるしくみだ。

「どんな問題でもそうですが、技術を知らず、その意味を理解できない場合、判断を誤ることは必至です」とコインセンターのジェリー・ブリトは言う。「理解できない人がつくった法律や政策は、害悪にしかなりません。だから我々は、技術を理解しようとしているのです」[*29]

悪用を恐れて過度に規制が進めば、イノベーションがつぶされる。かといって、すべてを野放しにすればいいわけでもない。安心して投資できる環境づくりのためにも、ブロックチェーンの可能性を正しく理解し、適切な規制と法整備、そしてなるべく明確な国際的合意を進めていく必要があるだろう。

課題4　既存の業界からの圧力

インターネットに対する初期の懸念の多くは現実になった。巨大な企業が技術を囲い込み、世界中に勢力を広げて過剰な利益を吸い上げている。デジタル体験はみんなのものではなく、大企業の私物と化した。新しいアプリケーションを使おうと思ったら、専用のショップからダウンロードするしかない。検索エンジンもコンテンツも邪魔な広告でいっぱいだ。企業は人びとの個人情報を根掘り葉掘り聞きだすくせに、自分たちの情報は社外秘にして押し隠す。

これまでの企業は、人びとの信頼に応えてきたとは言いがたい。

企業や政府の手から技術を遠ざけようと言っているのではない。ブロックチェーン技術は世界を変えるための重要なリソースだ。雇用を増やして人びとの暮らしを豊かにするために、公共分野にもブロックチェーンをどんどん活用したほうがいい。ただし、新たな技術を利用することと、それを囲い込んで可能性を狭めることは別の問題だ。

コア開発者やブロックチェーン・スタートアップが、最悪のシナリオに備えてネットワークの安全のために尽力していることも忘れてはいけない。２０１４年にミントパルという交換所からヴェリコイン（プルーフ・オブ・ステーク型の通貨）が盗まれる事件が起こったときには、開発者たちがすばやく動き、盗まれる直前の状態にヴェリコインのブロックチェーンを戻すという対応を実施した[*30]。

「金や権力でネットワークを支配しようとする者が現れたら、ビットコインから分岐《フォーク》して新たなネットワークに移行してしまえばいいんです」とブロックチェーンのプロダクト・リードを務めるキオニ・ロドリゲスは言う[*31]。

けれど、大企業や政府が大量のマイナーたちを買収してビットコインに悪意ある攻撃をしかけてきた場合、それを防ぐ方法はあるのだろうか。

理論的には、全マイナーの計算能力の過半数を手に入れると、任意の取引を承認してブロックチェーンに登録することが可能になる（51％攻撃）。好きなだけ不正ができるということだ。さらに仕様変更への発言力も強まり、自分たちに有利な仕様変更を加えることができるようになる。

その場合、ほかの参加者たちはどうすればいいのか。ライトコインのアンドリュー・ベジタビルによると、独裁者から逃げだす方法はないという。ネットワークの過半数を握られたら、もうどうしようもないのだ。[*32]

古い企業が既得権益を守るために圧力をかけて、スタートアップに対する過度の規制を実現させる恐れもある。厳しい規制で小さなスタートアップをつぶし、生き残ったスタートアップは裁判を起こして疲弊させようとするかもしれない。イノベーションよりも法的手続きに頼るという戦略は、少なくとも古い企業の時間稼ぎにはなるだろう。

コストの問題でシステムの変更を嫌う企業も出てくるかもしれない。多額のテクノロジー投資で大がかりな社内システムを整えた企業は、新たな技術に乗り換えることを拒み、古いシステムに今以上に金をつぎ込むだろう。そしていかにブロックチェーン企業をつぶすかということに全力を注いでくるはずだ。

課題5　持続的なインセンティブの必要性

ビットコインのネットワークがきちんと動かなければ、マイニングで得たコイン（そしてこれから得るはずのコイン）に価値がなくなる。だから、マイナーたちはビットコインのインフラを保つべく、日々マイニングに精を出している。

高度なセキュリティを実現するために重要なのが、マイナーの規模と多様性だ。マイナーが少なすぎるとネットワークの乗っ取りが容易になるし、マイナーが一箇所に集中していると政治や金で支配されやすくなる。中国やアイスランドにマイニングパワーが集中するのではなく、世界中の小規模なマイナーが対等に競い合う形が理想的だ。

そのためには、世界中の人びとが参加したくなるようなインセンティブが欠かせない。だが、十分なインセンティブを保つことは簡単ではない。ビットコインのマイニング報酬は、約4年ごとに半減する仕様になっている。報酬がゼロになったらどうするのだろう。また、ビットコインの価格が下がったら、マイニングに見切りをつける人も出てくるのではないだろうか。

そうした問題を解決するひとつの方法は、取引手数料だ。サトシ自身が次のように述べている。

「取引手数料という形の報酬を設ければ、すべての取引をブロックチェーンに含めるためのインセンティブになる。コインの発行量が上限に達したときには、手数料だけで十分な報酬が得られるようになるだろう[*33]」

やがてビットコインの新規発行が停止したとしても、この取引手数料がインセンティブを支えるということだ。ただし、ブロックのサイズには上限があるため、1ブロックに含められる取引量は限られている。そのためマイナーたちは手数料の高い取引を優先し、手数料の低い小額取引を後回しにするかもしれない。すると次のブロック、またその次のブロックへと処理が先送りされ、少額送金者がいつまでも待たされることになってしまう。

かといって手数料がなければ、インセンティブは保てない。報酬の半減とともにマイナーの数が減っていき、ネットワーク全体のハッシュレートが落ちて容易に過半数をとれるようになるかもしれない[*34]。そうなると、不正やネットワークの乗っ取りが簡単に実現できてしまう。

ネットワーク全体の処理能力を追い抜いて最長のブロックチェーンをつくることができれば、その時点でそのチェーンは「正しい」ものとされるからだ。

プルーフ・オブ・ワークにおける51%問題はマシンの処理能力の問題だが、プルーフ・オブ・ステークの場合はコイン保有量の集中が問題になる。コイン交換所は大量のコインを扱うので、最大のステーク保持者だ。圧倒的なコイン保有量を利用して、ネットワークを乗っ取ることも不可能ではない。

もちろん、不正をすればコインの価値が下がり、結局は交換所も損をすることになるだろう。また、不正で評判が下がれば交換所の経営は保てない。コインの価値と自社の評判という2種類のインセンティブが、誠実な行動をうながしているということだ。

とはいえ、今後コインの流通量が増えて多様な人たちが参加するようになれば、コスト度外視で過半数を握ろうという悪質な参加者が出てこない保証はない。

課題6　ブロックチェーンが人間の雇用を奪う

世界経済フォーラムの2015年総会で、マイクロソフトやフェイスブック、ヴォーダフォンの幹部たちがテクノロジーと雇用についてのパネルディスカッションを実施した。技術イノベーションは一時的に雇用のマーケットを乱すかもしれないが、結果的により多くの新たな雇用を生んできたというのが全員の見解だ。「今回だけ違うと考える理由はありません」とグーグルのエリック・シュミットは言う。

とはいえ、人びとが不安を感じているのも事実だ。

自動化によって労働者の仕事が奪われるのは今に始まったことではない。インターネットは旅行代理店やＣＤショップの仕事を奪った。ＵｂｅｒやＡｉｒｂｎｂも正規雇用を奪っている側面がある。空き時間や空き部屋をお金に変えられるのはすばらしいことだが、安定した給料や福利厚生がついてくるわけではない。

しかも、ブロックチェーンは自動化を劇的に推し進める。人間のかわりにコンピューターが働き、資産や人を管理するからだ。自動運転車はＵｂｅｒのドライバーを不要にするし、デジタル通貨は世界に50万店舗あるウエスタンユニオンの支店を不要にするだろう。ＩｏＴを活用した新たな雇用が生まれるとはいえ、職を失う人の数もけっして無視はできない。

もちろん、悲観的な側面ばかりではない。

途上国ではブロックチェーンと暗号通貨によって起業しやすくなり、貧しい地域に新たな雇用が生まれる可能性がある。数億人の新たなマイクロ株主が登場し、経済活動が盛んになるかもしれない。国際的な援助も今よりずっと効率的になり、政府の透明性が高まって腐敗が減るだろう。政治の改善は経済と雇用の改善につながるはずだ。

先進国でも同様の効果は期待できる。グローバルなプラットフォームで取引コストが削減されれば、取引の可能性は大きく広がるからだ。

新たなテクノロジーは、少ない人手で多くの仕事をこなすことを可能にする。でもそれを恐れる必要はないし、技術の進歩を止めようとするのは賢明ではない。問題は技術そのものではなく、社会がそれをどう活用できるかだ。

それに、コンピューターがそれほど多くの価値を生みだせるのだとしたら、社会のあり方のほうが変化すべきとも考えられる。人間が1日中働かなくても生きていける時代が、ついにやってくるのかもしれない。

課題7　自由な分散型プロトコルをどう制御するか

ブロックチェーンという新たなリソースは、どのように管理されるべきだろうか。

インターネットの場合、ICANNやIETF、W3Cなどの団体がニーズを予測し、開発の方向性を調整している。ところがビットコインのコミュニティにはそういう団体は存在しないし、管理されることを好まない気風がある。

そうなると、コミュニティがどう進んでいくのか予測できない。オープンかつ安全性の高いネットワークという今の方向性が今後も続くとは限らないのだ。何らかのガバナンス機構がなければ、コミュニティはいくつもの派閥に分裂して崩壊してしまうかもしれない。

すでに対立の芽は生まれている。たとえばビットコインコア開発者のギャビン・アンドリーセンとマイク・ハーンは、ブロックサイズを1メガバイトから20メガバイトに拡張すべきと主張してきた。世界中の人びとが支払い手段として利用することを考えれば、もっとキャパシティを広げていく必要があるからだ。[*35] アクセス集中でネットワークが落ちるようでは、とても支払いインフラとしては使えない。

コミュニティの意見は割れている。そもそもスターバックスでラテを買うような気軽な使い方をすべきでないという意見もある。

「あらゆる利用者が（簡易的な認証ではなく）ブロックチェーンの全データを読み込んで検証をおこなうべきだと考えている開発者もいます。それ以外は信用できないという立場です」とアンドリーセンは言う。「初期の開発を支えてきたボランティア開発者からは、取引量が増えてブロックサイズが大きくなったら処理しきれないという声も聞こえてきます[36]」

こうした対立のなか、2015年8月にビットコインの新バージョンである「ビットコインXT」が誕生した。ブロックサイズを8メガバイトに拡張したパワフルなビットコインだ。しかし、この新たなビットコインには反対の声も多い。最大の抵抗勢力は、中国の大規模なマイニングコミュニティだ。ネットワーク・インフラが弱い中国では、大きなデータの送受信に時間がかかるため、ブロックサイズが増えるとそのぶんマイニングが不利になる。彼らをうまく説得できなければ、ビットコインXTは失敗に終わるだろう。

こうした対立がどこへ向かうのか、現時点では予測不可能だ。マイナーの利害で使い勝手が左右されることが正しいとも思えない。

「ガバナンスモデルは、人びとのニーズを反映するためにあるのです。普通のユーザーが何を望んでいるかということですね」とアンドリーセンは言う。ビットコインのコミュニティにも、やがてインターネットと同じようなガバナンス機構が導入されるだろうと彼は考える。

「面倒で厄介なガバナンスのプロセスを経て、人びとが使いたい機能に落ち着いてくるわけです[37]」

過度の規制はテクノロジーの邪魔になるけれど、現実的な成功を考えるなら健全なガバナンスモデルは必要だ。ガバナンスの仕事には、適切な基準の作成、ユーザーのニーズに合った方向性の策定、知識の普及、違反の監視、グローバルなインフラの建設と普及などが含まれる。具体的なガバナンスモデルについては次章で詳しく検討したい。

課題8　自律エージェントが人類を征服する

高度に分散化されたネットワークには、いい参加者もいれば悪い参加者もいる。アノニマスというネットワークでは、匿名の参加者たちが悪質なサイバー攻撃や抗議行動を展開している。ブロックチェーンを使えば、アノニマスの資金調達は今よりずっと簡単になるだろう。クラウドファンディングでビットコインを調達し、その資金を使ってテロの容疑者を暗殺するということも考えられる。そうなった場合、事件の当事者は誰になるのだろう。資金を1ドルだけ出資した人は、暗殺の法的責任を問われることになるのだろうか？[*38]

また、コンピューターの倫理という問題もある。スマート自動販売機に利益率の高い商品を仕入れるようプログラムしておいたら、違法な商品やドラッグを売るようになるかもしれない。あるいは自動運転車が人を轢き殺した場合、いったい誰が責任をとるのだろうか。

ワイアード誌の特集では、2人のハッカーが走行中のジープをハッキングして遠隔操作するという実演をやってのけた。製造元のクライスラーはこれを受けて140万台をリコールし、ドライバーや各メーカー、政府当局に注意を呼びかけた。[*39]もしもテロリストが車などのスマートデバイスをハッキングできるようになったら、どんな使われ方をするかわからない。

自律エージェントを利用した分散型企業には、そのほかにも多くの課題がある。どうやって活動を取り締まるのか。企業のオーナーは、どうやって全体をコントロールするのか。コンピューターによる敵対的買収にどう対応するのか。

たとえば分散型のウェブホスティング企業を所有し、各サーバーに経営への発言権を与えているとしよう。人間のハッカーまたはコンピューターのマルウェアが、仲間のサーバーを装って経営判断に投票し、会社の害になるような意見を過半数で通してしまうかもしれない。従来の企業の場合、何かがおかしいと気づいて社内で再調整がおこなわれるだろう。でもＤＡＥの場合は、そのまま最悪の事態に突き進む可能性が高い。悪意ある参加者は会社を売り払うかもしれないし、内部のデータを流出させたり、データを人質にとって身代金を要求したりするかもしれない。

さらに恐ろしいのが、軍のドローンやロボットの問題だ。ドローンが自分で行動を決めるようになったら、殺人マシンと化す可能性が否定できない。人工知能の研究者によると、自律型兵器が登場するのは10年単位ではなく、ほんの数年先の話になりそうだ。２０１５年7月には、スティーブン・ホーキングやイーロン・マスク、スティーブ・ウォズニアックといった名だたる科学者や技術者が名を連ね、自律型兵器の禁止を呼びかける公開状を提出している。[*40]

「10万台の冷蔵庫が結託して銀行強盗をはたらく可能性もあるわけです」そう語るのは、インターネットの父と呼ばれるヴィント・サーフだ。「通常のセキュリティやプライバシーだけでなく、大規模ネットワーク全体のデバイスを適切に管理するしくみを整えておく必要がありま[*41]す」

といっても、DAEやIoTを厳しく規制して承認制にするべきだとは思わない。それよりも、起業家や開発者がソフトウェアの影響力と破壊力を正しく把握し、適切な形に設計し直していくべきだろう。関係者と十分に対話し、リスクを最小限に抑えながら、最善の道を探っていく必要がある。

課題9　監視社会の可能性

「ネットワークを支配する試みはいろいろと出てくるでしょう」とキオニ・ロドリゲスは言う。「大企業や政府は全力でプライバシーをつぶしに来ます。NSA（国家安全保障局）は今もブロックチェーンのデータを分析しているはずですよ」[*42]

ブロックチェーンは匿名性の高いネットワークだが、情報はオープンにされている。人びとの情報を収集したい企業や、サイバー戦争に勝利したい国家は、血まなこになってブロックチェーンの情報を分析するだろう。そこにはあらゆる価値が詰まっているからだ。電子通貨、特許、採掘権、土地や財宝の所有権。これらがインターネットに解き放たれれば、悪用しようとする人が出てくることは避けられない。

IoTでネットワーク化されたデバイスが勝手にデータを収集・分析し、人の一生を台無しにするような情報を発表する可能性もある。

2014年初頭、グーグルがネスト・ラボを買収して話題を呼んだ。ネストの代表的製品である高機能サーモスタット（温度調節器）は、部屋の情報を収集するセンサーを備えたスマートデバイスだ。収集したデータはグーグルに送られ、そこでおそらくは、何らかの利益のために分析・利用されている。[*43] ただでさえソーシャルメディアで行動を逐一知られ、ターゲット広告をうんざりするほど見せられているというのに、今後はさらに比べものにならないほどのデータが収集される恐れがあるのだ。たしかにブロックチェーンを使えば、自分でかなり情報を制御できる。とはいえ情報をうまく遮断するためには、よほど神経を尖らせている必要があるだろう。

こうしたプライバシーの懸念はあるものの、ブロックチェーン自体にストップをかけるべきではない、とマシエ・セグロウスキは言う。「設計の問題なんです。分散型で誰にも支配されないネットワークでありながら、同時に本当の意味で自由であることも可能なはずです」

ライアソン大学プライバシー&ビッグデータ研究所のアン・カブキアンは、「ビジネスに役立ち、政府に役立ち、人びとのためになる」ようなデザインの7原則を提唱している。なかでも彼女が強調するのは、プライバシーをデフォルト設定にすることだ。ユーザーをデザインの中心に置き、エンド・ツー・エンドのセキュリティを確保し、必要なくなったデータはすみやかに消去する。ユーザーのプライバシーを尊重すれば、ブランドに対する信頼も上がるだろう。「ウィン・ウィンの関係が築けると思います。ゼロサムである必要はないんです」とカブキアンは言う。[*44]

「ただし、実行するには強い意志が必要です」とセグロウスキは付け加える。「人びとを監視するビジネスモデルをきっぱり捨てるわけですから、もちろん痛みを伴います。なんとかして新たな法律を通す必要もあるでしょう。批判も出てくると思います。だけど、そうでもして一度インターネットをつくり直さないことには、強大な力を持った誰かが監視装置を我が物にする可能性があります。そのときになって文句を言っても、誰も聞いてくれません[*45]」

課題10　犯罪や反社会的行為への利用

ビットコインが出始めたころによく聞こえてきた批判は、犯罪に利用されるのではないかというものだった。分散型で高速なP2Pの決済手段があったら、犯罪者が利用しないわけがないというのだ。

実際、シルクロードというサイトではドラッグの売買にビットコインが使われた。1万を超える数の違法商品が並び、顧客はビットコインで代金を支払ったあと、当局の目を逃れるアドバイスつきの小包を受けとっていた。このサイトが摘発されたことでビットコインの価格は暴落し、暗号通貨といえば犯罪というイメージが広まってしまった。

でもビットコインやブロックチェーン技術が、その他の技術よりも犯罪に向いているというわけではない。明確な記録が残るので、むしろ取り締まりやすいという意見のほうが多いくらいだ。

『フューチャー・クライム』の著者マーク・グッドマンが「ハッキング不可能なコンピューターシステムは存在しない」と指摘するように、テクノロジーのあるところには犯罪の可能性が広がっている[*46]。「一人が多数に対して及ぼしうる影響力は指数関数的に大きくなっています。いい方向の影響もあれば、悪い方向の影響もあります[*47]」

犯罪者はテクノロジーの影響力を駆使して、人を傷つけようとするかもしれない。でも逆に、ブロックチェーンがそれを阻止してくれる可能性もある。

ビットコインの取引はすべて公開されているので、現金よりも足がつきやすい。ウォーターゲート事件を扱った映画に「金を追え、そうすればすべてがわかる」という名言が出てくるけれど、ビットコインなら現金よりもずっと簡単に「金を追う」ことができるのだ。

銃乱射事件が起こるたびに、ライフル協会から献金を受けている政治家たちは「悪いのは銃ではない」と主張する。同じ政治家たちが、犯罪抑止のためにビットコインを取り締まるならお笑い種だ。テクノロジーはどちらの側にもつかないし、誰の味方でもない。そしてお金も一種のテクノロジーだ。誰かが銀行を襲ったとして、「お金があるから悪いんだ」と言う人はいない。ビットコインで犯罪が起こるとしたら、それはビットコインそのものよりも、ガバナンスや運用ルール、知識の普及といった要素に原因がある。

ブロックチェーンは闇を照らす光になれるか

乗り越えるべき壁は高い。将来的には量子コンピューターという大問題も控えている。量子コンピューターの計算能力を前にして、現在の暗号はまったく役に立たなくなるかもしれない。スティーブ・オモハンドロは言う。

「量子コンピューターは、きわめて大きな数字の素因数分解をきわめて高速に実行できると考えられています。そして公開鍵暗号の大半はそういった素因数分解で解ける性質のものです。

量子コンピューターが実用化されれば、世界中の暗号インフラは根本的な変化を迫られることになります」[*48]

技術イノベーションの功罪に関する議論は今に始まったことではない。この道具は良いものなのか悪いものなのか。それは人の役に立つのか、それとも人を苦しめるのか。

作家のジェームズ・ブランチ・キャベルが気の利いたセリフを残している。「楽観主義者は、世界にはあらゆる可能性が開けていると主張する。悲観主義者はそれが真実であることを恐れる」[*49]

テルミンのエピソードが示すように、イノベーションはいい方向にも悪い方向にも利用されうる。どんな技術も使い方次第だ。

「テクノロジーは格差や雇用構造についてどんな偏りも持っていません。それは社会的、政治的、文化的な闘いの一部なのです」とヨハイ・ベンクラーは言う。[*50] テクノロジーがビジネスや社会を劇的に塗り替えるとしても、それはあらかじめ決められた方向をめざしているわけではないのだ。

全体として見れば、テクノロジーは人びとにいい影響を与えてきたと言えるだろう。食べ物はたっぷり手に入るし、医療の進歩で多くの病気が治せるようになった。テクノロジーのおかげで人は豊かになり、高い生産性を手に入れ、社会面でも大きく進歩している。

ブロックチェーンがインターネットの二の舞にならないという保証はない。経済的・政治的な欲からブロックチェーンを支配しようとする勢力は出てくるだろうし、いかに分散型のシステムとはいえ権力につぶされる恐れがないわけではない。だからブロックチェーンという新たなパラダイムを率いるリーダーたちは、自分たちの権利を明確に主張し、誰もがチャンスを得られるような経済的・制度的イノベーションを進めていく必要がある。

今度こそ、あるべき未来を現実にしよう。

第11章
未来を創造するリーダーシップ

イーサリアムの創始者ヴィタリック・ブテリンは、才気あふれる若者だ。まだ19歳のときにイーサリアム開発に着手し、たちまちブロックチェーン界に旋風を巻き起こした。IBMやサムスン、UBS、マイクロソフト、中国の自動車部品大手ワンシャンなどの名だたる企業も強い関心を寄せており、イーサリアムという「地球規模のコンピューター」が世界を変えるという期待に業界が沸いている。[*1]

イーサリアムは正式には「任意の状態をとることのできる、チューリング完全なスクリプティング・プラットフォーム」と説明される。[*2] チューリング完全であるとは、要するにどんな処理でも実行できるということだ。たとえばひとつのスマートフォン上で読書や音楽鑑賞や計算などの多様なタスクができるのは、スマートフォンのOSがチューリング完全だからである。同様に、通常のプログラム言語で実現可能なアプリなら、どんなものでもイーサリアムで実現することができる。

ブテリン自身、各国語を自在に操るマルチリンガルだ。英語、ロシア語、フランス語、広東語（休暇中に2か月で身につけた）、ラテン語、古典ギリシャ語のほか、BASIC、C++、P

ａｓｃａｌ、Ｊａｖａなどのプログラム言語を広く身につけている。[*3]
「僕の専門は、ジェネラリストであることですね」と彼は言う。言語だけでなく非常に幅広い知識を持つが、本人はいたって謙虚だ。「いろいろなことに興味があるんです。だからビットコインは僕向きなんです。数学、コンピューターサイエンス、暗号学、経済学、政治哲学、社会学など、いろいろな学問の集合体ですから。すぐに夢中になりました」

オンラインフォーラムに積極的に参加し、自分でもビットコインを手に入れたいと思いはじめたころ、ビットコインのブログを立ち上げるという人物に出会った。

「ビットコイン・ウィークリーというブログで、寄稿者には報酬として5ビットコインがもらえたんです。当時の相場だと4ドルくらいだったんですけどね」

ブテリンはさっそく記事を寄稿した。「20ビットコイン稼いで、半分はTシャツを買うのに使ってしまいました。社会の基礎的要素を積み上げている感覚がありましたね」[*4]

そんな彼も、最初はビットコインに懐疑的だった。

「2011年の2月頃でしたか、父に言われたんです。『おまえ、ビットコインって知ってるか。インターネット上だけに存在して、どんな政府ともつながりのない通貨ができるんだ』と。それを聞いたときは、そんなの現実にうまくいくわけないと思いましたよ」

10代の頃から好奇心旺盛だったブテリンは、インターネットで各種の情報を読みあさっていた。学校では教えてくれないような知識を得るのが好きだった。経済学ではタイラー・コーエンやアレックス・タバロック、ロビン・ハンソン、ブライアン・キャプランらの理論を追いかけ、ゲーム理論や行動経済学にも没頭した。

「独学とはいえ、フォーラムでの議論を通じて驚くほど多くのことを学べました。インターネットはすばらしい学びの場だと思います」と彼は言う。そうした議論のなかにも、ビットコインという単語は繰り返し登場してきた。

その年の終わりまでに、彼は週20時間をビットコイン関連のブログ執筆に費やすようになっていた。17歳の自分を振り返り、彼はこう語る。

「大学に入ってまだ8か月でしたが、ビットコインを追うのに忙しくて、こうなったらフルタイムでやろうと心を決めました。大学の授業はすごく好きだったんですよ。でも、もっとおもしろいことを見つけてしまったんです。めったにないタイミングでしたし、逃すにはあまりに惜しいチャンスでした」

やがて彼はビットコインのさらなる可能性に気づき、より汎用的なブロックチェーンをめざしてイーサリアムのオープンソース・プロジェクトを立ち上げた。ブロックチェーン技術を活用すれば、ただの通貨にとどまらない、柔軟でパワフルなプラットフォームが実現できると考えたからだ。徹底的にオープンで徹底的にプライバシーを尊重するという、一見矛盾するようにも見えるブロックチェーンの性質は、まるでヘーゲル哲学のジンテーゼ（総合）のように彼には思えた。[*5]

イーサリアムの内包する対立構造はそれだけではない。個人主義と大規模なコミュニティの奇妙な融合も興味深い性質だ。個々の参加者は自分の利益を追求しているのに、その行動がコミュニティ全体を維持している。ブテリンはこの性質をフルに活用してイーサリアムを設計した。そこには組織や権力に対する適度な批判精神も影響している。

「世の中には不公平なことがたくさんあります。ただ最近は、ありのままの世界を少しずつ受け入れられるようになりました。未来の可能性が見えてきたということもあります」

たとえば3500ドルでマラリア患者を完治させられると知ったとき、彼は国や団体による援助の少なさを嘆くのではなく、すばらしいチャンスだと考えた。「3500ドルで誰かの命が救えるなんて、費用対効果がすごく高いじゃないですか。これはすぐに寄付しなくてはと思いました[*6]」

イーサリアムも、世界を変えるためのツールになりうると彼は考えている。

「僕自身は、技術が進歩していく大きな流れのなかに位置づけられるべきものだと思っています。社会はそうして少しずつよくなっていくわけですよね」

そうしたアイデアとビジョンを持った彼のまわりには、自然と人が集まってくる。彼はいまやイーサリアム・コミュニティのリーダーであるだけでなく、より広い技術コミュニティにも発言力を持ち、技術の進歩を率いている。

彼の挑戦は、どこまで広がっていくのだろう？

ブロックチェーンが真価を発揮するために必要なもの

「私たちは王や大統領や選挙制度を信用しません。私たちが信じるのは大まかな合意と、動くコードです[*7]」

ＭＩＴのコンピューター科学者デービッド・ダナ・クラークは、1992年のスピーチでそう語った。この言葉は初期のインターネットを推し進めるマントラとなった。インターネットがこれほどまでに人びとの暮らしを変えるとは、まだほとんど誰も気づいていなかった時代の話だ。クラークの言葉は既存のシステムとは根本的に違う、しかしきわめて有効なガバナンスのあり方を予見していた。

第二次世界大戦後、世界の主要なリソースを管理するために国際通貨基金と世界貿易機関が設立された。国連とその傘下の各機関(WHOなど)が大きな権限を与えられ、国際問題の解決に絶対的な力をふるってきた。こうした各機関は高度に階層的な組織形態で運営されている。20世紀前半には、ヒエラルキーという組織のあり方が当たり前だったからだ。しかしデジタル時代になると、そうした古い体制が徐々に現実に合わなくなってきた。インターネットの登場は、新たなガバナンス体制への転換点だった。

1992年当時、インターネットといえばEメールの利用が中心だった。まだウェブブラウザも存在していなかった時代だ。ほとんどの人はインターネットのことを知らず、インターネット関連の各機関も生まれていなかった。ヴィント・サーフやボブ・カーンら初期の開発者たちの呼びかけで、ようやくコミュニティが形になろうとしている段階だった。

今のブロックチェーンは、まさにそれと同じような状況だ。開放的で活気にあふれ、誰にも管理されずに自由を満喫している。オープンソース・コミュニティは、開発者にとって最高の環境だろう。

ただし、次の段階に進もうと思うなら、自由なだけでは不十分だ。より強力な国際的インフラへと成長するためには、ある程度の組織化とリーダーシップが欠かせない。ウィキペディアやリナックスにも、ジミー・ウェールズやリーナス・トーバルズという「やさしい独裁者」が存在している。

サトシ・ナカモトは権力の分散化やネットワークによる正しさの保証、ステークホルダーの権利（プライバシー、安全、所有権などを含む）、多様な人びとのインクルージョンといった要素をコードに織り込み、方向性を調整することに成功した。おかげで今までのところ大きな混乱もなく、健全なコミュニティが築かれている。ところが最近になって、少しずつ亀裂が見えてきた。

あらゆる革新的な技術がそうであるように、ブロックチェーンに対してもいくつかの競合する見方がぶつかり合っている。コア開発者のコミュニティ内でもいくつかの派閥が生まれ、別々の方向性を主張しはじめた。元米国政府アドバイザーで現ＭＩＴデジタル通貨イニシアティブ代表のブライアン・フォードは、次のように述べている。

「ブロックサイズをめぐる議論を見ていると、本当に問題はブロックサイズなのかと疑問に思えてきます。表面的にはブロックサイズの話をしていても、その奥にはガバナンスをめぐる議論が隠れているのです[*8]」

ブロックチェーンが乗り越えるべき課題については、すでに前章で紹介した。２０１５年１月には、主要なコア開発者のマイク・ハーンがコミュニティに背を向け、ビットコインはもうすぐつぶれるだろうと予言して去っていった。彼はそのときの手紙のなかで、重要な技術的仕様の問題がいつまでたっても解決されないことや、開発者たちの対立と混乱が存在することを嘆いている。そんな状況では成功するわけがないというのだ。

今のところ、まだコミュニティ内での意見は割れていて、解決へ向けて団結する動きは見られない。ヒエラルキーに頼ることなく意見の対立を解消し、適切な方向性を打ちだすことは可能なのだろうか？

もちろん可能だ、と著者は考える。必要なのは強い権限を持つ公的機関ではなく、民間と政府、個人が対等につながりあう柔軟なネットワークだ。これをグローバル・ソリューション・ネットワーク（GSN）と呼ぼう。こうしたウェブ上のネットワークはどんどん増殖し、新たな形の共同作業と社会参加を可能にするだけでなく、グローバルな公共価値を生みだしつつある。

ブロックチェーン・エコシステムのプレイヤーたち

ブロックチェーンはもともと、オープンソースのコミュニティから生まれた。その技術はたちまち多くの人を惹きつけ、多様な立場の人びとがそれぞれの利害を背負って参加しはじめた。開発者、金融関係者、ベンチャーキャピタリスト、起業家、政府、NGOなど、それぞれにめざすゴールは異なる。そうした多様な立場の関わりあいから、ブロックチェーンの発展を率いるリーダーシップの必要性が徐々に見えてきた。

ここで各プレイヤーの立場を整理しておこう。

ブロックチェーン業界の先駆者

エリック・ボーヒーズやロジャー・ヴァーをはじめとするブロックチェーン業界の先駆者のなかには、ガバナンスや規制、監視機構に拒否反応を示す人も少なくない。そんなものは馬鹿げているし、ビットコインの思想と真っ向から対立するものだと思っているのだ。[*9]ボーヒーズは言う。

「ビットコインは数学的にうまくコントロールされています。政府に振りまわされるべきではありません[*10]」

しかしブロックチェーンが影響力を増すにつれて、業界内にも政府との対話を受け入れ、協力的な姿勢を見せる企業が増えてきた。コインベースやサークル、ジェミニなどの取引所はすでに正式な業者として登録しているし、ＭＩＴデジタル通貨イニシアティブなどの新たなガバナンス機関とも密接な関係を保っている。

ベンチャーキャピタリスト

最初はマニアックな集団だったブロックチェーン業界は、たちまちシリコンバレーの一流ベンチャーキャピタリストたちを巻き込んで急成長した。いまや金融業界の巨大プレイヤー（ゴールドマン・サックス、ニューヨーク証券取引所、Ｖｉｓａ、バークレイズ、ＵＢＳ、デロイトなど）がベンチャーキャピタリストの役目を果たし、ブロックチェーンのスタートアップを直接的・間接的に支援している。

年金基金の運用先としても注目を集めはじめた。カナダ最大の公的年金基金を親会社に持つＯＭＥＲＳベンチャーズというベンチャーキャピタルも、２０１５年にブロックチェーン企業への投資を開始した。同社のジム・オーランドは「インターネットでいうウェブブラウザのようなキラーアプリ」の登場に期待していると話す。[*11]

ブロックチェーン企業への投資額は2012年の200万ドルから、2015年前半で5億ドルにまでふくれ上がった。[*12]この流れはまだまだ止まらない。ティム・ドレイパーによれば、「投資家はまだブロックチェーンの可能性を過小評価している」[*13]

先見的なベンチャーキャピタリストがブロックチェーン技術の重要性を広くアピールし、コインセンターなどの政府系機関を支援することは大きな助けになるだろう。たとえばバリー・シルバートが立ち上げたデジタルカレンシーグループ（DCG）では、学者など異業種の人びとを取締役に選任し、投資と広報活動の両面から新たな金融システムの発展を後押ししている。

金融機関

金融業界の変わり身の速さには驚かされる。長いあいだ金融業界はビットコインを賭け事や犯罪の道具とみなし、まともに注意を払おうともしなかった。ところが現在、どこの金融機関も全力でブロックチェーンに入れ込んでいる。2015年はちょうどその分岐点だった。それ以前はブロックチェーンに投資している銀行などごくわずかだったのに、ここへ来て各国のメガバンクが一気になだれ込んできた。

オーストラリア・コモンウェルス銀行、モントリオール銀行、ソシエテ・ジェネラル、ステート・ストリート、CIBC、カナダロイヤル銀行、トロント・ドミニオン銀行、三菱UFJフィナンシャル・グループ、バンク・オブ・ニューヨーク・メロン、ウェルズ・ファーゴ、みずほ銀行、ノルデア銀行、ＩＮＧ、ウニクレディト銀行、コマーズバンク、マクワリー銀行、その他何十もの金融機関がブロックチェーンに投資し、ルールづくりのために動きはじめた。

その大半がＲ３コンソーシアムに参画し、さらに多くがリナックスファウンデーションのハイパーレジャー・プロジェクトに名を連ねている。ブロックチェーンが盛り上がるのはいいことだが、既存の金融機関の言いなりにならないよう十分に注意しておく必要があるだろう。

ブロックチェーン開発者

ブロックチェーン開発者のコミュニティは技術的問題をめぐって割れている。

ブロックサイズ拡張論争のど真ん中にいるギャビン・アンドリーセンは、「できればエンジンルームに引きこもって、ビットコインのエンジンがうまく動くことだけ考えていたい」と本音をのぞかせる。[*14] しかし明確なリーダーシップが存在しないなかで、自分の信じるやり方を通すためには声を上げていくしかない。２０１５年夏のインタビューで彼は次のように述べている。

「あと半年は、ビットコインの技術的寿命にフォーカスして活動していくと思います。ビットコインが数年後にも生き残り、マイクロペイメントや株取引、不動産売買などに利用されるよう動いていく必要があります」

ブロックチェーンのリーダーシップを考えるうえで、インターネットのガバナンス・ネットワークが参考になるはずだと彼は言う。インターネットの管理体制は「ごちゃごちゃで混沌としている」けれど、それでもうまく動いているからだ。

「僕はつねにロールモデルを探しているんです。ＩＥＴＦ（インターネット技術の標準化を推進する団体）のやり方はいいモデルになると思います[*15]」

大学・研究機関

大学や研究機関も、ブロックチェーン関連の研究に資金を出し、部門の壁を越えたコラボレーションを始めている。ＭＩＴのブライアン・フォードは言う。

「デジタル通貨イニシアティブを立ち上げたのは、ＭＩＴのすばらしいリソースをこの技術に集中させるためです。ブロックチェーンは今後10年でもっとも重要な技術革新になると考えています[*16]」

またＭＩＴメディアラボの伊藤穰一は、大学の役割についてこう語る。

「ＭＩＴなどの研究機関は、利害や立場に振り回されることなくスケーラビリティなどの問題について語り、公平な調査と評価ができる場になりうると思います[*17]」

スタンフォードやプリンストン、ニューヨーク大学、デューク大学といった名だたる大学も、ブロックチェーンと暗号通貨に関するコースを次々と導入している[*18]。

国と中央銀行

各国政府の足並みは揃っていない。放任主義の国もあれば、新たなルールをつくって管理下に置こうとしている国もある（ニューヨーク州金融サービス局の「ビットライセンス」など）。なかにはビットコインに対する敵対心を露わにしている国もあるけれど、これは少数派になりつつある。

ブロックチェーン業界側の態度も割れていて、新たなルールを歓迎する人もいれば敵視する人もいる。ただ、たとえ政府の介入を好まない人であっても、こうして議論が活発になることはおおむねプラスだと考えているようだ。ブロックチェーン投資家のアダム・ドレイパーは、規制は不本意であるとしたうえで、「政府が正式に承認したということになれば、これは業界にとって価値があります」とコメントする。[*19]

中央銀行の反応もばらばらだ。ニューヨーク金融サービス局で金融業界の監督にたずさわっていたベンジャミン・ロースキーは、確固とした管理体制こそが業界の成長につながると指摘する。[*20]

非政府組織

2015年はブロックチェーン系のNGOや市民社会団体が続々と登場し、新たな可能性を感じさせる年となった。MITデジタル通貨イニシアティブも、大学の機関とはいえ、広い意味での非政府組織に含めることができるだろう。同様の組織としてジェリー・ブリトが率いるコインセンターや、ペリアンヌ・ボーリングが立ち上げたデジタルコマース審議会がある。彼らの影響力は急速に増してきている。

ブリトは非営利のシンクタンクという立場から、ガバナンスの必要性を重視している。「重要な判断が求められるところにはガバナンスの出番があります。物事を実現させるにはプロセスが必要なのです[*21]」

彼はまず、成熟した話し合いの場が必要だと考えている。

「現状のボトムアップ型アプローチの場合、ブロックサイズの論争でやや荒っぽい側面が出てきています。それでは合意に至るのは難しいでしょう。話し合いの場をサポートし、自主管理型の組織に成長する手助けがしたいと思っています[*22]」

ブロックチェーンを率いる女性の力

ブロックチェーン業界を見渡すと、男性の姿が圧倒的に目立つ。技術の世界はまだまだ女性の数が少ないようだ。

それでもよく見ると、優秀な女性リーダーが続々と業界に参入してきている。たとえば、デジタル・アセット・ホールディングスのブライス・マスターズCEO。Xapoのシンディ・マクアダム社長。ケースウォレットのメラニー・シャピロCEO。ステラー・ディベロップメント・ファウンデーションのジョイス・キム共同創業者。ビットペサのエリザベス・ロシエロCEO。サードキー・ソリューションズのパメラ・モーガンCEO。彼女たちは、ブロックチェーン業界が女性を対等に扱う場所だと感じているようだ。

ブロックチェーン系のベンチャーキャピタルで活躍する女性も多い。ビットゴーで事業開発部長を務めていたアリアナ・シンプソンは、独立してブロックチェーン企業向けベンチャーファンドを立ち上げた。ジャラク・ジョバンプトラも分散テクノロジーに特化したVCファンドを経営している。

ガバナンスと監督分野では、とくに女性のリーダーシップが目立っている。プリマヴェラ・デ・フィリッピはハーバード大学バークマン・センターの契約教員およびフランス国立科学研究センターの常任研究員を務める女性で、ブロックチェーンの普及を精力的に進めている。ガバナンス分野では現在もっとも発言力のある人間だ。彼女は元弁護士の起業家コンスタンス・チョイと組み、ブロックチェーン関連のワークショップに取り組んでいる。ハーバードやMIT、スタンフォードのほか、ロンドンや香港、シドニーでも開催しているそうだ。ワークショップでは業界内外のさまざまなステークホルダーを巻き込み、ガバナンスを中心とする課題について自由な視点から議論する。異なるバックグラウンドの人間が集まって意見を出しあうところから、クリエイティブな解決策が生まれるからだ。

イェール大学ロースクール客員研究員のエリザベス・スタークも、ブロックチェーンのガバナンス分野で中心的な位置に立っている。スタークは学問の世界で高く評価された人間だが、そこだけにとどまらず精力的に活動の場を広げている。彼女が主催する「スケーリング・ビットコイン」のイベントには開発者や業界関係者、オピニオンリーダー、政府関係者、その他多くのステークホルダーが集まり、ブロックサイズ問題の整理と解決に大きな役割を果たした。現在、彼女はライトニング・ネットワークのプロジェクトを立ち上げ、スケーラビリティ問題の解決に向けて尽力している。

ジャーナリスト出身のペリアンヌ・ボーリングは、デジタルコマース審議会を立ち上げて政治とのつながりを強化している。立ち上げから1年とたたず、ブライス・マスターズやジェームズ・ニューサム、ジョージ・ギルダーなどの有名な顔ぶれが理事に就任した。「ワシントンに拠点をつくり、政府との対話を進める必要があると考えました」とボーリングは言う。ジャーナリストの経験から、彼女は人を動かすメッセージの伝え方に精通している。ブロックチェーン・ガバナンスの政策や広報の面で彼女の右に出る者はいないだろう。[*23]

金融業界を知り尽くしたブライス・マスターズは、ガバナンスの必要性について次のように冷静に指摘する。

「新しく参入した企業は規制から自由ですから、既存の大企業ができないようなことも容易に実現できます。ただ、そうした規制が存在する理由についてもよく考えてみたほうがいいでしょう。何のルールもない金融サービスに消費者を巻き込む前に、ルールが何の役に立っているのかを認識しておくべきです[*24]」

新たな技術には新たなルールが必要だ

ベンジャミン・ロースキーは、もともとニューヨーク金融サービス局で金融業界の監督にたずさわっていた。アメリカの銀行がもっとも恐れる男だったと言っていい。ワシントンの情報筋によると、彼は早朝のジョギングが日課で、街を走る合間に自撮り写真を撮るのが好きという可愛い面もあるらしい。でもウォールストリートの大物たちにとっては、彼はパワフルで容赦なく、不正を見つければどんな銀行にでも全力で闘いを挑んでくる恐ろしい監督官だった。

２０１１年に金融監督機関のトップという立場に任命されると、彼はさっそく精力的に不正を摘発しはじめた。なかでも大きな話題を呼んだのは、イギリスのスタンダードチャータード銀行のマネーロンダリング問題を暴いて3億4000万ドルの和解金を手に入れたできごとだ。[*25] 彼はそれまでの緩すぎる監視体制にメスを入れ、反発を恐れずに改革を敢行した。すぐに銀行の要注意人物リストのトップに据えられたが、彼が本領を発揮するのはまだこれからだった。

2013年半ば、ロースキーが自分のオフィスで銀行の不正を調べていると、あるエコノミストが扉をノックした。ちょっと変わったケースについて相談したいという。企業の弁護士から仕入れた情報によると、どうやらウォール街の一部で、ビットコインという仮想通貨の取引がおこなわれているらしい。「何なんだ、そのあやしげな通貨は？」とロースキーはまず思った。[*26] さらに話を聞くと、企業の顧客間でこの仮想通貨が売買されているほか、実際に物やサービスの購入にも使われているらしい。ビットコインを扱う企業の弁護士たちは、これがお金のやりとりにあたるのか、もしそうならどのように処理すればいいのかと探りを入れてきたのだ。

ニューヨーク州では、州の許可がなければ送金業務を営むことはできない。もしも無断で送金を仲介しているなら、ニューヨーク金融サービス局としては早急に取り締まる必要がある。でも、得体のしれないものをどうやって取り締まればいいのだろう。ロースキーはそれまで、暗号通貨の存在など聞いたこともなかった。これはどうやら、厄介な仕事になりそうだ。

ビットコインは、既存の規制の枠組みにまったく当てはまらないようだった。ロースキーは頭を抱えた。そもそもビットコインは国境のない通貨だ。州や国の管轄内でどうこうできる問題ではない。それにブロックチェーンという技術は分散型で、中心のないP2Pネットワークだ。どこかに本社があれば叩けるけれど、そういうものも存在しない。

「調べていくうちに、この新技術のすごさが見えてきました」とロースキーは言う。「ルールを整備して悪質なサービスが出てくるのを防ぎつつ、同時に市場を押さえつけすぎないような制度が実現できれば、この技術は金融システムを大きく変える力になるはずだと思えてきたんです[*27]」

質的に異なる技術には、これまでにないタイプの法的枠組みが必要になってくる、とロースキーは考えた[*28]。そして最初の取り組みとして、ビットライセンスという事業ライセンス制度を導入することにした。しかし、企業がおとなしく従うと思ったら間違いだ。ライセンス制度の施行と同時に、大量のビットコイン企業がニューヨークから逃げだした。ライセンス料が高すぎるというのが主な理由だ。ニューヨークに残ったのは、一部の資金豊富な企業だけだった。

監視体制の充実や消費者の保護という観点から見れば、ライセンス制は業界にとってプラスになる。ビットライセンスに登録した企業、たとえばジェミニなどは、確かな足場を得て順調に事業を進めている。顧客に安心感を与えるという意味でも正式な認可は重要だ。

ただし、マイナス面があることは否めない。競合企業が逃げだしてしまったことで、イノベーションが減速する不安もある。またジェリー・ブリトは、ビットライセンスのやり方が古い考え方にもとづいていると指摘する。彼が問題視するのは、たとえば顧客資金の保管というような条項だ。

「ビットコインのようなデジタル通貨の場合、マルチシグのような技術を使って、権限を分散することが可能になります。送金に3人中2人の署名が必要という設定にしておいて、3人それぞれに別の鍵を持っておくというようなやり方です。その場合、3人のうち誰が資金の保管者になるのでしょう？[*29]」

新たな技術は今までの「当たり前」に疑問を投げかける。新たな技術を深く理解したうえで、うまく技術に適合するルールをつくる必要があるだろう。

「今後5年から10年は、金融システムにとって非常にダイナミックでおもしろい転換期になると思います」とロースキーは言う。[*30] 彼はニューヨーク金融サービス局の仕事をやめて、その変化のただ中に飛び込んでいくことにした。

「テクノロジーという比較的無秩序な世界が、世界でもっとも規制の厳しい金融という世界に正面からぶつかっていくわけです。何が起こるかまだ誰にもわかりません。今後5年から10年が鍵になってくるでしょうし、その変化の中心で仕事をしたいと思っています[*31]」

ビットコイン先進国をめざすカナダ

２０１５年６月、カナダの銀行・貿易・通商委員会がデジタル通貨を推進するレポートを発表して話題を呼んだ。[*32] さまざまなステークホルダーの意見を組み込んだこのレポートには、政府がブロックチェーン技術を導入すべき根拠が詳細に述べられている。[*33]

「これはインターネットに続く技術革新になります」と話すのは、レポート作成の中心的人物であるダグ・ブラック上院議員だ。「テレビや電話の登場に並ぶできごとです。我々はイノベーションと起業家を応援しますし、その姿勢を国内外に発信していくつもりです[*34]」

ブラックは議員になる以前、ロースキーと同じく弁護士だった。有名な弁護士事務所で石油・ガス業界に関わる仕事をしていたそうだ。ただしロースキーと違って、ブロックチェーンの規制には反対の姿勢を示している。「政府は引っ込んでいればいいんですよ」と彼は言う。[*35]

カナダ上院議員の平均年齢は66歳で、最先端技術の擁護者というイメージからは程遠い。そんな彼らが、世界の議員の中でもいち早くビットコイン推進の姿勢を宣言したのだ。レポート作成の過程を振り返って、ブラックは言う。

「イノベーションを抑圧するのではなく、伸ばすことが必要です。そのためにどういう環境をつくっていくか。普通は国はこういう考え方をしませんからね[*36]」

国は既存の体制を維持し、リスクをなるべく避けようとする。でも彼はそこに安住するつもりはなかった。

「何にでもリスクはあります。法定通貨が安全なわけでもない。リスク管理も必要ですが、イノベーションを後押しする環境をつくっていくのも大事でしょう[*37]」

政府はブロックチェーンを活用して国民との交流を図るべきだ、とブラックは主張する。

「ブロックチェーンはデータを保護するためのすぐれた容れ物です。政府はこの技術を活用すべきですし、そうすれば力強いメッセージになるでしょう[*38]」

また彼はレポートのなかで、政府による規制は控えめにすべきであると明言している。法律の専門家にも、この意見に賛同する声が見受けられる。イェシーバー大学カードーゾ法科大学院のアーロン・ライトは、セーフハーバー・ルールを策定して適法に活動できる範囲を明示し、最低限の規制のもとで自由にイノベーションできるようにすべきだと考える。[*39] ワシントン&リー大学法科大学院のジョシュ・フェアフィールドも次のように述べている。

「規制のルールはテクノロジーのようであるべきだと思います。つまり身軽で、実験的で、反復的なプロセスです」[*40]

中央銀行はデジタル通貨にどう対処するのか

金融業は古代から存在するけれど、中央銀行は比較的新しい存在だ。アメリカのＦＲＢの歴史はようやく１００年を迎えたばかり。[*41] しかしその短い歴史のなかで、中央銀行はいくつもの進化を経てきた。もっとも最近の大きな変化は、金本位制の廃止だろう。

デジタル通貨の登場は、中央銀行の次なる進化を促すことになる。反発もあるかもしれないが、銀行側もイノベーションと無縁なわけではない。たとえばＦＲＢは自動クリアリング・ハウス取引（ＡＣＨ、Automated Clearing House）を推進し、電子的な資金決済の道を切り開いてきた。各国中央銀行が先例のない金融政策を打ちだすことも多い。２００８年の金融危機後に実施された量的緩和政策では、ＦＲＢがお金を刷って国債などの証券を大量に購入するという思いきった手段に出た。

ブロックチェーン技術についても、中央銀行はいち早く調査に乗りだしている。ブロックチェーンが金融サービスの抜本的な変化をもたらす可能性に気づいたからだ。うまく使えば、ブロックチェーンは不適切な金融機関を駆逐し、グローバル経済における中央銀行のパフォーマンスを大きく向上させるツールになりうる。

しかし同時に、ブロックチェーンは中央銀行の存在意義を根本から問い直すことにもなる。国の管理を超えた暗号通貨が流通するなかで、中央銀行はどうやって仕事をすればいいのだろう。経済がうまくいかないとき、中央銀行は金融政策で通貨をコントロールしようとする。しかし暗号通貨は国が発行したものではないし、世界中に分散して存在しているので、金融政策で動かすことは不可能だ。

カナダ銀行〔訳注：カナダの中央銀行〕のキャロライン・ウィルキンスは言う。

「我々は現行の体制に自信を持っていますが、どんなパラダイムもやがて崩れる時が来ます。長く使っているうちに、どこかでうまくいかなくなるんです。対症療法で直していくこともできますが、いずれは別のやり方に転換する必要があります[*42]」

彼女の言う「別のやり方」とは、もちろんブロックチェーンのことだ。

「これほど革新的な技術を無視するわけにはいかないでしょう。ブロックチェーンは中央銀行のあらゆる業務に影響を投げかけています[*43]」

FRB前議長のベン・バーナンキも、2013年に「ブロックチェーンはよりスピーディーで安全で、効率的な決済システムを促進しうる」と述べている[*44]。現在FRBやイングランド銀行をはじめ、世界中の中央銀行がブロックチェーンの研究を鋭意進めているところだ。

中央銀行の役割は主に3つある。(1)金利を設定してマネーサプライを調節し、非常時には直接的に資本を注入する。(2)政府や市中銀行のための銀行として機能し、安定した金融システムを保つ。そのため「最後の貸し手」とも呼ばれる。(3)政府機関と協力して、金融システム全体を監督する[*45]。これらの役割は複雑に絡み合い、互いに影響しあっている。

「いざというときに流動性を確保するのは中央銀行の大切な役目です」とウィルキンスは言う。

「我々の場合、その道具となるのはカナダドルです。つまりカナダの金融システムでは、カナダドルが流動性の源になっているのです」

　ということは、ビットコインなどの通貨が広く流通するようになった場合、中央銀行は最後の貸し手としての力を失うことになるかもしれない。[*46]

　では、どうすればいいのか。もっともシンプルな方法は、中央銀行がビットコインを保有することだ。外貨や金を持っておくのと同じように、ビットコインを準備しておけばいい。民間の金融機関にも同様に暗号通貨の準備金を義務づけるといいだろう。法定通貨と暗号通貨の両方に対応できれば、いざというときにも困らないはずだ。

　ウィルキンスは最近のスピーチで、中央銀行がデジタル時代にどう向き合っていくかというビジョンを示した。[*47]彼女はまず電子マネーの重要性と危険性を指摘し、中央銀行であるカナダ銀行が電子マネーの発行と管理に関与する可能性を示した。さらにビットコインなどの暗号通貨が今後さらに普及した場合、中央銀行が積極的な役割を果たす必要性があると語る。こうした動きは中央銀行の仕事を大きく変えていくだろう。ブロックチェーンベースの暗号通貨を保有し、さらにブロックチェーン技術を利用して自国通貨を電子マネーへと変換する。紙のお金を刷る時代は過去のものになるかもしれない。

　監督機関としての役割はどうなるだろうか。

　各国の中央銀行は、けっして国内だけに閉じこもった存在ではない。他国の中央銀行や国際機関と連携を取りながら動いているのだ。これから暗号通貨の流通が増えれば、各国の協力関係をもっと密にしていく必要があるだろう。中央銀行の人間たちも重要な問いに向き合いはじめている。

「規制は問題に準じて決定されるべきと言われますが、では問題とは何なのでしょう。我々はどんなイノベーションを求めているのでしょうか?」とウィルキンスは問いかける。[48]

これは国内で決められる問題ではない。戦後の国際通貨体制を決定したブレトン・ウッズ協定のときと同じように、各国が知恵を出しあって金融の未来を話し合う必要があるだろう。ただし今回は、煙草の煙に満ちた密室ではなく、多様なステークホルダーを巻き込んだオープンフォーラムとして開催すべきだ。そこに民間企業やテクノロジー業界も参加できないだろうか。ウィルキンスによれば、すでにそうした取り組みは進んでいる。

「カナダ銀行は各国の中央銀行と連携してブロックチェーン技術の研究を進めます。これまでに開催したカンファレンスには、中央銀行だけでなく大学や民間企業の方々にも参加いただいています[49]」

政府は世の中の急速な変化を見落とすことがある。だからこそ、多様なステークホルダーの意見を聞き、世界中でアイデアをシェアしていくことが大切だ。民間を含めたオープンな話し合いの場をつくり、力を合わせて重要な問題に向き合いながら、しっかりとプランを前に進めていく必要があるだろう。

適切なガバナンスは深い理解から生まれる

お金や資産は、従来の情報とは別種のものだ。これまでのインターネットとは違って、人びとの貯金や年金、生活がかかっている。おそらく野放し状態のままではまずいだろう。でもこれほど巨大な変化を前にして、国はうまく手綱を握ることができるのだろうか？

政府の危機対応を見ると、その能力に疑問を感じざるをえない。たとえば２００８年の金融危機のときには、急速に複雑さを増す経済システムに対して既存の管理体制が追いついていないことが明らかになった。といっても、規制を強化すればいいというものではない。複雑な金融市場の隅々にまで目を光らせ、経済やテクノロジーのあらゆる側面を監視するのはほとんど不可能だ。

ただし、少なくとも政府の力で金融機関の情報を公開させ、変化を促すことはできる。ウェブ上での情報公開を義務づければ、一般の人びとの力を借りて銀行の活動を監視することが可能になる。人びとに情報が行きわたることで、危ない商品を買わなくなったり、金融機関の不正を摘発するなどの動きも出てくるかもしれない。

もちろん、政府がガバナンスの主役であることに変わりはない。政府はブロックチェーンのガバナンスがこれまでの金融政策や規制とは別物であることを認識しておく必要があるだろう。長いあいだ、政府は通貨を独占してきた。でもこれからは、グローバルな分散型ネットワークでお金が生みだされることになる。根本的にやり方を変えなくては対応できないのだ。

アメリカの態度はおおむね好意的だが、ときに複雑な面も見え隠れする。

「アメリカの議会も、法的機関を含む各種機関のトップも、この技術の大きな有用性に気づいています」とジェリー・ブリトは言う[*50]。インターネットへの対応を見ればわかるように、アメリカという国はイノベーションを歓迎する。そして歓迎しながら、規制を通じてイノベーションを囲い込もうとする。時期尚早のおかしな規制が横行することも珍しくない。

イノベーションの全貌が見えてくる前に焦って規制をつくると、おかしなことになる可能性がある。ビクトリア朝時代のイギリスでは、蒸気自動車による事故を防ぐため、赤い旗を持った人が歩いて自動車を先導するという馬鹿げたルールがあった。ゴーコインのスティーブ・ボーレガードCEOは、そうした事態を避けるべきだと警告する。

「ウェブサイトが最初に出てきたときには、ウェブサイト作成者に無線免許取得を義務づけるべきという議論が実際にあったんです。情報の発信に当たるからというんですね。ウェブサイトを公開するのに無線免許をとらなくてはならない世界が想像できますか？」[*51]

ここで規制とガバナンスは別物であるということを明確にしておきたい。規制は行動をコントロールするための法律に関する話だ。一方、ガバナンスには監督や協力、そして共通の利益に向かって動くためのインセンティブが含まれる。

ブロックチェーンの規制は慎重であるべきだし、まだその真価がわからない時期から法律で縛りつけることは危険ですらある。一方でガバナンスの観点から言うと、政府は積極的にブロックチェーン業界に参加し、業界のプレイヤーとしてほかの参加者たちと協力していったほうがいい。必要なのは上からの押さえつけではなく、フラットなネットワークによるボトムアップ型のガバナンス体制だ。

ブロックチェーン時代のガバナンス・ネットワーク

ブロックチェーンを率いる新たなガバナンス・ネットワークは、どのような形になるのだろ

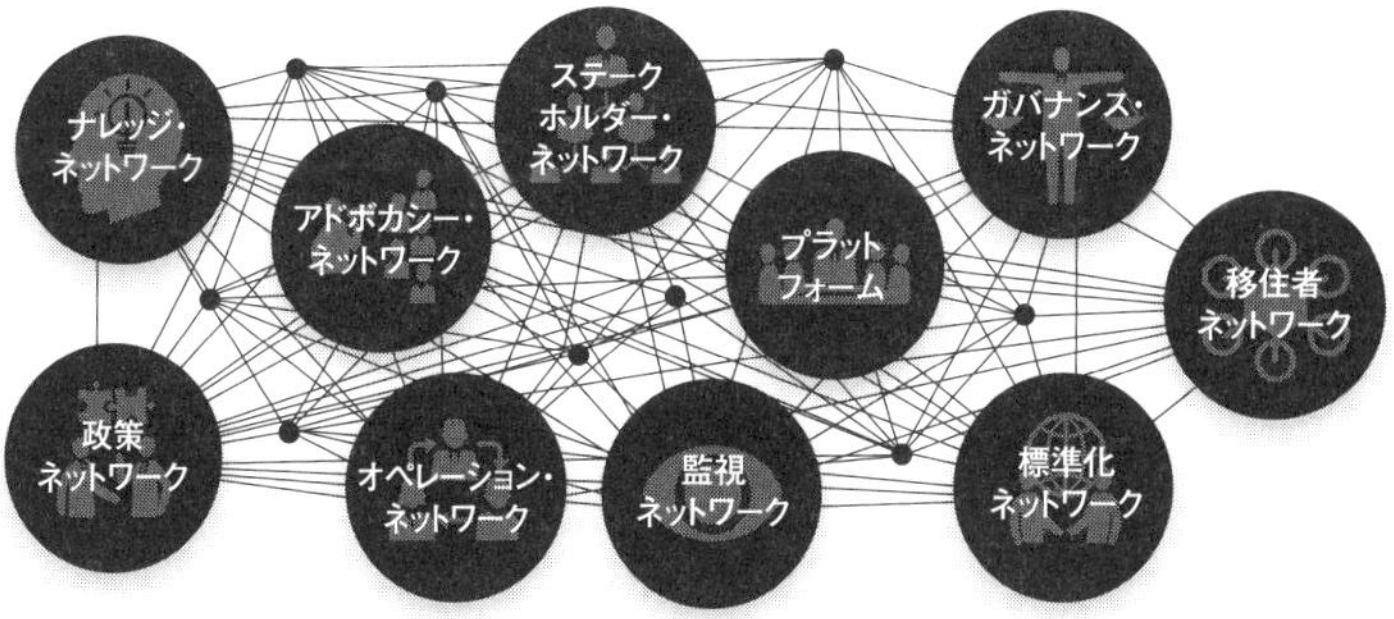

う？

民間の企業や組織と政府、そして個人が対等につながりあうグローバル・ソリューション・ネットワーク（GSN）の必要性についてはすでに述べた。GSNはその役割に応じて10種類のタイプに分類できる。どのタイプのネットワークも国や国際機関の支配を受けず、対等なステークホルダーの立場からブロックチェーン技術のリーダーシップとガバナンスに重要な役割を果たすことになるだろう。

1　ナレッジ・ネットワーク

ナレッジ・ネットワークの主な役目は、新しいアイデアや研究結果、考え方や政策などを共有し、グローバルな課題の解決に貢献することだ。詐欺や盗難から身を守り、プライバシーを確保するためには、正しい知識や情報が欠かせない。ナレッジ・ネットワークはこれを手助けし、さらにブロックチェーン技術の可能性を探求することによって、さらなる豊かさや金融アクセスの広がりを実現する。[*52]

こうした知のネットワークは、よりオープンで透明で、多様なステークホルダーを包含する文化を生みだすだろう。

ナレッジ・ネットワークはＧＳＮの情報発信地となり、隣接するネットワークや一般の世の中へ向けて新たなアイデアを広めていく。ブロックチェーンのスムーズな発展のためには、こうした知識の推進が不可欠だ。各種ステークホルダーは正しい知識を活用してブロックチェーンの普及や政策策定を進めていくことができるだろう。

また知識の共有は、政府との実りある対話を可能にする。適切な政策策定には、深い知識と情報が欠かせない。「理解できない人がつくった法律や政策は失敗します」とコインセンターのジェリー・ブリトは言う。多様な意見を共有し、議論を進めることが必要だ。

現在のところ、ＭＩＴのデジタル通貨イニシアティブがナレッジ・ネットワークを先導し、世界の大学や研究機関の力を結集しようとしている。さらにサンフランシスコやニューヨークで非公式の開発者会合が開かれ、知識の交流が図られている。ウェブサイトや掲示板でも活発に知識共有や意見交換がおこなわれている。

2　オペレーション・ネットワーク

オペレーション・ネットワークは、望ましい変化やアイデアを実現に持っていく実行部隊だ。このネットワークは既存の機関をサポートし、ときにはそこを飛び越えて必要な機能を遂行する。たとえばＩＣＡＮＮはインターネットのガバナンス・ネットワークにおいて、ドメイン名のソリューションを実行に移している。

適切なインセンティブを維持し、健全に分散化されたコラボレーションを実現するためには、ICANNのような実行部隊の存在が欠かせない。ただし、ICANNをはじめとするインターネットのガバナンス組織はアメリカに集中しすぎている。ブロックチェーンのガバナンス・ネットワークでは、これを国際的に広げていく努力が必要だ。伊藤穰一も次のようにコメントする。

「アメリカに依存しない、国際的なガバナンス体制をつくろうという動きは当初から存在します。いったんアメリカの影響下で始めてしまうと、そこから抜けだせなくなることをICANNの経験で学びましたから」*53

ブロックチェーンのオペレーション・ネットワークとしては、COALAという団体が法律や経済、技術の専門家を集め、知識の普及や技術推進、ブロックチェーン技術の実際的な応用について活動を進めている。*54

3　政策ネットワーク

GSNのネットワークを通じて、政府の外から新たな政策が生まれることもある。政策ネットワークは、政策立案をサポートし、あるいは政策への代替策を提示する役目を負っている。政策ネットワークがめざしているのは、政府の政策決定能力を奪うことではなく、トップダウンの意思決定システムを相談とコラボレーションのモデルに変えていくことだ。

政策ネットワークの先駆け的な団体はすでに登場しつつある。ワシントンに拠点を置く政策シンクタンクのコインセンターや、デジタル通貨の推進を主な任務とするデジタルコマース審議会などだ。[*55] イギリスのデジタル通貨アソシエーションをはじめ、カナダやオーストラリアでも同様の動きは進んでいる。

また企業側でも、コインベースが元米国政府アドバイザーを常任の政策推進担当者のポジションに置くなど、政策を意識した動きが見られる。[*56] 政治に対する発言力を強めれば、それだけブロックチェーンが成功する可能性も高くなる。

4 アドボカシー・ネットワーク

政府や企業、他団体に働きかけて、政策やプランをより適切な方向に導くのがアドボカシー・ネットワークの役割だ〔訳注：アドボカシーとは、社会的弱者を含む多様な人びとの立場を代弁し、彼らの権利を守るために政策に働きかける活動のこと〕。インターネットはコラボレーションのコストを劇的に引き下げ、分散的で技術に長けたグローバルなアドボカシー・ネットワークの活動を可能にした。

アドボカシー・ネットワークは、従来の政府や機関の硬直したあり方に対抗し、ブロックチェーン時代に適した革新的な問題解決を推し進める。ただし、初期の段階では政府との協力が不可欠になるだろう。アドボカシー・ネットワークは政策ネットワークと密接に結びついているため、コインセンターやデジタルコマース審議会はこのエリアでも主導権を握ることになる。COALAやMITデジタル通貨イニシアティブもこのネットワークに含められるだろう。

ブロックチェーン技術を広く展開するうえで、アドボカシーは欠かせない要素だ。各ステークホルダーを代弁し、その権利を擁護するための働きかけがなければ、政府はブロックチェーンの可能性を押しつぶし、似て非なるものに変形させてしまうかもしれない。

5　監視ネットワーク

各機関の行動を精査し、不適切な部分がないかどうかをチェックするのが監視ネットワークの役割だ。人権や汚職、環境問題から金融サービスにまで幅広く目を光らせながら、その過程で人びとの議論を誘発し、情報公開を促進し、変化に向けた行動を呼び覚ましていく。

監視ネットワークの仕事はアドボカシー・ネットワークや政策ネットワークの仕事と必然的に絡みあっている。政策ネットワークは政府と協力して適切なルール策定を推し進め、監視ネットワークはそのルールがきちんと守られることを徹底する。もちろん企業だけでなく政府の行動にも目を光らせ、不適切な行動があればその責任を追及していく。

ブロックチェーン・アライアンスは、法的機関、NGO、業界団体、民間セクターをつなぐパートナーシップだ。ブロックチェーン企業や団体のほかに、アメリカ司法省やFBI、シークレットサービス、アメリカ国土安全保障省が参加している。こうしたネットワークが必要なのは、ブロックチェーンの悪用による業界への悪影響を防ぐためだ。監視の目があるということは、ビットコイン反対派の動きを制止するのにも役立つ。たとえばパリ同時多発テロのあと、ビットコインを犯罪の温床として規制しようという動きがあった。それに対してビットコイン・アライアンスは、恐怖に動かされた規制は不適切であると主張し、性急な規制を食い止めた。[*57]

法的機関との連携は発言力を高めるのに役立つ反面、ブロックチェーンの独立性を損なう可能性もある。アムネスティ・インターナショナルやヒューマン・ライツ・ウォッチのような独立性の高い組織が今後必要になってくるだろう。ブロックチェーンが政府の監視ツールになってしまっては元も子もないからだ。

6　プラットフォーム

デジタル技術の発展は企業や組織の壁に風穴を開け、オープンな価値創造や問題解決を可能にした。Change.orgのようなプラットフォームも登場し、社会問題の解決に向けて個人がキャンペーンを立ち上げることができるようになった。オンラインで世界中の人びとが力を合わせ、世界に大きなインパクトを与えられる時代になったのだ。[*58] こうしたオープンデータ・プラットフォームは、ブロックチェーンに対しても健全な影響力を与えてくれるだろう。

ブロックチェーン技術の影響力を考えれば、各種データの精査は不可欠になる。ビットコインのようにオープンなネットワークなら話は早いが、金融機関やＩｏＴではクローズドなブロックチェーンが利用される可能性もある。

データの精査を有効に進めるためにも、一般の人びとが自由にデータを見られるようなプラットフォームが望まれる。市民の力で不正を防ぎ、無責任な行動に対しては責任を追及しながら、本当に価値あるネットワークをつくっていくのだ。こうしたプラットフォームの存在は、企業や政府の責任ある行動を促し、より建設的な対話を可能にする。

7　標準化ネットワーク

標準化ネットワークは、技術的な仕様や規格を策定するための組織の集まりだ。製品やサービスの基礎となる技術仕様を固めることで、人びとの役に立つイノベーションを推進する。すぐれた仕様をつくるために、標準化ネットワークには人間や社会、企業についての深い洞察が求められる。インターネット技術の標準化を進めてきたインターネット・エンジニアリング・タスク・フォースも、多様なステークホルダーの視点を取りいれてきた。

ビットコインの標準化団体として、2012年に立ち上げられたのがビットコイン財団だ。だが理事の不祥事が相次ぎ、財団の経営状態は破綻状態となった。もっと優秀なソリューションが必要だということで、MITがデジタル通貨イニシアティブを立ち上げ、現在までコア開発者たちを支えてきている。

「開発者たちにMITメディアラボの職をオファーしました。そうすれば自由な立場でコア開発の仕事を続けられますから」とブライアン・フォードは言う。*59 自律的に動けるというのはコア開発者たちにとって何より重要な要素だ。

スケーリング・ビットコインという団体も、開発者や研究者の力を結集して標準仕様の策定を進めている。実行委員長を務めるピンダー・ウォンはインターネット界の重要人物で、その人脈を利用して主要ステークホルダーを集め、複雑な問題の解決をリードしている。金融業界からはすでに紹介したR3コンソーシアムやハイパーレジャー・プロジェクトが登場し、大手金融機関が続々と参加している。

8 ステークホルダー・ネットワーク

特定の国や業界に縛られず、より広範な問題の解決に向けて各業界のリーダーたちがネットワークを形成している。多様な見地から知識の共有、方向性の提言、ソリューションの提案をおこなうステークホルダー・ネットワークは、ブロックチェーンの発展に欠かせない存在だ。

各界の指導者が集まるネットワーク型組織の世界経済フォーラムは、ブロックチェーン技術を積極的に推進してきた。2016年のダボス会議では、金融イノベーションリーダーのジェシー・マクウォーターズがブロックチェーンについてプレゼンし、インターネットと同じような汎用技術として金融サービスを劇的に改善するだろうと述べた。今後10年のうちに、世界のGDPの1割がブロックチェーン上に保管されるだろうというのが世界経済フォーラムの見解だ[*60]。

今後は小さな市民団体も、そしてクリントン財団やビル＆メリンダ・ゲイツ財団のような巨大財団も、ブロックチェーン技術の活用を視野に入れていくことになるだろう。そうした活動は政府にも影響を与え、問題解決とブロックチェーンの発展に大きく寄与していくはずだ。

9　移住者ネットワーク

故郷を離れて暮らす移住者たちのネットワークは、GSNのネットワークを支える主要な構成要素だ。インターネットによって世界中の移住者たちがつながりあい、共通の利害のために発言することが可能になった。グローバルな問題を解決するうえで、移住者たちの意見は非常に有用である。

ブロックチェーンは移住者たちの主要な送金手段になる。すでに紹介したように、送金のためだけに貴重な時間とお金を奪われているのが移住者たちの現状だ。ブロックチェーンはこうした現状を打開する力になる。すでにアブラやペイケースといった企業が移住者に向けたサービスを開始している。

10　ガバナンス・ネットワーク

ブロックチェーンのガバナンス・ネットワークは、以上9種類のネットワークをひとつに結びつける。あらゆる参加者を歓迎し、多様性を武器とするネットワークに成長していくだろう。ガバナンス・ネットワークにおける意思決定は完全に実力主義であり、地位や立場ではなくアイデアの良さが決め手となる。ネットワークの情報はオープンに共有され、あらゆるデータや書類、議事録は誰でも見られるように公開される。そしてガバナンス・ネットワークの意思決定は可能な限り参加者の合意を通じて実行される。

新たな社会は対等なつながりから生まれる

ブロックチェーンは無限の可能性を秘めている。だが同時に、大きな危険や未知の困難があることも事実だ。技術全般に言えることだけれど、とくに分散型技術の場合はそれを使う人間に左右される部分が大きい。

「この技術には光と闇の両面があります」とコンスタンス・チョイは言う。[*61] だからこの章で論じてきたように、参加者一人ひとりの行動が重要になってくるのだ。

時代の変わり目には、知識の普及と新たな法律や機関の整備に長い時間がかかるのが常だった。ときには数世紀かけて、大きな衝突や革命を繰り返しながら徐々に変化は進んできた。

しかし現在では、変化のスピードがおそろしく速くなっている。それだけでなく、変化の加速度自体もどんどん増大している。世界は「チェス盤の後半」に足を踏み入れ、変化のスピードすら指数関数的に加速するとんでもない世界を迎えているのだ。[*62]

その結果として政治や監督機構は現実と大きく乖離し、デジタル時代のニーズに応えられなくなった。民主主義のシステムやツールは、産業革命の時代からほとんど変わっていない。実際、今の民主主義制度は封建社会から資本主義社会への変わり目につくられたものだ。

どうすれば社会の大混乱を避け、テクノロジーの変化に負けない速度で適応していくことができるのだろうか。デジタル通貨が5000億ドルの送金マーケットを駆逐したあと、その混乱にどう対処すればいいのだろう。自動運転車がUberの仕事を奪ったら、数百万人のUb erドライバーはどうなるのか。都市はスマート交通システムの導入に向けてどのように市民の理解を得るべきか。どうすればブロックチェーンによる分散型の電力グリッドへとスムーズに移行し、人びとを単なる消費者から電力供給者へと変えられるのか？

テクノロジーの奴隷にならないためにも、デジタル時代に合わせた新たな社会契約を考えるべき時期が来ているように思われる。

ブロックチェーンのガバナンス・ネットワークは、そうした変化の時代に新たな光を投げかける。政府と民間、社会と個人のつながりあいの中から、オープンで自由で、誰もが豊かさを享受できる相互ネットワークのエコシステムが立ち上がってくることだろう。

ブロックチェーン時代のリーダーたちへ

世の中には、既存のパラダイムで成功している人ほど新しいパラダイムを受け入れがたいという法則がある。

メディア王のルパート・マードックは、ハフィントンポストをつくれなかった。電話会社のAT&Tはスカイプをつくれず、Visaはペイパルをつくれなかった。自動車業界からUberは出てこなかったし、ホテル業界からAirbnbは生まれなかった。過去の成功者は往々にして、新たな挑戦者に道を譲っていく。

この法則はブロックチェーンにも当てはまるのだろうか。

本書の冒頭で言ったことを思いだしてほしい。「テクノロジー界の魔人《ジーニー》が、ふたたび魔法のランプから解き放たれたようだ。……今回の任務は、経済のしくみをがらりと書き換え、人の営みを新たな形に再構築することだ。僕たちが望みさえすれば、すぐにでも願いは叶う」

インターネットの初期と同じように、ブロックチェーン革命は既存のビジネスモデルをひっくり返し、業界を変革するという使命を負っている。でも、革命はそこで終わらない。ブロックチェーン技術はすごい速さで、僕たちを新たな時代へと運んでいく。世界はオープンで、豊かで、分散的で、真にグローバルな時代へと突入するのだ。

しばらくは不安定に揺れ動き、想定外の事態も出てくるだろう。あまりの勢いに恐れをなす人もいるかもしれない。この突き進む列車が金融サービスに何をもたらすのか、まだ誰にも予測できない。ティム・ドレイパーは「インターネットが紙を不要にしたように、ビットコインはドルに成り代わる」と予言する。[*63] ブロックチェーンの熱心なサポーターですら、実は長期的な影響を過小評価しているのかもしれない。

エルナンド・デ・ソトはブロックチェーンが世界50億人をグローバル経済に引き込み、国と国民との関係性を書き換え、新たな豊かさのプラットフォームになるだろうと考える。「法を通じた平和という概念、そして人類全体がひとつの家族であるという考え方は、共通の基準に基づいた合意です。世界人権宣言はブロックチェーン上でこそ、よりよく機能するのではないでしょうか[*64]」

革命を先導する人びとの多くは、まだあまり広く知られていない。この本に出てきた名前も、聞き慣れないものがほとんどだったと思う。でもそれを言うなら、1994年時点でイーベイのピエール・オミダイアやアマゾンのジェフ・ベゾスを知っていた人がどれだけいただろうか。

スタートアップは一般に、高い確率で失敗する。だからこの本で紹介した企業も、志半ばで倒れていくかもしれない。それはブロックチェーンの失敗ではなく、未来へ向けた生存競争の一部だ。

すべての試みが生き残るわけではない。でもサトシのビジョンに従っていれば、成功できる可能性はおそらく高まる。

次世代のビジネスリーダーたちは、ゲームのルール自体が変化することを覚悟しておかなくてはならない。業界が変わり、働き方も変わるだろう。過去にしがみつく者はパラダイムの変化に取り残される。

行く手には希望と危険が待ち受けている。世界は光の側に進むのか、それとも闇に堕ちるのか。それを決めるのは、今の僕たち一人ひとりの行動だ。

最高の未来を実現するために、あなたの力を貸してほしい。

さあ、まだ見ぬ世界へ踏みだそう。

謝辞

著者二人の歩んでいた道が思いがけず交差したところから、本書は生まれた。

ドン・タプスコットはトロント大学ロットマン・スクール・オブ・マネジメントで、グローバル・ソリューション・ネットワークという400万ドル規模の研究プログラムを率いていた。これは新たなネットワークモデルによるグローバルな課題の解決およびガバナンスを支援するプロジェクトで、とくにインターネットの世界におけるマルチステークホルダー環境のガバナンスの研究に力を入れてきた。

アレックス・タプスコットはそのころ投資銀行の幹部を務めており、ビットコインおよびブロックチェーンの可能性をいち早く見抜いて研究開発に取り組んでいるところだった。

ドンとアレックスの取り組みが合流したのは、2014年に親子でスキー旅行をしたときのことだ。夕食の席でコラボレーションに関するブレインストーミングが始まり、アレックスがデジタル通貨のガバナンス研究リーダーに就任することが決まった。研究を進めるにつれて、ブロックチェーンが予想以上に大きな可能性を秘めていることが明らかになってきた。

その研究成果がこうして書籍の形になったのは、信頼できるエージェントと出版社のおかげである。また編集者のキルスティン・サンドバーグは、100件以上のインタビューに同行し、膨大な論点を整理して最先端の知識を一般読者に届けるための手助けをしてくれた。本書がこのようにわかりやすい読み物となったのは彼女のおかげであり、その意味で共著者に位置づけることができると思う。彼女の仕事ぶりと明るい性格には本当に助けられた。
そして忙しい中わざわざ時間を割いて取材に応じてくれた人びとの助けがなければ、本書はけっして完成しなかった。以下の方々に感謝を捧げる。

ジェレミー・アレール（サークルCEO）
マーク・アンドリーセン（アンドリーセン・ホロウィッツ共同創業者）
ギャビン・アンドリーセン（ビットコイン財団チーフサイエンティスト）
ディノ・アンガリティス（スマートウォレットCEO）
アンドレアス・アントノプロス（『ビットコインとブロックチェーン』著者）
フェデリコ・アスト（クラウドジュライCEO）
スーザン・エイシー（スタンフォード大学経営大学院教授）
アダム・バック（ブロックストリーム社長）
ビル・バーハイト（アブラCEO）
クリストファー・ベイヴィッツ（ハーバード・ロー・スクール教授）
ジェフ・ビーティー（リレーベンチャーズ会長）
スティーブ・ボーレガード（ゴーコインCEO）
マリアノ・ベリンキー（サンタンデール・イノベンチャーズ役員）
ヨハイ・ベンクラー（ハーバード・ロー・スクール教授）

ジェイク・ベンソン（リブラタックスCEO）
ティム・バーナーズ・リー（ワールド・ワイド・ウェブ発明者）
ダグ・ブラック（カナダ上院議員）
ペリアンヌ・ボーリング（デジタルコマース審議会創業者）
デヴィッド・ブレイ（2015年アイゼンハワーフェロー）
ジェリー・ブリト（コインセンター常務取締役）
ポール・ブロディ（EYテクノロジーグループアメリカ戦略リーダー）
リチャード・G・ブラウン（R3CEO）
ヴィタリック・ブテリン（イーサリアム創業者）
パトリック・バーン（オーバーストックCEO）
ブルース・カーハン（スタンフォード・サステナブル・バンキング・イニシアティブ）
ジェームズ・カーライル（R3チーフエンジニア）
ニコラス・ケーリー（ブロックチェーン社共同創業者）
トニ・レーン・キャサリー（コインテレグラフCEO）
クリスチャン・カタリーニ（MITスローンスクール准教授）
アン・カブキアン（ライアソン大学プライバシー&ビッグデータ研究所長）
ヴィント・サーフ（「インターネットの父」、グーグル社チーフ・インターネット・エヴァンジェリスト）
ベン・チャン（ビットゴー開発リーダー）
ロビン・チェイス（ジップカー共同創業者）

ファディ・シェハデ（ICANN CEO）
コンスタンス・チョイ（セブン・アドバイザリー代表）
ジョン・H・クリッピンガー（ID3 CEO）
ブラム・コーエン（ビットトレント創業者）
エイミー・コーテス（ロカヴェスト創業者）
JF・クーヴィル（RBCウェルス・マネジメントCOO）
パトリック・ディーガン（パーソナル・ブラックボックス・カンパニーCTO）
プリマヴェラ・デ・フィリッピ（フランス国立科学研究センター常任研究員）
エルナンド・デ・ソト（自由・民主主義研究所所長）
ペロネ・デスペーンス（オーガー特殊部隊メンバー）
ジェイコブ・ディネルト（ブロックチェーンCFO・アーキテクト）
ジョエル・ディーツ（スワーム）
ヘレン・ディズニー（旧ビットコイン財団）
アダム・ドレイパー（ブーストVC CEO）
ティム・ドレイパー（ベンチャーキャピタリスト・ドレイパー・フィッシャー・ジャーヴェトソン創業者）
アンドリュー・ダドリー（アース・オブザベーションCEO）
ジョシュ・フェアフィールド（ワシントン&リー大学法科大学院教授）
グラント・フォンド（グッドウィン・プロクター パートナー）
ブライアン・フォード（米国政府元シニアアドバイザー・MITメディアラボDCIディレクター）

マイク・ゴールト（ガードタイムCEO）
ジョージ・ギルダー（ギルダー技術ファンド創業者）
ジェフ・ゴードン（ヴォゴーゴーCEO）
ヴィネイ・グプタ（イーサリアム リリースコーディネーター）
ジェームス・ハザード（コモンアコード創業者）
イモージェン・ヒープ（グラミー賞受賞ミュージシャン）
マイク・ハーン（元グーグルエンジニア、元ビットコインコア開発者）
オースティン・ヒル（ブロックストリーム共同創業者）
トーマス・イルヴェス（エストニア共和国大統領）
伊藤穰一（MITメディアラボ所長）
エリック・ジェニングズ（フィラメントCEO・共同創業者）
イザベラ・カミンスカ（フィナンシャル・タイムズ金融記者）
ポール・ケンプ=ロバートソン（コンテージャス・コミュニケーションズ共同創業者）
アンドリュー・キース（コンセンサス・システムズ）
ジョイス・キム（ステラ・ディベロップメント・ファウンデーション役員）
ピーター・カービー（ファクトムCEO）
ジョーイ・クルーグ（オーガー コア開発者）
ハルク・クリン（パーソナル・ブラックボックス・カンパニーCEO）
クリス・ラーセン（リップルラボCEO）

ベンジャミン・ロースキー（ロースキー・グループＣＥＯ、元ニューヨーク金融サービス局長）
チャーリー・リー（ライトコイン クリエーター、コインベース元開発マネジャー）
マシュー・リーボウィッツ（プラサベンチャーズ パートナー）
ヴィニー・リンガム（ギフトＣＥＯ）
ファン・リャノス（ビットリザーブ最高トランスペアレンシー責任者）
ジョセフ・ルービン（コンセンサス・システムズＣＥＯ）
アダム・ラドウィン（チェインＣＥＯ）
クリスチャン・ルンドクヴィスト（バランス）
デイヴィッド・マッケイ（カナダロイヤル銀行頭取・ＣＥＯ）
ジャンナ・マクマナス（ビットフューリー グローバルＰＲディレクター）
ミッキー・マクマナス（マヤデザイン）
ジェシー・マクウォーターズ（世界経済フォーラム 金融イノベーション専門家）
ブライス・マスターズ（デジタルアセット・ホールディングズＣＥＯ）
アリステア・ミッチェル（ジェネレーションベンチャーズ マネージングパートナー）
カルロス・モレイラ（ワイスキーＣＥＯ）
トム・モーニニ（サブレジャー創業者）
イーサン・ネーデルマン（薬物政策同盟 事務局長）
アダム・ナンジー（マース フィンテッククラスター長）
ダニエル・ネイス（ＫＯＩＮＡ ＣＥＯ）

ケリー・オルセン（インテル新規事業イニシアティブ）
スティーブ・オモハンドロ（セルフアウェア・システムズ社長）
ジム・オーランド（OMERSベンチャーズ代表取締役社長）
ローレンス・オーシニ（LO3パートナー・共同創業者）
ポール・パシフィコ（アーティスト団体FAC CEO）
ホゼ・パグリエリ（CNNマネー記者）
スティーブン・ペア（ビットペイCEO）
ヴィクラム・パンディット（シティグループ元CEO、コインベース投資家）
ジャック・ピーターソン（オーガー コア開発者）
エリック・ピシーニ（デロイト金融・テクノロジー プリンシパル）
コージック・ラジゴパル（マッキンゼー シリコンバレーオフィス長）
スレッシュ・ラマムルティ（CBW銀行会長・CTO）
サニー・レイ（Unocoin CEO）
カタリーナ・リンディ（スワーム コミュニティマネジャー）
エドゥアルド・ロブレス・エルビラ（アゴラ・ボーティングCTO）
キオニ・ロドリゲス（ブロックチェーン プロダクト・リード）
マシュー・ロスザック（タリー・キャピタルCEO）
コリン・ルール（モドリア会長兼CEO）
マルコ・サントーリ（ピルズベリー・ウィンスロップ・ショー・ピットマン法律事務所）

フランク・シュイル（サフェロCEO）
バリー・シルバート（デジタル・カレンシー・グループCEO）
トーマス・スパース（ベルギービットコイン協会ディレクター）
バラジ・スリニバサン（21 Inc CEO、アンドリーセン・ホロウィッツ パートナー）
リン・サンタムール（インターネット協会元会長）
ブレット・スタッパー（ファルコングローバルキャピタルCEO）
エリザベス・スターク（イェール大学ロースクール客員研究員）
ユッタ・シュタイナー（イーサリアム／プロヴェナンス）
メラニー・スワン（ブロックチェーン研究所創業者）
ニック・サボ（暗号学者、コンピューター科学者）
アシュリー・テイラー（コンセンサス・システムズ）
サイモン・テイラー（バークレイズ アントレプレナーパートナーシップVP）
デイヴィッド・トムソン（アートラリー創業者）
ミシェル・ティンズリー（インテル モビリティ・支払セキュリティ ディレクター）
ピーター・トッド（CoinKite最高批判責任者）
ジェーソン・タイラ（コインデスク）
バレリー・バビロフ（ビットフューリーCEO）
アン・ルイーズ・ヴィーホベック（RBCフィナンシャル・グループ戦略プロジェクトSVP）
ロジャー・ヴァー（「ビットコイン・ジーザス」、メモリーディーラーズ）

アクセリ・ヴィルタネン（ロビンフッドアセットマネジメント ヘッジファンドマネジャー）
エリック・ボーヒーズ（スペースシフトCEO）
ジョー・ワインバーグ（ペイケースCEO）
デレク・ホワイト（バークレイズ銀行 最高デザイン＆デジタル責任者）
テッド・ホワイトヘッド（マニュライフ・アセット・マネジメント専務取締役）
ズッコ・ウィルコック＝オハーン（リーストオーソリティエンタープライズCEO）
キャロライン・ウィルキンス（カナダ銀行上級副総裁）
ロバート・ウィルキンス（myVBO CEO）
キャメロン・ウィンクルボス（ウィンクルボスキャピタル共同創業者）
タイラー・ウィンクルボス（ウィンクルボスキャピタル共同創業者）
ピンダー・ウォン（VeriFi会長・インターネットの先駆者）
ガブリエル・ウー（RBCフィナンシャル・グループ イノベーションVP）
ギャヴィン・ウッド（イーサリアムCTO）
アーロン・ライト（イェシーバー大学カードーゾ法科大学院教授）
ジョナサン・ジットレイン（ハーバード大学ロースクール教授）

最後に、執筆を支えてくれた家族に感謝したい。ドンの妻アナ・ロペスとアレックスの妻エイミー・ウェルズマンは、一年近く本書のことで頭がいっぱいだった我々を寛大に見守ってくれた。すばらしいパートナーを持てた幸運に感謝している。

本書の執筆はとても心躍る経験だった。ときには激しく意見がぶつかりあうこともあったが、その火花の中からタフで力強い成果が生まれてきたと思う。全力のコラボレーションの成果である本書が、読者にとって有益であることを願っている。

2016年1月　ドン・タプスコット、アレックス・タプスコット

解説
夢のつづき
――ブロックチェーンをめぐる自作自演インタビュー

若林 恵（『WIRED』日本版編集長）

――こんな立派な本の解説って、大丈夫なんですか。

いや。だいぶ不安なんですけど。

――そういうときは断りましょうよ。なんで引き受けちゃったんですか。ブロックチェーン、詳しいんですか。

いや、そうでもないです（苦笑）。

――そもそも、なんで頼まれたんですか。

いや、ぼくが編集長を務めてる『WIRED』日本版というメディアで、ちょうどブロックチェーンの特集をやったんですね。2016年の10月に。そのなかで、ドン・タプスコット氏にインタビューをして巻頭に掲載したので、そういうご縁ですね。

――ということは、タプスコット氏のことも、この本『ブロックチェーン・レボリューション』のことも、あらかじめ知ってたわけですね。

タプスコットさんの名前は、デジタル・シンカーのひとりとしてはもちろん知ってたんですけど、彼がブロックチェーンの一種のグルーになってることは実は知らなくて、この本のことは知り合いに教えてもらったんです。で、アマゾンで早速購入して、あ、やっぱこういう本があるんだなって思ったんです。

――こういう本っていうのは。

ブロックチェーンをちゃんと「理念」として捉えた本っていうことですかね。

――というと。

ブロックチェーンって、どっちかというと、というか日本では完全にフィンテックの文脈に乗っちゃってて、なんとなくつまんないなあ、って思ってたんですよ。「ブロックチェーンって、そういうことなんだっけ」っていう疑問がありまして。もちろん、ブロックチェーンという技術・コンセプトの大本にあるのがビットコインなので、たしかに、お金にまつわる話が主題になりがちなのはそうだとしても、本当にそれだけなんだっけという。そもそも、ブロックチェーンの特集をやろうと思ったのには、それなりの経緯がありましてですね、これ、実は、2015年の5月に出した『WIRED』でやった「お金の未来」という特集に話が始まるんです。

――それは、どういう内容なんですか？

まあ、簡単にいうと、「お金がインターネット化」すると世の中ってどうなるんだっけ？というものです。『WIRED』は基本的に、デジタルテクノロジーはいかに社会や世界を変えていくんだろうっていうところに大きな興味の中心があって、そういう切り口から「ゲーム」やら、「教育」やら、「音楽」やら、「行政」やらといった対象を扱ってきたわけなんですけど、どんな対象を扱っても、主題は決まってひとつなんですよ。

――というのは。

「そこにデジタルテクノロジーが介入することで、それまでその『業界』を構成してきた中央集権的なヒエラルキーは解体（は言い過ぎなら再編成）を求められるようになる」ということなんです。それは、もうほとんど、どんな分野を扱っても、ほぼほぼそういう話になるんです。なもんで、逆にいえば、「従来の中央集権的ヒエラルキーがなかなか壊れなさそうなところってどこだろう」って考えてみたら、それが特集のネタになるんですね。

——いまだ中央集権的編成が壊れなさそうな場所。どこでしょうね。

エネルギーとかそうじゃないですか。あるいは、病院や医療の世界もそうですよね。あと、本丸と言えるのは、やっぱりお金、つまり銀行。なので、まあ、そんな感じで割といい加減に特集内容を設定してつくってみたわけなんですが、これがやってみたら結構大変な話になっちゃいまして。

——と言いますと。

インターネットと結びつくことによって、お金はどう変わるだろうって、考えてみたら、割とシンプルに予測は立つんですよ。例えばインターネットが音楽の世界にもたらした変革を考えてみるといいんですが、インターネットがもたらすP2Pネットワークによって、かつてならさまざまな中間業者が介在することで成立していた生産からディストリビューションの仕組みが不要なものになっていっちゃったじゃないですか。それが「お金」というものでも起こるだろうと。つまり、「銀行、いらなくね?」という話になるだろうと思ってたんですね。ところが、この特集をやってたら話が変にデカくなっちゃいまして、「インターネット・オブ・マネー」によってディスラプトされるターゲットは、民間銀行ではなく、むしろ「中央銀行」そのものかもしれない、ということになっちゃったんですね。

——おっと。

ビットコインをはじめとする「仮想通貨」もしくは「暗号通貨」の登場は、「一国一通貨」という近代国家の根幹に関わる制度に対する挑戦とみなすことができるわけですよね。実際、ビットコインの「悪名」を世界に知らしめた闇ドラッグサイトのSilk Roadを主謀していたドレッド・パイレート・ロバーツことロス・ウルブリヒトはまさに国家なんてなくなればいいと思ってるウルトラ・リバタリアンだったわけですし、ぼくらがやった特集のなかにもビットコインをヒントに、「ビットネーション（ビット国家）」というヴァーチャル国家構想をブチあげるアクティヴィストなども取り上げたんです。つまり、ビットコイン経由で「お金の未来」を考えていくと、相当に厄介でデカい問題を呼びこんでしまうことになる、というのが、この特集を通してわかったことで、端的にいうと「お金ってそもそもなんだったんだっけ？」という話に行き着いてしまうんですよ。

——それはデカい。

ビットコインをして「仮想通貨」なんて呼んだりするけれど、よくよく考えてみれば、単なる紙切れをいそいそ交換していることからして、すでに「お金」というのはずっとヴァーチャルな存在なわけで、「お金」というものの、その根源的なヴァーチャル性をつきつめて行こうとすると、話は古代史よりももっと古い人類史へと分け入っていかねばならぬ事態になっちゃうんですよ。「人はなぜお金を必要としたのだろう？」「その起源は？」なんてことを考えることは、人間社会、組織、共同体、国家といったものの成り立ちそのものを考えるみたいなことになっちゃって、これはもう途方もない話です。いずれにせよ、「お金の民主化」というのは、普通に考えて、近代世界の構成上あるまじき事態であって、インターネットがそれを可能にしてしまうのが明らかである以上、ぼくらは、近代世界を形作ってきたシステムそのものがひっくり返り得る、その歴史的転換のとば口に立っているのかも、ということが、まあ、その特集を通じて、見えてきちゃったんですね。

——めちゃくちゃな話じゃないですか。

まあ、そうですね。ただ、まあ、うちはビジネス誌ではないので、具体的なお金儲けの話よりは、話がそれくらい壮大じゃないとつまらないので、面白い話だなあと思ってはいたんですが、実は、この特集にタプスコットさんの名前が出てくるんです。

——ほお。

「Internet of Money 暗号通貨の新世界」という記事のなかに出てくるんですが、そこで彼は、こういうふうに記述されてるんです。

２０１４年12月、イノヴェイションの権威であり、LinkedInのインフルエンサーでもあるドン・タプスコットは、偉大な人物にふさわしい行動に出た。彼は、自身が間違っていたことを認めたのである。彼は、このように綴っている。

「わたしは、ビットコインは絶対にうまくいかないだろうと思っていた。しかしいままでは、それが通貨として成功するだろうと思うだけでなく、その基盤たる仮想通貨のブロックチェーン・テクノロジーこそが次世代のインターネットの中心部分なのだと考えている。（そしてこの）次世代のインターネットは、商業活動や企業の本質だけではなく、社会におけるわたしたちの制度の多くを転換させる、と考えている」

――なるほど。

これを掲載していた時点ではブロックチェーンっていうものの重大性はよくわかってなかったですし、ぼく自身、ビットコインっていうものにはそこまで惹かれるものがなかったので、タプスコットさんが、そもそも「ビットコインは絶対にうまくいかないだろう」と感じていたのは、なんとなく気分としてはわかるんです。ただ、いま改めて思うと、タプスコットさんのこの「改心」っていうのは大きくて、その「改心」があったからこそ、この本が生まれたわけですよね。

——ビットコインはあまり面白くないっていうのはどうしてなんですかね。

うーん。ここは説明しようとすると若干矛盾がありそうで難しいところなんですけど、ビットコイン信奉者にありがちな極端なリバタリアニズムは問題提起としては面白いんですけど、やっぱりちょっと現実離れしているところがあって、気分的には若干苦手なんですね。とはいえ、ビジネス界隈でフィンテックの名のもとで語られるビットコインやブロックチェーンの話は、それはそれで、なんというか利便と利得の話でしかないように見えて、そっちはそっちでもっとつまらないなあ、と。

——どっちも、そこまで面白くない、と。

ですね。特に日本で起きてる状況は、フィンテックに話が寄りすぎちゃってて全然面白くなくなっちゃったので、「お金の未来」って特集やったあとは、興味なくなっちゃってたんですね。

——でも、今年になってわざわざ特集やったんですよね。どういう「改心」があったわけですか。

エストニアに行ったんですよ。

——はあ。

エストニアって国は、世界のなかでも最もラジカルなデジタル先進国と目されるんですが、そこで毎年おこなわれてる「Latitude59」っていうテックカンファレンスに参加したんです。そのなかのセッションの一つに、エストニア政府が主導する「e-resident」というプログラムに関するものがあったんですよ。

——e-resident？

そう。これはですね、世界中からヴァーチャル国民を募るというラジカルとも言える行政プログラムで、ヴァーチャル国民になると、エストニア国内で銀行口座を開設したり、起業できたりといったメリットを受けることができるんです。それに関するパネルディスカッションがあって、登壇者のプロフィールを見たら、実は、5人のうち4人ほどがブロックチェーンがらみの人たちだったんですね。で、ぼく的には、「ああ、やっぱそういうことなんだ」って思ったんですよね。

——というと。

「ヴァーチャル国家」というテーマに関するセッションに、ブロックチェーン関係者がこぞって呼びこまれているのを見て、まず何を思ったかというと、「ブロックチェーンは、やっぱフィンテックの話じゃないんじゃんか！」ってことです。エストニアっていうのは、実際には相当狂った国で、以前、このe-residentのプログラムを主導した政府ＣＩＯにインタビューしたことがあるんですけど、彼は「e-residentみたいなことをどんどん進めていっちゃうと国家ってどうなるんですか？」という質問に、「いい質問だな。うーん。わかんないな」とかって答えちゃうんですね。すごくないですか？（笑）

——たしかに。

デジタル化、インターネット化があらゆる領域にまで及んでいくと、それは、いずれ国家というものを規定していた領土や国民っていう概念さえ変えてしまうということを、割とラジカルな形で彼らは受け入れようとしていて、そうしたなかで、ブロックチェーンは、その前進を下支えし、さらに加速させるドライバーとなることが期待されているということが見て取れたんです。つまり、「お金の未来」の特集をやったときに垣間見た「歴史的な転換」を、より現実的なものとして、しかも、金融だけでなく、社会のさまざまな領域において進行させる契機としてブロックチェーンが扱われていることに、ぼくとしては感銘を受けて帰ってきたんです。「新しい未来が見えた！」ってな感じです。

――特集になるな、と。

ですです。ぼくは、その日の残りを、カンファレンスはそっちのけで、ネットにかじりついて、海外のブロックチェーン事情について猛然と情報を漁って過ごしたんですが、ブロックチェーンがもたらす分散型の世界を信じる20歳そこそこのスペイン出身の天才エンジニアやら、「会社」というものがない世界を実現すべく、ブロックチェーン・テクノロジーを使ったお仕事プラットフォームをつくっている元クリエイターやら、音楽やゲームといった領域でそれを活用すべく新サービスを立ち上げた起業家、さらにはブロックチェーンを選挙や法、不動産管理といったものにまで援用すべく動きが、活発に立ち上がっているのがわかってきて、これは面白いとなったんです。

――それが単にお金やビジネスの話を超えて、文化や社会制度にまで話が及んでいる、というところが面白さのポイント、ですか?

あ、もちろんそこは大きなポイントのひとつだと思いますね。フィンテックの話じゃねえぞ、というのは、特集で言いたかったことのひとつでしたし、それがトータルとして、数百年続いた近代世界の構成、ありよう全体をディスラプトする可能性を持つかもしれない、という意味において、その破壊性はもちろん魅力的なんですが、でも、ぼくがやっぱり一番面白いと思うのは、その先にありうる世界を、より具体的な「夢」として思い描くことを可能にしてくれるというところなんです。

――夢。

銀行消滅！　国家消滅！　なんて言っても、もちろん一朝一夕でそんなことは起こるはずはなくて、ブロックチェーンだって、当然、実装レベルにおいては、現実的な困難やハードルは山ほどあるわけです。でも、ブロックチェーンというコンセプトは、世界をまったく違った目で捉えることを可能にしてくれるし、現状のシステムやパラダイムのオルタナティヴを提示し、そこに新しい「夢」を見ることを可能にもしてくれるわけです。そのことが、まだまだ発展途上にあるこのテクノロジーが今ぼくらに与えてくれる一番大きな恩恵なんだと思うんです。

――たしかに本書を読んで思うのは、ぼくらが今まで生きてきた「当たり前」が、いかに「当たり前でなくてもいいか」ということに気づかされますよね。

ブロックチェーンってものを、それを知らない人に対してどう説明するのか、というのは実際問題非常に困難なんですね。ぼくらも特集を作りながら、それに激しく思い悩んだんですけど、やっぱりタプスコットさんの説明は、簡潔でわかりやすいんです。

――どう説明するんですか？

これは彼のＴＥＤの講演の冒頭でも語られることで、この本の冒頭でも書かれていますけど、要は、今までのインターネットっていうのは、「情報のインターネット」でしかなかった、と。しかも、そこでやり取りできる情報は、基本的には「コピーされた情報」でしかなかった。であるがゆえに、お金のようにコピーされては困るようなものは、第三者が仲介して、そのトランザクションを信任しないことには動かすことができなかったわけです。二重支払い問題というやつですね。ところが、ビットコイン・ブロックチェーンが、それをあるやり方によって解決したことによって、複製が許されていない情報に、正統性を付与することができるようになり、しかもそれを、公開された台帳（Ledger《レッジャー》）の上でやり取りすることが可能になる。つまり、それによって、これからぼくらは、「ワールドワイドレッジャー」とでも呼ぶべきネットワークのなかで、これまでやり取りすることができなかった「アセット（資産）」をＰ２Ｐでやり取りすることが可能になる、と、まあ、こういう説明なんですけど。

――ふむ。

ぼくが「そっか！」と膝を打ったのは、ぼくらはいつの間にか、インターネット上ではどんなものでもやり取りができるようになったと思っていて、それが「当たり前」と思っていたわけですが、実はそうじゃない、ということなんですよね。で、その認識に立つと、90年代にインターネットが一般化したときに、多くの人がその実現を夢見た、P2Pで分散的にネットワーク化された個が、中央集権的に編成された世界に取って代わるという未来は、実は言うほど実現されていなくて、実際インターネットが扱えるものは、ごくごく限られたものでしかなかったんですね。逆に言うと、インターネットのポテンシャルは、むしろブロックチェーンという技術・コンセプトによって、むしろ飛躍的に拡大・拡張することができる、ということでもあって、タプスコットさんが、「ブロックチェーン・テクノロジーこそが次世代のインターネットの中心部分なのだ」と語ること、もしくは、大物VCのマーク・アンドリーセンのような人が、これをして「インターネット以来の衝撃」と語ることの真意は、まさに、そこにあるんですよね。

――インターネットはまだ発展途上にある、と。

ですね。むしろ、ここからが本番、なのかもしれなくて、そう考えると、次にくる波は、インターネットがもたらした変革よりもさらに大きく抜本的なものになるかもしれない、という気がしてくるんですよね。ちょっと簡単にはイメージできないような地殻変動が、これを起点に起こるかもしれず、逆にいえばさらに大きな可能性が、そこには広がっているのかもしれなくて、近代から20世紀へと続く制度的枠組みにおいては達成できなかった何かが達成できるかもしれないわけです。

――その何かってなんですか？

一言でいうと、分散的で自立自存した社会、ってことなんじゃないですかね。それは、インターネットというものを通じて、みんなが一度見た夢だったわけですが、その夢のつづきがはじまる、と。

――冒頭に、この本が「理念」の本である、と言ったのは、そういう意味なんですね。

ですね。

――で、そういう世界が、実現しますかね？

それも、タプスコットさんは言ってます。「それを望むかどうかだ」って。まだまだ発展の余地はあるとしてここにツールが出てきたわけです。それを使ってどういう世界をつくっていくのか。あとは意志の問題だ、と。

59. 2015年6月26日のブライアン・フォードへのインタビュー
60. www3.weforum.org/docs/WEF_GAC15_Technological_Tipping_Points_report_2015.pdf, 7.
61. 2015年4月10日のコンスタンス・チョイへのインタビュー
62. 「チェス盤の後半」という表現を考案したのは世界屈指の未来学者レイ・カーツワイルである。この言葉は中国の故事に由来する。中国の皇帝は囲碁のゲームをいたく気に入り、囲碁の発明者に何でも望む褒美をとらせると言った。発明者が所望したのは、米だった。「碁盤の最初のマス目に、1粒の米をいただけますでしょうか。次のマスには2粒の米を。さらに次のマスには4粒の米を。そうして最後のマス目まで倍々で米粒をいただけますと幸いです」皇帝は容易いことだと言って引き受けたが、実際にやろうとして驚いた。1粒から始まった米は、盤の後半に入るころは20億粒以上にもふくれ上がっていたからだ。これを最後のマス目まで続けたなら、米粒の数は90億の10億倍になり、地球全体を埋め尽くしてしまう
63. 2015年8月3日のティム・ドレイパーへのEメールインタビュー
64. 2015年11月27日のエルナンド・デ・ソトへのインタビュー

23. 2015年10月26日のペリアン・ボーリングへのインタビュー
24. 2015年7月29日のブライス・マスターズへのインタビュー
25. ロースキーのその他のめざましい業績については以下サイトを参照。www.dfs.ny.gov/reportpub/2014_annualrep_summ_mea.htm
26. 2015年7月2日のベンジャミン・ロースキーへのインタビュー
27. 同上
28. 同上
29. 2015年6月29日のジェリー・ブリトへのインタビュー
30. 2015年7月2日のベンジャミン・ロースキーへのインタビュー
31. 同上
32. www.parl.gc.ca/Content/SEN/Committee/412/banc/rep/rep12jun15-e.pdf
33. 同上
34. 2015年7月8日のダグ・ブラックへのインタビュー
35. 同上
36. 同上
37. 同上
38. 同上
39. 2015年8月10日のアーロン・ライトへのインタビュー
40. 2015年6月1日のジョシュ・フェアフィールドへのインタビュー
41. FRB以前にも米国に中央銀行をつくる試みはあった。1791年に成立した第一合衆国銀行、その後続として第二合衆国銀行も存在したが、その権限は非常に限定的で、1836年にはアンドリュー・ジャクソン大統領によって解体された
42. 2015年8月27日のキャロライン・ウィルキンスへのインタビュー
43. 同上
44. http://qz.com/148399/ben-bernanke-bitcoin-may-hold-long-term-promise/.
45. （カナダ）www.bankofcanada.ca/wpcontent/uploads/2010/11/regulation_canadian_financial.pdf; （米国）www.federalreserve.gov/pf/pdf/pf_5.pdf
46. 2015年8月27日のキャロライン・ウィルキンスへのインタビュー
47. "Money in a Digital World," remarks by Carolyn Wilkins, Senior Deputy Governor of the Bank of Canada, Wilfrid Laurier University, Waterloo, Ontario, November 13, 2014.
48. 2015年8月27日のキャロライン・ウィルキンスへのインタビュー
49. 同上
50. 2015年6月29日のジェリー・ブリトへのインタビュー
51. 2015年4月30日のスティーブ・ボーレガードへのインタビュー
52. Adam Killick, "Knowledge Networks," Global Solution Networks Program, Martin Prosperity Institute, University of Toronto, 2014.
53. 2015年8月24日の伊藤穰一へのインタビュー
54. http://coala.global/?page_id=13396
55. www.digitalchamber.org/.
56. https://blog.coinbase.com/2014/10/13/welcome-john-collins-to-coinbase/.
57. http://www.digitalchamber.org/assets/press-release---g7---for-website.pdf
58. Anthony Williams, "Platforms for Global Problem Solving," Global Solution Networks Program, Martin Prosperity Institute, University of Toronto 2013.

#signatories
41. Lisa Singh, "Father of the Internet Vint Cerf's Forecast for 'Internet of Things,'" Washington Exec, August 17, 2015.
42. 2015年5月11日のキオニ・ロドリゲスへのインタビュー
43. Ceglowski, "Our Comrade the Electron."
44. 2015年9月2日のアン・カブキアンへのインタビュー
45. Ceglowski, "Our Comrade the Electron."
46. http://www.lightspeedmagazine.com/nonfiction/interview-marc-goodman/.
47. Marc Goodman, Future Crimes: Everything Is Connected, Everyone Is Vulnerable, and What We Can Do About It (New York, Doubleday, 2015).
48. 2015年5月28日のスティーブ・オモハンドロへのインタビュー
49. The Silver Stallion, chapter 26; www.cadaeic.net/cabell.htm (2015年10月2日確認)
50. 2015年8月26日のヨハイ・ベンクラーへのインタビュー

第11章　未来を創造するリーダーシップ

1. Ethereum: The World Computer, produced by Ethereum, YouTube, July 30, 2015; www.youtube.com/watch?v=j23HnORQXvs (2015年12月1日確認)
2. Stephan Tual, "Announcing the New Foundation Board and Executive Director," Ethereum blog, Ethereum Foundation, July 30, 2015; https://blog.ethereum.org/2015/07/30/announcing-new-foundation-board-executive-director/ (2015年12月1日確認)
3. 2015年9月30日のヴィタリック・ブテリンへのインタビュー
4. 同上
5. 同上
6. 2015年10月1日のヴィタリック・ブリテンのEメール
7. David D. Clark, "A Cloudy Crystal Ball," presentation, IETF, July 16, 1992; http://groups.csail.mit.edu/ana/People/DDC/future_ietf_92.pdf.
8. 2015年6月26日のブライアン・フォードへのインタビュー
9. 2015年6月16日のエリック・ボーヒーズへのインタビュー、2015年6月20日のアンドレアス・アントノプロスへのインタビュー
10. 2015年6月16日のエリック・ボーヒーズへのインタビュー
11. 2015年9月28日のジム・オーランドへのインタビュー
12. http://www.coindesk.com/bitcoin-venture-capital/.
13. 2015年8月3日のティム・ドレイパーのEメール
14. 2015年6月8日のギャビン・アンドリーセンへのインタビュー
15. 同上
16. 2015年6月26日のブライアン・フォードへのインタビュー
17. 2015年8月24日の伊藤穰一へのインタビュー
18. www.cryptocoinsnews.com/us-colleges-universities-offering-bitcoin-courses-fall/.
19. 2015年5月31日のアダム・ドレイパーへのインタビュー
20. 2015年7月2日のベンジャミン・ロースキーへのインタビュー
21. 2015年6月29日のジェリー・ブリトへのインタビュー
22. 同上

15. 2015年7月28日のボブ・タプスコットへのインタビュー
16. 2015年6月8日のギャビン・アンドリーセンへのインタビュー
17. 2015年6月16日のエリック・ボーヒーズへのインタビュー
18. 2015年6月11日のスティーブン・ペアへのインタビュー
19. 2015年7月24日のバレリー・バビロフへのインタビュー
20. Hass McCook, "Under the Microscope: Economic and Environmental Costs of Bitcoin Mining," CoinDesk Ltd., June 21, 2014; www.coindesk.com/microscope-economic-environmental-costs-bitcoin-mining/（2015年8月28日確認）
21. 2015年7月28日のボブ・タプスコットへのインタビュー
22. 2015年6月8日のギャビン・アンドリーセンへのインタビュー
23. Vitalik Buterin, "Proof of Stake: How I Learned to Love Weak Subjectivity," Ethereum blog, November 25, 2014; https://blog.ethereum.org/2014/11/25/proof-stake-learned-love-weak-subjectivity/.
24. Stefan Thomas and Evan Schwartz, "Ripple Labs' W3C Web Payments," position paper, March 18, 2014; www.w3.org/2013/10/payments/papers/webpayments 2014_submission_25.pdf
25. 2015年4月30日のロジャー・ヴァーへのインタビュー
26. Satoshi Nakamoto, "Re: Bitcoin P2P E-cash Paper," The Mail Archive, November 7, 2008; www.mail-archive.com/, http://tinyurl.com/oofvok7（2015年7月13日確認）
27. 2015年6月11日のスティーブン・ペアへのインタビュー
28. 2015年6月29日のジェリー・ブリトへのインタビュー
29. 同上
30. Andrew Vegetabile, "An Objective Look into the Impacts of Forking Blockchains Due to Malicious Actors," The Digital Currency Council, July 9, 2015; www.digitalcurrencycouncil.com/professional/an-objective-look-into-the-impacts-of-forking-blockchains-due-to-malicious-actors/.
31. 2015年5月11日のキオニ・ロドリゲスへのインタビュー
32. Vegetabile, "An Objective Look."
33. Satoshi Nakamoto, "Re: Bitcoin P2P E-cash Paper," Mailing List, Cryptography, Metzger, Dowdeswell & Co. LLC, November 11, 2008. Web. July 13, 2015, www.metzdowd.com/mailman/listinfo/cryptography.
34. Pascal Bouvier, "Distributed Ledgers Part I: Bitcoin Is Dead," FiniCulture blog, August 4, 2015; http://finiculture.com/distributed-ledgers-part-i-bitcoin-is-dead/（2015年8月28日確認）
35. 2015年6月8日のギャビン・アンドリーセンへのインタビュー
36. 同上
37. 同上
38. Andreas Antonopoulos, "Bitcoin as a Distributed Consensus Platform and the Blockchain as a Ledger of Consensus States," interview with Andreas Antonopoulos, December 9, 2014.
39. Andy Greenberg, "Hackers Remotely Kill a Jeep on the Highway—with Me in It," Wired, July 21, 2015.
40. International Joint Conference on Artificial Intelligence, July 28, 2015, Buenos Aires, Argentina; http://futureoflife.org/AI/open_letter_autonomous_weapons

36. GetGems.org, September 2, 2015; http://getgems.org/.
37. 2015年6月11日のスティーブン・ペアへのインタビュー
38. Miguel Freitas, About Twister. http://twister.net.co/?page_id=25
39. Mark Henricks, "The Billionaire Dropout Club," CBS MarketWatch, CBS Interactive Inc., January 24, 2011, updated January 26, 2011; www.cbsnews.com/news/the-billionaire-dropout-club/ (2015年9月20日確認)
40. 2015年8月24日の伊藤穰一へのインタビュー
41. 同上
42. 2015年9月14日のメラニー・スワンへのインタビュー
43. 同上
44. "Introducing UNESCO: What We Are." Web. Accessed November 28, 2015; http://www.unesco.org/new/en/unesco/about-us/who-we-are/introducing-unesco

第10章　革命に立ちはだかる高い壁

1. Lev Sergeyevich Termen, "Erhöhung der Sinneswahrnehmung durch Hypnose [Increase of Sense Perception Through Hypnosis]," Erinnerungen an A. F. Joffe, 1970. "Theremin, Léon," Encyclopedia of World Biography, 2005, Encyclopedia.com, www.encyclopedia.com (2015年8月26日確認)
2. Maciej Ceglowski, "Our Comrade the Electron," speech given at Webstock 2014, St. James Theatre, Wellington, New Zealand, February 14, 2014; www.webstock.org.nz/talks/our-comrade-the-electron/ (2015年8月26日確認) 本章の冒頭部分はこのスピーチにインスパイアされた
3. 2015年7月20日のアンドレアス・アントノプロスへのインタビュー
4. 2015年6月9日のタイラー・ウィンクルボスへのインタビュー
5. Satoshi Nakamoto, P2pfoundation.ning.com, February 18, 2009.
6. Ken Griffith and Ian Grigg, "Bitcoin Verification Latency: The Achilles Heel for Time Sensitive Transactions," white paper, February 3, 2014; http://iang.org/papers/BitcoinLatency.pdf (2015年7月20日確認)
7. 2015年8月5日のイザベラ・カミンスカへのインタビュー
8. 同上
9. Primavera De Filippi and Aaron Wright, "Decentralized Blockchain Technology and the Rise of Lex Cryptographia," Social Sciences Research Network, March 10, 2015, 43.
10. 2015年6月1日のジョシュ・フェアフィールドへのインタビュー
11. 2015年7月20日のアンドレアス・アントノプロスへのインタビュー
12. Izabella Kaminska, "Bitcoin's Wasted Power—and How It Could Be Used to Heat Homes," FT Alphaville, Financial Times, September 5, 2014.
13. CIA, "The World Factbook," www.cia.gov, 2012; http://tinyurl.com/noxwvle (2015年8月28日確認) 同じ年のキプロス島の二酸化炭素排出量が約880万メガトンであったことにも注意されたい
14. "After the Bitcoin Gold Rush," The New Republic, February 24, 2015; www.newrepublic.com/article/121089/how-small-bitcoin-miners-lose-crypto-currency-boom-bust-cycle (2015年5月15日確認)

19. 同上
20. 2015年7月20日のアンドレアス・アントノプロスへのインタビュー
21. 2015年9月16日のイモージェン・ヒープへのインタビュー
22. 同上
23. Stuart Dredge, "How Spotify and Its Digital Music Rivals Can Win Over Artists: 'Just Include Us,'" The Guardian, October 29, 2013; www.theguardian.com/technology/2013/oct/29/spotify-amanda-palmer-songkick-vevo (2015年8月14日確認)
24. George Howard, "Bitcoin and the Arts: An Interview with Artist and Composer, Zoe Keating," Forbes, June 5, 2015; www.forbes.com/sites/georgehoward/2015/06/05/bitcoin-and-the-arts-and-interview-with-artist-and-composer-zoe-keating/ (2015年8月14日確認)
25. 同上
26. Joseph Young, "Music Copyrights Stored on the Bitcoin BlockChain: Rock Band 22HERTZ Leads the Way," CoinTelegraph, May 6, 2015; http://cointelegraph.com/news/114172/music-copyrights-stored-on-the-bitcoin-blockchain-rock-band-22hertz-leads-the-way (2015年8月14日確認)
27. Press release, "Colu Announces Beta Launch and Collaboration with Revelator to Bring Blockchain Technology to the Music Industry," Business Wire, August 12, 2015.
28. Gideon Gottfried, "How 'the Blockchain' Could Actually Change the Music Indus try, Billboard, August 5, 2015; www.billboard.com/articles/business/6655915/how-the-blockchain-could-actually-change-the-music-industry
29. PeerTracks Inc., September 24, 2015; http://peertracks.com/.
30. "About Us," Artlery: Modern Art Appreciation, September 3, 2015; https://artlery.com
31. Ellen Nakashima, "Tech Giants Don't Want Obama to Give Police Access to Encrypted Phone Data," Washington Post, WP Company LLC, May 19, 2015; www.washingtonpost.com/world/national-security/tech-giants-urge-obama-to-resist-backdoors-into-encrypted-communications/2015/05/18/11781b4a-fd69-11e4-833c-a2de05b6b2a4_story.html
32. David Kaye, "Report of the Special Rapporteur on the Promotion and Protection of the Right to Freedom of Opinion and Expression," Human Rights Council, United Nations, Twenty-ninth session, Agenda item 3, advance edited version, May 22, 2015; www.ohchr.org/EN/Issues/FreedomOpinion/Pages/CallForSubmission.aspx (2015年9月25日確認)
33. "Regimes Seeking Ever More Information Control," 2015 World Press Freedom Index, Reporters Without Borders, 2015; http://index.rsf.org/#!/themes/regimes-seeking-more-control
34. https://rsf.org/en/news/has-russia-gone-so-far-block-wikipedia (2015年9月25日確認)
35. Scott Neuman, "China Arrests Nearly 200 over 'Online Rumors,'" August 30, 2015; www.npr.org/sections/thetwo-way/2015/08/30/436097645/china-arrests-nearly-200-over-online-rumors

第9章　僕らの音楽を取りもどせ　――アート、教育、ジャーナリズム

1. "2015 Women in Music Honours Announced," M Online, PRS for Music, October 22, 2015; www.m-magazine.co.uk/news/2015-women-in-music-honours-announced/（2015年11月21日確認）
2. 2015年9月16日のイモージェン・ヒープへのインタビュー
3. David Byrne, "The Internet Will Suck All Creative Content Out of the World," The Guardian, June 20, 2014; www.theguardian.com/music/2013/oct/11/david-byrne-internet-content-world（2015年9月20日確認）
4. 2015年9月16日のイモージェン・ヒープへのインタビュー
5. 2015年11月8日にヒープの自宅でポール・パシフィコと直接話し合う機会を得た
6. "Hide and Seek," performed by Ariana Grande, YouTube, Love Ariana Grande Channel, October 17, 2015; www.youtube.com/watch?v=2SDVDd2VpP0（2015年11月21日確認）
7. 2015年9月16日のイモージェン・ヒープへのインタビュー
8. David Byrne, et al., "Once in a Lifetime," Remain in Light, Talking Heads, February 2, 1981.
9. 2015年9月16日のイモージェン・ヒープへのインタビュー
10. Johan Nylander, "Record Labels Part Owner of Spotify," The Swedish Wire, n.d.; www.swedishwire.com/jobs/680-record-labels-part-owner-of-spotify（2015年9月23日確認）この記事によると、ソニーが5.8%、ユニバーサルが4.8%、ワーナーが3.8%の株を保有している。またEMIも売却前には1.9%を持っていた
11. 2015年9月16日のイモージェン・ヒープへのインタビュー
12. David Johnson, "See How Much Every Top Artist Makes on Spotify," Time, November 18, 2014; http://time.com/3590670/spotify-calculator/（2015年9月25日確認）
13. Micah Singleton, "This Was Sony Music's Contract with Spotify," The Verge, May 19, 2015; www.theverge.com/2015/5/19/8621581/sony-music-spotify-contract（2015年9月25日確認）
14. Stuart Dredge, "Streaming Music: What Next for Apple, YouTube, Spotify and Musicians?," The Guardian, August 29, 2014; www.theguardian.com/technology/2014/aug/29/streaming-music-apple-youtube-spotify-musicians（2015年8月14日確認）
15. Ed Christman, "Universal Music Publishing's Royalty Portal Now Allows Writers to Request Advance," Billboard, July 20, 2015; www.billboard.com/articles/business/6634741/universal-music-publishing-royalty-window-updates（2015年11月24日確認）
16. Robert Levine, "Data Mining the Digital Gold Rush: Four Companies That Get It," Billboard 127(10) (2015): 14–15.
17. 2015年9月16日のイモージェン・ヒープへのインタビュー
18. Imogen Heap, "Panel Session," Guardian Live, "Live Stream: Imogen Heap Releases Tiny Human Using Blockchain Technology, Sonos Studio London," October 2, 2015; www.theguardian.com/membership/2015/oct/02/live-stream-imogen-heap-releases-tiny-human-using-blockchain-technology　文章はイモージェン・ヒープ本人が修正（2015年11月27日のEメール）

Efficient-gov ernment-through-pay-success
24. Elliot Maras, "London Mayoral Candidate George Galloway Calls for City Government to Use Block Chain for Public Accountability," Bitcoin News, July 2, 2015; www.cryptocoinsnews.com/london-mayoral-candidate-george-galloway-calls-city-government-use-block-chain-public-accountability/.
25. 2005年10月6日、We Mediaカンファレンスにおけるアル・ゴアのスピーチより。www.fpp.co.uk/online/05/10/Gore_speech.html
26. 同上
27. "The Persistence of Conspiracy Theories," The New York Times, April 30, 2011; www.nytimes.com/2011/05/01/weekinreview/01conspiracy.html?pagewanted=all&_r=0
28. www.nytimes.com/2014/07/06/upshot/when-beliefs-and-facts-collide.html?mod ule=Search&mabReward=relbias:w;%201RI6%20%3C{:}%3E
29. "Plain Language: It's the Law," Plain Language Action and Information Network, n.d.: www.plainlanguage.gov/plLaw/ (2015年11月30日確認)
30. https://globalclimateconvergence.org/news/nyt-north-carolinas-election-machine-blunder.
31. https://agoravoting.com/.
32. http://link.springer.com/chapter/10.1007%2F978-3-662-46803-6_16
33. http://blogs.wsj.com/digits/2015/07/29/scientists-in-greece-design-cryptographic-e-voting-platform/.
34. http://nvbloc.org/.
35. http://cointelegraph.com/news/114404/true-democracy-worlds-first-political-app-blockchain-party-launches-in-australia
36. www.techinasia.com/southeast-asia-blockchain-technology-bitcoin-insights/.
37. www.chozabu.net/blog/?p=78
38. Patent Application of David Chaum, "Random Sample Elections," June 19, 2014; http://patents.justia.com/patent/20140172517
39. https://blog.ethereum.org/2014/08/21/introduction-futarchy/.
40. Federico Ast (@federicoast) and Alejandro Sewrjugin (@asewrjugin), "The CrowdJury, a Crowdsourced Justice System for the Collaboration Era," https://medium.com/@federicoast/the-crowdjury-a-crowdsourced-court-system-for-the-collaboration-era-66da002750d8#.e8yynqipo
41. http://crowdjury.org/.
42. Ast and Sewrjugin, "The CrowdJury."
43. 古代アテネの裁判制度については以下のサイトに詳しい。www.agathe.gr/democracy/the_jury.html
44. 以下のサイトに報告書全文および各モデルの説明が掲載されている。www.judiciary.gov.uk/reviews/online-dispute-resolution/.
45. http://blog.counter-strike.net/index.php/overwatch/.
46. http://cointelegraph.com/news/111599/blockchain_technology_smart_contracts_and_p2p_law
47. Swan, Blockchain: Blueprint for a New Economy.

（2015年11月29日確認）
7. "Electronic Land Register," e-Estonia.com, n.d.; https://e-estonia.com/component/electronic-land-register/（2015年11月29日確認）
8. Charles Brett, "My Life Under Estonia's Digital Government," The Register, www.theregister.co.uk/2015/06/02/estonia/.
9. 2015年8月28日のマイク・ゴールトへのインタビュー
10. "Keyless Signature Infrastructure," e-Estonia.com, n.d.; https://e-estonia.com/component/keyless-signature-infrastructure/（2015年11月29日確認）
11. Olga Kharif, "Bitcoin Not Just for Libertarians and Anarchists Anymore," Bloomberg Business, October 9, 2014; www.bloomberg.com/bw/articles/2014-10-09/bitcoin-not-just-for-libertarians-and-anarchists-anymore.
アメリカの国民全体に占めるリバタリアンの割合が大きいことは指摘しておく必要がある。ピュー研究所によるとアメリカ人の11％はリバタリアンという用語を理解し、リバタリアンであることを自認している。"In Search of Libertarians," www.pewresearch.org/fact-tank/2014/08/25/in-search-of-libertarians/.
12. "Bitcoin Proves the Libertarian Idea of Paradise Would Be Hell on Earth," Business Insider, www.businessinsider.com/bitcoin-libertarian-paradise-would-be-hell-on-earth-2013-12#ixzz3kQqSap00
13. Human Rights Watch, "World Report 2015: Events of 2014," https://www.hrw.org/sites/default/files/wr2015_web.pdf
14. 2015年11月27日のエルナンド・デ・ソトへのインタビュー
15. Seymour Martin Lipset, Political Man: The Social Bases of Politics, 2nd ed. (London: Heinemann, 1983), 64.
16. Emily Spaven, "UK Government Exploring Use of Blockchain Recordkeeping," CoinDesk, September 1, 2015; www.coindesk.com/uk-government-exploring-use-of-blockchain-recordkeeping/.
17. アダム・ストーンによるメラニー・スワンの引用。"Unchaining Innovation: Could Bitcoin's Underlying Tech Be a Powerful Tool for Government?," Government Technology, July 10, 2015; www.govtech.com/state/Unchaining-Innovation-Could-Bitcoins-Underlying-Tech-be-a-Powerful-Tool-for-Government.html
18. Melanie Swan, Blockchain: Blueprint for a New Economy (Sebastopol, Calif.: O'Reilly Media, January 2015), 45.
19. www.partnerships.org.au/ および www.in-control.org.uk/what-we-do.aspx. などの例がある
20. 2015年8月7日のペリアン・ボーリングへのインタビュー。以下も参照のこと。Joseph Young, "8 Ways Governments Could Use the Blockchain to Achieve 'Radical Transparency,'" CoinTelegraph, July 13, 2015; http://cointelegraph.com/news/114833/8-ways-governments-could-use-the-blockchain-to-achieve-radical-transparency
21. www.data.gov
22. www.data.gov.uk
23. Ben Schiller, "A Revolution of Outcomes: How Pay-for-Success Contracts Are Changing Public Services," Co.Exist, www.fastcoexist.com/3047219/a-revolution-of-outcomes-how-pay-for-success-contracts-are-changing-public-services. Also see: www.whitehouse.gov/blog/2013/11/20/building-smarter-more-

loses-or-gains/story/20680.html.
48. Ning Wang, "Measuring Transaction Costs: An Incomplete Survey," Ronald Coase Institute Working Papers 2 (February 2003); www.coase.org/workingpapers/wp-2.pdf
49. www.telesurtv.net/english/news/Honduran-Movements-Slam-Repression-of-Campesinos-in-Land-Fight-20150625-0011.html
50. USAID(米国国際開発庁)、ミレニアム・チャレンジ公社、国際連合食糧農業機関が参加
51. Paul B. Siegel, Malcolm D. Childress, and Bradford L. Barham, "Reflections on Twenty Years of Land-Related Development Projects in Central America: Ten Things You Might Not Expect, and Future Directions," Knowledge for Change Series, International Land Coalition (ILC), Rome, 2013; http://tinyurl.com/oekhzos (2015年8月26日確認)
52. 同上
53. Ambassador Michael B. G. Froman, US Of ce of the Trade Representative, "2015 National Trade Estimate Report on Foreign Trade Barriers," USTR.gov, April 1, 2015; https://ustr.gov/sites/default/files/files/reports/2015/NTE/2015%20NTE%20Honduras.pdf
54. 2015年11月27日のエルナンド・デ・ソトへのインタビュー
55. http://in.reuters.com/article/2015/05/15/usa-honduras-technology-idINKBN0O01V720150515
56. 2015年8月10日のコージック・ラジゴパルへのインタビュー
57. World Bank, "Doing Business 2015: Going Beyond Efficiencies," Washington, D.C.: World Bank, 2014; DOI: 10.1596/978-1-4648-0351-2, License Creative Commons Attribution CC BY 3.0 IGO.
58. "ITU Releases 2014 ICT Figures," www.itu.int/net/pressoffice/press_releases/2014/23.aspx#.VEfalovF_Kg.
59. www.cdc.gov/healthliteracy/learn/understandingliteracy.html
60. www.proliteracy.org/the-crisis/adult-literacy-facts
61. CIA World Factbook, literacy statistics, https://www.cia.gov/library/publications/the-world-factbook/fields/2103.html

第8章　民主主義はまだ死んでいない　――選挙、法律、政治

1. http://europa.eu/about-eu/countries/member-countries/estonia/index_en.htm; http://www.citypopulation.de/Canada-MetroEst.html
2. www.socialprogressimperative.org/data/spi#data_table/countries/com6/dim1,dim2,dim3,com9,idr35,com6,idr16,idr34.
3. 2015年10月に開催された世界経済フォーラムのワールド・アジェンダ・カウンシル会議で、トーマス・イルヴェス大統領と直接交わした会話による
4. https://e-estonia.com/the-story/the-story-about-estonia/. エストニアはeエストニア政策に力を入れており、ウェブで豊富な情報を公開している。この章で紹介する情報および数値はすべてエストニア政府のウェブサイトによる
5. "Electronic Health Record," e-Estonia.com, n.d.; https://e-estonia.com/component/electronic-health-record/ (2015年11月29日確認)
6. "e-Cabinet," e-Estonia.com, n.d.; https://e-estonia.com/component/e-cabinet/

22. 2015年11月27日のエルナンド・デ・ソトへのインタビュー
23. 2015年6月9日のハルク・クリンへのインタビュー
24. https://www.brookings.edu/research/declining-business-dynamism-its-for-real/
25. Ruth Simon and Caelainn Barr, "Endangered Species: Young U.S. Entrepreneurs," The Wall Street Journal, January 2, 2015; www.wsj.com/articles/endangered-species-young-u-s-entrepreneurs-1420246116
26. World Bank Group, Doing Business, www.doingbusiness.org/data/exploretopics/starting-a-business
27. 2015年11月27日のエルナンド・デ・ソトへのインタビュー
28. アナリー・ドミンゴの協力により、送金の様子を追跡させていただいた。ドミンゴはドン・タプスコットの家に20年間勤めており、タプスコット夫妻の親しい友人である
29. www12.statcan.gc.ca/nhs-enm/2011/dp-pd/prof/details/page.cfm?Lang=E&Geo1=PR&Code1=01&Data=Count&SearchText=canada&SearchType=Begins&SearchPR=01&A1=All&B1=All&Custom=&TABID=1
30. https://remittanceprices.worldbank.org/sites/default/files/rpw_report_june_2015.pdf
31. 送金マーケットの規模は5000億ドル、平均手数料が7.7%であるから、385億ドルという数値が導き出される
32. Dilip Ratha, "The Impact of Remittances on Economic Growth and Poverty Reduction," Migration Policy Institute 8 (September 2013).
33. http://cidpnsi.ca/canadas-foreign-aid-2012/
34. Adolf Barajas, et al., "Do Workers' Remittances Promote Economic Growth?," IMF Working Paper, www10.iadb.org/intal/intalcdi/pe/2009/03935.pdf
35. World Bank Remittance Price Index, https://remittanceprices.worldbank.org/en
36. 2011 National Household Survey Highlights, Canadian Census Bureau, http://www.fin.gov.on.ca/en/economy/demographics/census/nhshi11-1.pdf
37. 2015年7月13日のエリック・ピシーニへのインタビュー
38. 執筆時点でアブラ社はカナダでの正式サービスを開始していないが、同社の協力で実際にフィリピンへの送金を試すことができた
39. 2015年8月25日のビル・バーハイトへのインタビュー
40. 同上
41. 同上
42. "Foreign Aid and Rent-Seeking" The Journal of International Economics, 2000, 438; http://projects.iq.harvard.edu/files/gov2126/files/1632.pdf
43. 同上
44. www.propublica.org/article/how-the-red-cross-raised-half-a-billion-dollars-for-haiti-and-built-6-homes
45. "Mortality, Crime and Access to Basic Needs Before and After the Haiti Earthquake," Medicine, Con ict and Survival 26(4) (2010).
46. Jeffrey Ashe with Kyla Jagger Neilan, In Their Own Hands: How Savings Groups Are Revolutionizing Development (San Francisco: Berrett-Koehler Publishers, 2014).
47. E. Kumar Sharma, "Founder Falls," Business Today (India), December 25, 2011; www.businesstoday.in/magazine/features/vikram-akula-quits-sks-microfiance-

26. Mike Hearn, "Future of Money," Turing Festival, Edinburgh, Scotland, August 23, 2013, posted September 28, 2013; www.youtube.com/watch?v=Pu4PAMFPo5Y&feature=youtu.be.
27. McKinsey, "An Executive's Guide to the Internet of Things," August 2015; www.mckinsey.com/Insights/Business_Technology/An_executives_guide_to_the_Internet_of_Things?cid=digital-eml-alt-mip-mck-oth-1508

第7章　豊かさのパラドックス　――資本主義とインクルージョン

1. http://datatopics.worldbank.org/financialinclusion/country/nicaragua.
2. www.budde.com.au/Research/Nicaragua-Telecoms-Mobile-and-Broadband-Market-Insights-and-Statistics.html
3. "Property Disputes in Nicaragua," U.S. Embassy, http://nicaragua.usembassy.gov/property_disputes_in_nicaragua.html 係争中の不動産の数は3万件に上ると推測されている
4. 2015年6月12日のジョイス・キムへのインタビュー
5. 同上
6. 同上
7. www.worldbank.org/en/news/press-release/2015/04/15/massive-drop-in-number-of-unbanked-says-new-report; and C. K. Prahalad, The Fortune at the Bottom of the Pyramid: Eradicating Poverty Through Profits (Philadelphia: Wharton School Publishing, 2009). 20億人は推定値である
8. 2015年6月12日のジョイス・キムへのインタビュー
9. www.ilo.org/global/topics/youth-employment/lang--en/index.htm
10. Thomas Piketty, Capital in the Twenty-First Century (Cambridge, Mass.: Belknap Press, 2014).
11. http://digitalcommons.georgefox.edu/cgi/viewcontent.cgi?article=1003&context=gfsb
12. http://reports.weforum.org/outlook-global-agenda-2015/top-10-trends-of-2015/1-deepening-income-inequality/.
13. 同上
14. Congo, Chad, Central African Republic, South Sudan, Niger, Madagascar, Guinea, Cameroon, Burkina Faso, Tanzania; http://data.worldbank.org/indicator/FB.CBK .BRCH.P5?order=wbapi_data_value_2013+wbapi_data_value+wbapi_data_value-last&sort=asc.
15. www.aba.com/Products/bankcompliance/Documents/SeptOct11CoverStory.pdf
16. http://www.nytimes.com/2015/12/24/business/dealbook/banks-reject-new-york-city-ids-leaving-unbanked-on-sidelines.html
17. 2015年6月9日のタイラー・ウィンクルボスへのインタビュー
18. 2015年8月6日のジョセフ・ルービンからのEメール
19. David Birch, Identity Is the New Money (London: London Publishing Partnership, 2014), 1.
20. 2015年8月6日のジョセフ・ルービンからのEメール
21. 2015年6月12日のジョイス・キムへのインタビュー

30. 『ウィキノミクス』において「ウィキワークプレイス」として紹介したもの

第6章　モノの世界が動きだす　——ブロックチェーン・オブ・シングズ

1. 仮名。このストーリーは僻地の状況に詳しい人との議論にもとづいている
2. Primavera De Filippi, "It's Time to Take Mesh Networks Seriously (and Not Just for the Reasons You Think)," Wired, January 2, 2014.
3. 2015年7月10日のエリック・ジェニングズへのインタビュー
4. ドン・タプスコットはアンソニー・D・ウィリアムズとの共著『マクロウィキノミクス』(ディスカヴァー・トゥエンティワン、2013)の中でこうしたネットワークの出現を予言した
5. 2015年7月30日のローレンス・オーシニへのインタビュー
6. 同上
7. Puja Mondal, "What Is Desertification? Desertification: Causes, Effects and Control of Desertification," UNEP: Desertification, United Nations Environment Programme, n.d.; https://desertification.wordpress.com/category/ecology-environment/unep/ (2015年9月29日確認)
8. Cadie Thompson, "Electronic Pills May Be the Future of Medicine," CNBC, April 21, 2013; www.cnbc.com/id/100653909; and Natt Garun, "FDA Approves Edible Electronic Pills That Sense When You Take Your Medication," Digital Trends, August 1, 2012; www.digitaltrends.com/home/fda-approves-edible-electronic-pills/.
9. Mark Jaffe, "IOT Won't Work Without Artificial Intelligence," Wired, November 2014; www.wired.com/insights/2014/11/iot-wont-work-without-artificial-intelligence/.
10. IBM, "Device Democracy," 2015, 4.
11. Allison Arieff, "The Internet of Way Too Many Things," The New York Times, September 5, 2015.
12. IBM, "Device Democracy," 10.
13. 2015年9月3日のカルロス・モレイラへのインタビュー
14. 2015年6月25日のミシェル・ティンズリーへのインタビュー
15. 同上
16. McKinsey Global Institute, "The Internet of Things: Mapping the Value Beyond the Hype," June 2015.
17. 2015年7月10日のエリック・ジェニングズへのインタビュー
18. Cadie Thompson, "Apple Has a Smart Home Problem: People Don't Know They Want It Yet," Business Insider, June 4, 2015; www.businessinsider.com/apple-homekit-adoption-2015-6
19. McKinsey Global Institute, "The Internet of Things."
20. 2015年7月10日のエリック・ジェニングズへのインタビュー
21. IBM, "Device Democracy," 9.
22. McKinsey Global Institute, "The Internet of Things." MGI defined nine settings with value potential.
23. IBM, "Device Democracy," 13.
24. www.wikihow.com/Use-Uber
25. http://consumerist.com/tag/uber/page/2/.

IsItAnAgentOrJustAProgram.pdf
6. 同上
7. Vitalik Buterin, https://blog.ethereum.org/2014/05/06/daos-dacs-das-and-more-an-incomplete-terminology-guide/.「自律エージェントは自動化スペクトラムのもう一方の端に位置する。自律エージェントにおいては人間の関与は不必要である。ハードウェアの構築にはある程度の人間による労働が必要となるが、エージェント自体は人間が誰ひとり関与することなく存在できる」
8. Vitalik Buterin, "Bootstrapping a Decentralized Autonomous Corporation: Part I," Bitcoin Magazine, September 19, 2013; https://bitcoinmagazine.com/7050/bootstrapping-a-decentralized-autonomous-corporation-part-i/.
9. Vitalik Buterin, https://blog.ethereum.org/2014/05/06/daos-dacs-das-and-more-an-incomplete-terminology-guide/
10. データをそのままブロックチェーンに登録するのは高くつくため、データのハッシュのみブロックチェーンに登録し、データ本体はIPFSやSwarmといった別の分散データストレージ・ネットワークに保管することになるだろう
11. ドン・タプスコット、アンソニー・D・ウィリアムズ『ウィキノミクス』(日経BP社, 2007)において紹介した7つのビジネスモデルをここではさらに拡張している
12. http://fortune.com/2009/07/20/information-wants-to-be-free-and-expensive/.
13. 2015年8月26日のヨハイ・ベンクラーへのインタビュー
14. 2015年8月7日のディノ・マーク・アンガリティスへのインタビュー
15. http://techcrunch.com/2014/05/09/monegraph/.
16. http://techcrunch.com/2015/06/24/ascribe-raises-2-million-to-ensure-you-get-credit-for-your-art/.
17. www.nytimes.com/2010104/15/technology/15twitter.html?_r=0.
18. http://techcrunch.com/2014/05/09/monegraph/.
19. www.verisart.com/.
20. http://techcrunch.com/2015/07/07/verisart-plans-to-use-the-blockchain-to-verify-the-authencity-of-artworks/.
21. 2015年8月26日のヨハイ・ベンクラーへのインタビュー
22. 2015年8月7日のデヴィッド・ティコルへのインタビュー
23. 2015年8月26日のヨハイ・ベンクラーへのインタビュー
24. Sarah Kessler, "The Sharing Economy Is Dead and We Killed It," Fast Company, September 14, 2015; www.fastcompany.com/3050775/the-sharing-economy-is-dead-and-we-killed-it#1.
25. www.nytimes.com/2013/07/21/opinion/sunday/friedman-welcome-to-the-sharing-economy.html?pagewanted=1&_r=2&partner=rss&emc=rss&
26. プロシューマーという言葉が最初に登場したのはアルビン・トフラーの著書『未来の衝撃』である。ドン・タプスコットは『デジタル・エコノミー』でこの概念を発展させ、「プロサンプション」について論じた
27. 2015年9月2日のロビン・チェイスへのインタビュー
28. ドン・タプスコットは2004年の記事でこのシナリオを最初に提唱した。"The Transparent Burger," Wired, March 2004; http://archive.wired.com/wired/archive/12.03/start.html?pg=2%3ftw=wn_tophead_7
29. 2015年8月26日のヨハイ・ベンクラーへのインタビュー

6. Oliver E. Williamson, “The Theory of the Firm as Governance Structure: From Choice to Contract,” Journal of Economic Perspectives 16 (3), Summer 2002.
7. 同上
8. Elliot Jaques, “In Praise of Hierarchy,” Harvard Business Review, January–February 1990.
9. 2015年9月30日のヴィタリック・ブテリンへのインタビュー
10. 2015年7月20日のアンドレアス・アントノプロスへのインタビュー
11. 例外としてはWay Back Machineのように、過去のウェブページをそのまま見られるサービスがある
12. 2015年7月20日のアンドレアス・アントノプロスへのインタビュー
13. Oliver E. Williamson, “The Theory of the Firm as Governance Structure: From Choice to Contract,” Journal of Economic Perspectives 16 (3), Summer 2002.
14. Michael C. Jensen and William H. Meckling, “Theory of the Firm: Managerial Behavior, Agency Costs and Ownership Structure,” Journal of Financial Economics 305 (1976): 310–11 企業は株主、債権者、経営者、その他の人びとの合意による関係性の集合であると論じられている。より一般的な議論については以下も参照。 Frank H. Easterbrook and Daniel R. Fischel, The Economic Structure of Corporate Law (Cambridge, Mass.: Harvard University Press, 1991).
15. https://books.google.ca/books?id=VXIDgGjLHVgC&pg=PA19&lpg=PA19&dq=a+workman+moves+from+department+Y+to+department+X&source=bl&ots=RHb0qrpLz_&sig=LaZFqatLYllrBW8ikPn4PEZ9_7U&hl=en&sa=X&ved=0ahUKEwjgyuO2gKfKAhUDpB4KHb0JDcAQ6AEIITAB#v=onepage&q=a%20workman%20moves%20from%20department%20Y%20to%20department%20X&f=false
16. 2015年8月26日のヨハイ・ベンクラーへのインタビュー
17. 2015年5月28日のスティーブ・オモハンドロへのインタビュー
18. 2015年12月9日のデヴィッド・ティコルへのEメールインタビュー
19. 2015年9月14日のメラニー・スワンへのインタビュー
20. 同上
21. https://hbr.org/1990/05/the-core-competence-of-the-corporation
22. Michael Porter, “What Is Strategy?,” Harvard Business Review, November–December 1996.

第5章　ビジネスモデルをハックする　――オープンネットワークと自律分散型企業

1. スパム防止のために、まだ評価のないペルソナ(公開鍵)に対しては一定の手数料を課すという方法も考えられる。手数料はエスクロー口座に保管し、無事に部屋の貸し借りが完了した場合、または借り手がつかずに部屋をリストから消した場合に返金される。写真などの大容量データはIPFSやSwarmなどに保管するが、そのハッシュデータと所有者情報はブロックチェーン上のbAirbnb契約の中に記録される
2. Whisperなどのプロトコルが利用できるだろう
3. Nick Szabo, “Formalizing and Securing Relationships on Public Networks,” http://szabo.best.vwh.net/formalize.html
4. http://szabo.best.vwh.net/smart.contracts.html
5. Stan Franklin and Art Graesser, “Is It an Agent, or Just a Program? A Taxonomy for Autonomous Agents,” www.inf.ufrgs.br/~alvares/CMP124SMA/

51. www.accountingweb.com/aa/auditing/human-errors-the-top-corporate-tax-and-accounting-mistakes
52. 2015年7月13日のサイモン・テイラーへのインタビュー
53. 同上
54. 2015年6月30日のジェレミー・アレールへのインタビュー
55. 2015年7月6日のクリスチャン・ルンドクヴィストへのインタビュー
56. 2015年7月22日のオースティン・ヒルへのインタビュー
57. 2015年7月13日のエリック・ピシーニへのインタビュー
58. www2.deloitte.com/us/en/pages/about-deloitte/articles/facts-and-figures.html.
59. 2015年7月13日のエリック・ピシーニへのインタビュー
60. 同上
61. 2015年7月20日のトム・モーニニへのインタビュー
62. 同上
63. www.calpers.ca.gov/docs/forms-publications/global-principles-corporate-governance.pdf
64. www.bloomberg.com/news/articles/2014-10-07/andreessen-on-finance-we-can-reinvent-the-entire-thing-
65. https://btcjam.com/.
66. www.sec.gov/about/laws/sa33.pdf
67. http://www.wired.com/2015/12/sec-approves-plan-to-issue-company-stock-via-the-bitcoin-blockchain/.
68. https://bitcoinmagazine.com/21007/nasdaq-selects-bitcoin-startup-chain-run-pilot-private-market-arm/.
69. James Surowiecki, The Wisdom of Crowds: Why the Many Are Smarter Than the Few and How Collective Wisdom Shapes Business, Economies, Societies and Nations (New York: Doubleday, 2014).
70. www.augur.net
71. オーガー社開発者チームとのEメール
72. 2014年12月8日のアンドレアス・アントノプロスへのインタビュー
73. 2015年9月22日のバリー・シルバートへのインタビュー
74. 2015年7月2日のベンジャミン・ロースキーへのインタビュー

第4章　企業を再設計する　――ビジネスのコアと境界はどこにあるのか

1. 2015年7月13日のジョセフ・ルービンへのインタビュー
2. アップルやスポティファイが新たなプラットフォームを利用することも考えられる。音楽業界の多様な参加者（特にアーティスト）がこれを所有する形が理想。他人のコンテンツを売るよりもコンテンツを作成する人のほうがトークンを獲得しやすいしくみになるだろう
3. https://slack.com/is
4. https://github.com
5. コースは次のように述べている。「企業内での取引の調整が市場でのそれに比べて低コストであるときに、企業は経済システムにおける役割を獲得する。企業内での取引コストが市場におけるそれを上回ったときに企業の大きさは限界を迎える」引用元: Oliver Williamson and Sidney G. Winter, eds., The Nature of the Firm (New York and Oxford: Oxford University Press, 1993), 90.

com/watch?v=PZ6WR2R1MnM
22. https://bitcoinmagazine.com/21007/nasdaq-selects-bitcoin-startup-chain-run-pilot-private-market-arm/.
23. 2015年8月13日のジェシー・マクウォーターズへのインタビュー
24. 2015年7月22日のオースティン・ヒルへのインタビュー
25. https://blog.ethereum.org/2015/08/07/on-public-and-private-blockchains/.
26. 2015年7月27日のクリス・ラーセンへのインタビュー
27. 2015年8月26日のアダム・ラドウィンへのインタビュー
28. 2015年7月27日のブライス・マスターズへのインタビュー
29. 2015年7月13日のエリック・ピシーニへのインタビュー
30. 2015年7月13日のデレク・ホワイトへのインタビュー
31. 同上
32. 後にバンク・オブ・アメリカ、BNYメロン、シティグループ、コメルツ銀行、ドイツ銀行、HSBC、三菱UFJフィナンシャル・グループ、モルガン・スタンレー、ナショナルオーストラリア銀行、カナダロイヤル銀行、SEB、ソシエテ・ジェネラル、トロント・ドミニオン銀行も参加を表明。www.ft.com/intl/cms/s/0/f358ed6c-5ae0-11e5-9846-de406ccb37f2.html#axzz3mf3orbRX; www.coindesk.com/citi-hsbc-partner-with-r3cev-as-blockchain-project-adds-13-banks/.
33. http://bitcoinnewsy.com/bitcoin-news-mike-hearn-bitcoin-core-developer-joins-r3cev-with-5-global-banks-including-wells-fargo/.
34. http://www.linuxfoundation.org/news-media/announcements/2015/12/linux-foundation-unites-industry-leaders-advance-blockchain
35. www.ifrasia.com/blockchain-will-make-dodd-frank-obsolete-bankers-say/21216014.article
36. http://appft.uspto.gov/netacgi/nph-Parser?Sect1=PTO2&Sect2=HITOFF&p=1&u=%2Fnetahtml%2FPTO%2Fsearch-bool.html&r=1&f=G&l=50 &co1=AND&d=PG01&s1=20150332395&OS=20150332395&RS=20150332395?p=cite_Brian_Cohen_or_Bitcoin_Magazine
37. www.youtube.com/watch?v=A6kJfvuNqtg
38. 2015年6月30日のジェレミー・アレールへのインタビュー
39. 同上
40. 同上
41. 同上
42. この動きは業界が成長している印として注目を集めている。www.wsj.com/articles/goldman-a-lead-investor-in-funding-round-for-bitcoin-startup-circle-1430363042
43. 2015年6月30日のジェレミー・アレールへのインタビュー
44. 2015年6月11日のスティーブン・ペアへのインタビュー
45. アレックス・タプスコットはVogogo社にコンサルティングを提供した
46. 2015年9月28日のスレッシュ・ラマムルティへのインタビュー
47. 2015年12月14日のブライス・マスターズのEメール
48. 2015年7月20日のトム・モーニニへのインタビュー
49. 同上
50. ドン・タプスコットとデヴィッド・ティコルの共著『The Naked Corporation』で詳しく論じている

37. Edella Schlarger and Elinor Ostrom, "Property-Rights Regimes and Natural Resources: A Conceptual Analysis," Land Economics 68(3) (August 1992): 249–62; www.jstor.org/stable/3146375.
38. John Paul Titlow, "Fire Your Boss: Holacracy's Founder on the Flatter Future of Work," Fast Company, Mansueto Ventures LLC, July 9, 2015; www.fastcompany.com/3048338/the-future-of-work/fire-your-boss-holacracys-founder-on-the-atter-future-of-work
39. World Bank, September 2, 2015; www.worldbank.org/en/news/press-release/2015/04/15/massive-drop-in-number-of-unbanked-says-new-report
40. 2015年7月22日のオースティン・ヒルへのインタビュー
41. 2015年6月8日のギャビン・アンドリーセンへのインタビュー
42. Matthew Weaver, "World Leaders Pay Tribute at Auschwitz Anniversary Ceremony," The Guardian, Guardian News and Media Limited, January 27, 2015. Web. September 5, 2015, http://www.theguardian.com/world/2015/jan/27/-sp-watch-the-auschwitz-70th-anniversary-ceremony-unfold

第3章　金融を再起動する　——錆びついた業界をリブートする8つの指針

1. IMFの試算によると87兆ドルから112兆ドル程度
2. https://ripple.com/blog/the-true-cost-of-moving-money/.
3. 2015年8月24日のヴィクラム・パンディットへのインタビュー
4. www.nytimes.com/2015/07/12/business/mutfund/putting-the-public-back-in-public-finance.html.
5. www.worldbank.org/en/topic/poverty/overview
6. http://hbswk.hbs.edu/item/6729.html
7. 2015年11月27日のエルナンド・デ・ソトへのインタビュー
8. http://corporate.westernunion.com/About_Us.html
9. 2015年6月16日のエリック・ボーヒーズへのインタビュー
10. Paul A. David, "The Dynamo and the Computer: An Historical Perspective on the Modern Productivity Paradox," Economic History of Technology 80(2) (May 1990): 355–61.
11. Joseph Stiglitz, "Lessons from the Global Financial Crisis," 2009年10月27日のソウル大学での講演に修正を加えたもの
12. https://lightning.network/.
13. 2015年7月22日のオースティン・ヒルへのインタビュー
14. 2015年7月27日のブライス・マスターズへのインタビュー
15. 同上
16. 同上
17. 同上
18. https://bitcoinmagazine.com/21007/nasdaq-selects-bitcoin-startup-chain-run-pilot-private-market-arm/.
19. 2015年7月22日のオースティン・ヒルへのインタビュー
20. 2015年7月、Greenwich Associatesによる調査; www.bloomberg.com/news/articles/2015-07-22/the-blockchain-revolution-gets-endorsement-in-wall-street-survey
21. Blythe Masters, from Exponential Finance keynote presentation: www.youtube.

Bullion and Gold Certificates to Be Delivered to the Government," The American Presidency Project, ed. Gerhard Peters and John T. Woolley, April 5, 1933, www.presidency.ucsb.edu/ws/?pid=14611 （2015年12月2日確認）
11. 2015年6月1日のジョシュ・フェアフィールドへのインタビュー
12. Nick Szabo. "Bit gold." Unenumerated. Nick Szabo. December 27, 2008. Web. October 3, 2015. http://unenumerated.blogspot.com/2005/12/bit-gold.html
13. Joseph E. Stiglitz, "Lessons from the Global Financial Crisis of 2008," Seoul Journal of Economics 23(3) (2010).
14. Ernst & Young LLP, "The Big Data Backlash," December 2013, www.ey.com/UK/en/Services/Specialty-Services/Big-Data-Backlash; http://tinyurl.com/ptfm4ax.
15. Satoshi Nakamoto, "Bitcoin: A Peer-to-Peer Electronic Cash System," www.bitcoin.org, November 1, 2008; www.bitcoin.org/bitcoin.pdf, section 6, "Incentive."
16. 2015年7月22日のオースティン・ヒルへのインタビュー
17. メタヴァースはニール・スティーブンスンの小説『スノウ・クラッシュ』（早川書房、2001）に登場する仮想世界。主人公のヒロ・プロタゴニストはメタヴァース屈指のハッカーで、最強の剣士でもある。現実世界は無数の「フランチャイズ国家」に分割され、各フランチャイズ国家がビットコインに似た独自通貨を発行している
18. アーネスト・クライン『ゲームウォーズ』（SBクリエイティブ、2014）
19. 2015年7月22日のオースティン・ヒルへのインタビュー
20. Andy Greenberg. "Banking's Data Security Crisis." Forbes. November 2008. Web. October 3, 2015. www.forbes.com/2008/11/21/data-breaches-cybertheft-identity08-tech-cx_ag_1121breaches.html
21. Ponemon Institute LLC, "2015 Cost of Data Breach Study: Global Analysis," sponsored by IBM, May 2015, www-03.ibm.com/security/data-breach
22. Ponemon Institute LLC, "2014 Fifth Annual Study on Medical Identity Theft," sponsored by Medical Identity Fraud Alliance, February 23, 2015, Medidfraud.org/2014-fifth-annual-study-on-medical-identity-theft
23. 2015年7月20日のアンドレアス・アントノプロスへのインタビュー
24. 2015年9月2日のアン・カブキアンへのインタビュー
25. 同上
26. David McCandless, "Worlds Biggest Data Breaches," Information Is Beautiful, David McCandless, October 2, 2015. Web. October 3, 2015. www.informationisbeautiful.net/visualizations/worlds-biggest-data-breaches-hacks/
27. 2015年6月9日のハルク・クリンへのインタビュー
28. 2015年7月22日のオースティン・ヒルへのインタビュー
29. www.coinbase.com/legal/privacy, November 17, 2014 （2015年7月15日確認）
30. Don Tapscott and David Ticoll, The Naked Corporation: How the Age of Transparency Will Revolutionize Business (New York: Simon & Schuster, 2003).
31. 2015年6月9日のハルク・クリンへのインタビュー
32. ProofofExistence.com, September 2, 2015; www.proofofexistence.com/about/.
33. 2015年5月28日のスティーブ・オモハンドロへのインタビュー
34. 2015年7月20日のアンドレアス・アントノプロスへのインタビュー
35. 同上
36. 2015年6月11日のスティーブン・ペアへのインタビュー

21. サン・マイクロシステムズ社の共同設立者スコット・マクネリが1999年にそう発言したのが最初である
22. 2015年7月20日のアンドレアス・アントノプロスへのインタビュー
23. 2015年7月30日のジョセフ・ルービンへのインタビュー
24. 将来的には準同型暗号を利用することで、暗号化された質問に暗号化状態のまま回答することが可能になり、プライバシーの保護は一層進むと考えられる
25. GDPだけでは測れない豊かさの尺度についての研究が各方面で進められている。ハーバード大学教授のマイケル・ポーターは社会進歩指標という基準を作成した。http://www.socialprogressimperative.org. 経済学者のジョセフ・スティグリッツらもGDPの問題点を指摘し、よりよい指標の研究を進めている。http://www.insee.fr/fr/publications-et-services/dossiers_web/stiglitz/doc-commission/RAPPORT_anglais.pdf 既存のGDPを生かした改善案も出てきている。http://www.forbes.com/sites/realspin/2013/11/29/beyond-gdp-get-ready-for-a-new-way-to-measure-the-economy/.
26. 2015年9月30日のヴィタリック・ブテリンへのインタビュー
27. Luigi Marco Bassani, "Life, Liberty and . . . : Jefferson on Property Rights," Journal of Libertarian Studies 18(1) (Winter 2004): 58.
28. 2015年11月27日のエルナンド・デ・ソトへのインタビュー
29. www.theguardian.com/music/2013/feb/24/napster-music-free-file-sharing (2015年8月12日確認)
30. www.inc.com/magazine/201505/leigh-buchanan/the-vanishing-startups-in-decline.html.
31. 2015年10月の世界経済フォーラムでのレポートは、ブロックチェーンが主流になるのは2027年頃になると予測する
32. 2015年12月12日のデヴィッド・ティコルへのインタビュー

第2章　未来への果敢な挑戦

1. 2015年9月2日のアン・カブキアンへのインタビュー
2. Guy Zyskind, Oz Nathan, and Alex "Sandy" Pentland, "Enigma: Decentralized Computation Platform with Guaranteed Privacy," white paper, Massachusetts Institute of Technology, 2015. June 10, 2015. Web. October 3, 2015, arxiv.org/pdf/1506.03471.pdf
3. 2015年9月2日のアン・カブキアンへのインタビュー
4. 同上
5. 2015年7月22日のオースティン・ヒルへのインタビュー
6. 2015年9月2日のアン・カブキアンへのインタビュー
7. Vitalik Buterin, "Proof of Stake: How I Learned to Love Weak Subjectivity," Ethereum blog, Ethereum Foundation, November 25, 2014. Web. October 3, 2015, blog.ethereum.org/2014/11/25/proof-stake-learned-love-weak-subjectivity
8. 2015年11月27日のディノ・マーク・アンガリティスからのEメール添付資料
9. プルーフ・オブ・バーンという方式では、行き先のないアドレスにコインを送る（すなわちコインを「燃やす」）ことでブロック生成権の抽選に参加できる。成功すれば燃やした金額より大きな報酬が得られるとされている
10. Franklin Delano Roosevelt, "Executive Order 6102—Requiring Gold Coin, Gold

原注

本書の原注は、下記のURLよりPDFファイルとしてダウンロードできます。

ただし、リンク先の都合によりサイトが変更・閉鎖されている可能性がありますことをご諒承ください。

http://www.diamond.co.jp/go/pb/blockchain_revolution.pdf

第1章　信頼のプロトコル

1. https://www.technologyreview.com/s/419452/moores-outlaws/.
2. https://cryptome.org/jya/digicrash.htm
3. “How DigiCash Blew Everything,” Ian Griggらによるオランダ語から英語への翻訳。1999年2月10日にRobert Hettingaのメーリングリストで公開されたもののアーカイブ。Cryptome.org. John Young Architects. Web. July 19, 2015. https://cryptome.org/jya/digicash.htm “How DigiCash Alles Verknalde” www.nextmagazine.nl/ecash.htm. Next! Magazine, January 1999. Web. July 19, 2015. https://web.archive.org/web/19990427/ http://nextmagazine.nl/ecash.htm
4. http://nakamotoinstitute.org/the-god-protocols/.
5. Brian Fung, “Marc Andreessen: In 20 Years, We'll Talk About Bitcoin Like We Talk About the Internet Today,” The Washington Post, May 21, 2014; www.washingtonpost.com/blogs/the-switch/wp/2014/05/21/marc-andreessen-in-20-years-well-talk-about-bitcoin-like-we-talk-about-the-internet-today/（2015年1月21日確認）
6. 2015年7月2日のベンジャミン・ロースキーへのインタビュー
7. www.economist.com/news/leaders/21677198-technology-behind-bitcoin-could-transform-how-economy-works-trust-machine
8. www.coindesk.com/bitcoin-venture-capital/
9. Brian Fung, “Marc Andreessen.”
10. www.coindesk.com/bank-of-england-economist-digital-currency/.
11. カウフマン財団の調査におけるレイ・ブキャナンの報告による。“American Entrepreneurship Is Actually Vanishing,” www.businessinsider.com/927-people-own-half-of-the-bitcoins-2013-12
12. www.edelman.com/news/trust-institutions-drops-level-great-recession/.
13. www.gallup.com/poll/1597/confidence-institutions.aspx.
14. 2015年9月3日のカルロス・モレイラへのインタビュー
15. ドン・タプスコットはワイスキー社の顧問を務めている
16. ドン・タプスコットは『デジタル・エコノミー』（野村総合研究所情報リソース部、1996）などの著書で早くからデジタル時代のダークサイドを指摘してきた
17. 2015年9月3日のカルロス・モレイラへのインタビュー
18. Tom Peters, “The Wow Project,” Fast Company, Mansueto Ventures LLC, April 30, 1999; http://www.fastcompany.com/36831/wow-project
19. 2015年9月3日のカルロス・モレイラへのインタビュー
20. ドン・タプスコットはアン・カブキアンとの共著『Who Knows: Safeguarding Your Privacy in a Networked World』(New York: McGraw-Hill, 1997)において「The Virtual You」という言葉を広めた

タ

サ

索引
INDEX

ア

[訳者]

高橋璃子（たかはし・りこ）

翻訳家。京都大学卒業後、ソフトウェア開発者として大手企業向け会計システムの開発、WEBシステム構築、ソーシャルゲーム制作などに幅広く携わった。その後、翻訳家として独立し、経済・金融を中心に多数のビジネス書翻訳を手がける。訳書に『10億ドルを自力で稼いだ人は何を考え、どう行動し、誰と仕事をしているのか』（ダイヤモンド社）、『エッセンシャル思考』『スタンフォード大学で一番人気の経済学入門』（かんき出版）、『GDP――〈小さくて大きな数字〉の歴史』（みすず書房）、『ウォール街の物理学者』（早川書房）などがある。

[翻訳協力]

勝木健太（かつき・けんた）

幼少期7年間をシンガポールで過ごす。京都大学卒業後、新卒で三菱東京UFJ銀行に入行。現場では法人営業、本店ではグローバル金融規制対応（バーゼルⅢ、ドッド・フランク法etc.）、各国中央銀行との折衝に従事。4年間の勤務後、PwCコンサルティングを経て、現在は有限責任監査法人トーマツにて、ブロックチェーン技術をはじめとするFinTech領域の戦略立案に従事。

［著者］
ドン・タプスコット（Don Tapscott）
タプスコット・グループCEO。ロットマン・スクール・オブ・マネジメント非常勤教授。イノベーション、メディア、グローバリゼーションに関する世界的な権威であり、テクノロジーが企業と社会にもたらす経済的・社会的な影響を世に問う第一人者として知られる。世界的ベストセラーとなった『ウィキノミクス』（日経BP社）や英エコノミスト誌ベストビジネス書に選出された『デジタルネイティブが世界を変える』（翔泳社）をはじめ、多数の著書がある。

アレックス・タプスコット（Alex Tapscott）
投資銀行での実務を経て、現在ブロックチェーン関連ビジネスへのアドバイザリーをおこなうノースウェスト・パッセージ・ベンチャーズ社創業者兼CEO。ブロックチェーン時代を率いる若手オピニオンリーダーとして、タイム誌やハーバード・ビジネス・レビュー誌をはじめ多数の有名メディアに寄稿している。

ブロックチェーン・レボリューション
――ビットコインを支える技術はどのようにビジネスと経済、そして世界を変えるのか

2016年12月1日　第1刷発行
2017年12月7日　第7刷発行

著　者――ドン・タプスコット、アレックス・タプスコット
訳　者――高橋璃子
発行所――ダイヤモンド社
〒150-8409　東京都渋谷区神宮前6-12-17
http://www.diamond.co.jp/
電話／03･5778･7236（編集）　03･5778･7240（販売）
ブックデザイン―水戸部功
本文DTP――一企画
校正――――加藤義廣（小柳商店）、鷗来堂
製作進行――ダイヤモンド・グラフィック社
印刷――――八光印刷（本文）・慶昌堂印刷（カバー）
製本――――ブックアート
編集担当――横田大樹

ISBN 978-4-478-06996-7

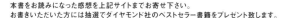